ベンジャミン・ホー
庭田よう子 訳／佐々木宏夫 解説

Why Trust Matters
An Economist's Guide to the Ties That Bind Us

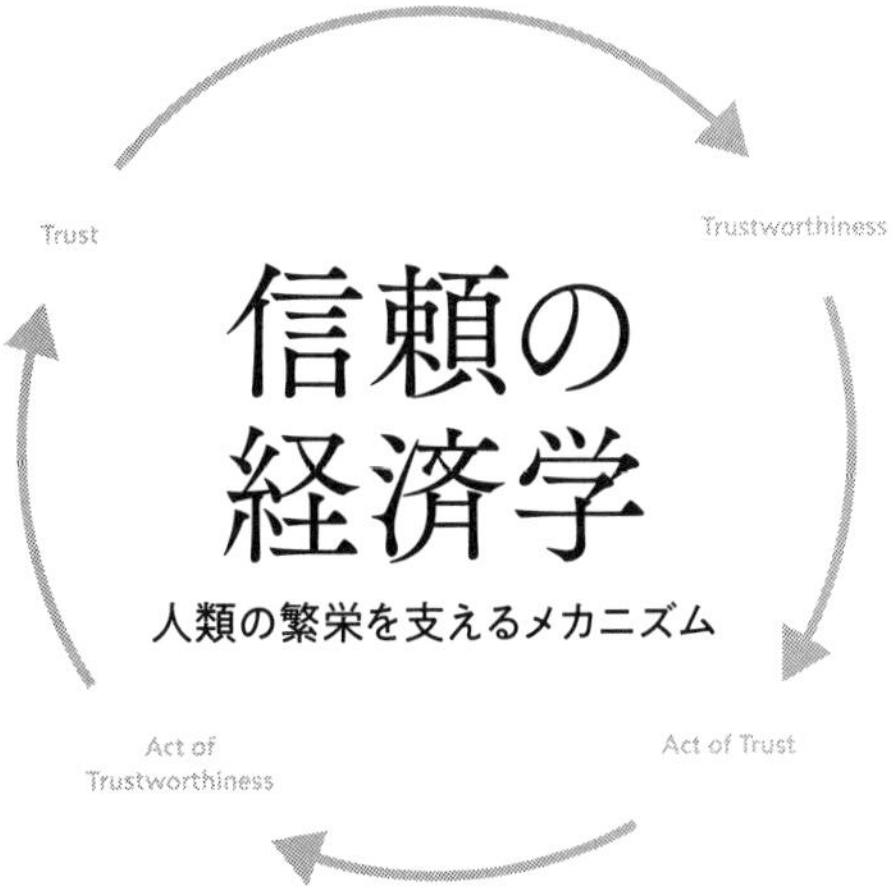

信頼の経済学

人類の繁栄を支えるメカニズム

慶應義塾大学出版会

謝辞

本書の草稿を読んでコメントや感想を寄せてくれた、学生や教え子、その他多くの人たちに感謝する。本の執筆は大変骨が折れる仕事で、何を書いても意味がないのではと心配になるものだ。彼らからのコメントや意見は、少なくとも本書のある部分については、何人かの人たちにとって意味のあるものだという安心感を与えてくれた。

私の教え子たち全員に感謝する。とくに、詳細なコメントを寄せてくれた、アイヴィ・テン、ステファニー・クーンズ、ゾーイ・チョプラ、エリック・ヘイドーン、サナヤ・シカリ、本当にありがとう。

研究助手のダイアナ・ヘンリーには感謝の念に堪えない。彼女を採用したのは、ためらわずに反対意見を述べてくれるからだ。彼女は、本書の構成やテーマを考えるうえで、大いに助けてくれた。編集者のサラ・ストリートにも心よりお礼を申し上げる。彼女が原稿を入念に読んで批評してくれたおかげで、私の文章と思考はより明確になった。また、セス・スティーヴンズ゠ダヴィドウィッツのご指導に感謝する。信頼について長い時間議論し、本書の着想に一役買ってくれた友人のレザ・ハスマスにも、感謝の気持ちを伝えたい。

素晴らしい支援をしてくれたコロンビア大学出版会の編集者、ブリジット・フラナリー゠マッコイ、エリック・シュワルツ、クリスチャン・ウィンティングに謝意を表したい。

本書が出版される直前に亡くなった、博士課程の指導教官であるエドワード・ラジアーには感謝してもしきれない。私がまだ学生だった頃、ラジアー教授は私がいつか本を書くと確信していて、必ずサインをして献本してほしいと言っていた。本書を彼に捧げることができて大変嬉しく思っている。本書の至るところに彼の影響が見られる。とくに、普遍的な真理を明らかにする経済学の力に対する彼の揺るぎない信頼には、大きな影響を受けた。教授ともうお会いできないと思うと、本当に寂しい限りだ。

私の知的遍歴を形づくり、私の考えに挑戦し、私の思考に磨きをかけてくれた教授陣、友人たち、同僚たちに大いに感謝する。

そして、今の私があるのは、母親のラン・ホーのおかげだ。きょうだいのアンディ・シュレシンジャーには包み隠さず何でも話せる。二人に感謝の気持ちを伝えたい。

最後に、どんな時も私を支えてくれた妻のロミーナ・ワハブ、そしてインスピレーションを与えてくれ、何が一番大切かをいつも思い出させてくれる子どもたちに、ありがとうと伝えたい。

目次

凡例

- 訳注は本文中に〔 〕で示した。
- 原文中のイタリック部分は、和文の場合、傍点や太字で示した。
- 本文中に登場する文献の一部で、原注に挙げられていないものがあるため、読者の便宜を考慮して、注番号（＊）を付し、原注の各章の最後に掲載した。

第1章　信頼の経済学

人間が信頼し合うということがいかに驚くべきことなのか、どういうわけで信頼し合うようになったのかについて、あなたは考えたことがあるだろうか？　哲学者のトマス・ホッブズが一七世紀に述べたように、一昔前まで、人生は「厄介で、残忍で、短く」「万人の万人に対する闘争」だった。ところが、今日《こんにち》では比較的安全に街頭を歩くことができるし、たとえばあなたがこの本を入手したように、見知らぬ人から物を買うこともできる。

信頼に関するこの本をあなたが入手するまでに必要な、小さな信頼の数々について考えてみよう。書店がお金だけ受け取って逃げたりせずに、代金と引き換えに本を渡すことを信頼する必要がある。オンラインで購入したならば、銀行またはビザやマスターカードが、あなたのお金やクレジットを正しく追跡して、その代金を書店の口座へ送金することを信頼する必要がある。書店のウェブサイトがあなたの口座情報を盗んだりしないことを信頼しなくてはならない。考えたこともないかもしれないが、本を購入するために使った通貨を発行する中央銀行が、その通貨の価値を維持することを信頼しなくてはならない。常日頃意識していなくても、たとえば本を買う、車で通勤する、子どもを学校へ送る、食品を買うなど、複雑な、相互依存の社会における私たちの行動はすべて、その実現のために連携して働く無数の人々の協力を必要とするのだ。よくよく考えてみると、それは危険なことに思える。人は当てにならないかもしれず、頼る人が多くなるほど、その危険性は高まる。

では、私たちの社会（とくにグローバルな社会）は、どのようにしてこれほど複雑になり、相互依存するようになったのだろうか？　経済史家なら、貿易の拡大、技術の発展と専門化がもたらす利点、イノベーション推進への資本投資が果たす役割について、興味深い話を延々と語ってくれるだろう。だが、これは突き詰めるとさらに深い話に基づいていることがわかる。それは、貿易や専門化、投資やイノベーションを可能にする「何か特別なもの」の話である。人類の文明の始まりにまで遡る話であり、相互関係の根本にまで行き着く話である。リスクがあるにもかかわらず、私たちがどのようにして互いを頼るようになったのかについての話である。

それは、**信頼**についての話（歴史）なのだ。

私に言わせれば、人類の文明の物語は、いかにして互いを信頼するようになったかという物語である。当初、人間は小さな部族で暮らしていた。人々は、単独で事に当たるよりも他者と力を合わせるほうが多くを成し遂げられることを学んだ。集団に属する者たちのほうが、大きな獲物を狩り、捕食者から身を守ることができた。しかし、他者と協力するには他者に頼る必要があるので、他者の数が増えるにしたがい信頼することが難しくなる。文明が発展し複雑化すると、人々は都市へ移り住み、同業組合《ギルド》や都市国家、国家《ネイション》を編成した。より大勢の人々と暮らすためには、それまでとは違う形の信頼が求められ、宗教や市場、法の支配によって、かつてないほど複雑な社会の発展と、かつてないほど拡大した人々のネットワークの調整を可能にする制度が発展した。前近代の部族的性向を依然として現代の生活の柱としながらも、このような道筋を経て二一世紀の現代経済・社会がもたらされた。

本書は、信頼が宗教と仕事の場をどのように構築するのか、信頼が謝罪と笑みをどのように特徴づけるのかについて考察する。ブランド商品も民主主義国家の政治家も、私たちの信頼を勝ち取ろうとしている。不確実な状況で他人と交流するたびに、私たちは相手が信頼できるかどうかを判断したり、相手の信頼を得ようとしたりと、信頼の行為を繰り広げているのだ。

経済学者が信頼に関心があると聞いて驚く人もいるかもしれない。無理もないことだと思う。おそらく、信頼は心理学や人類学、社会学、さらには哲学など、他の社会科学の範疇とみなされているのだろう。確かにそうだろうし、経済学がこうしたその他の学問から何を学べるのかを検討することは、本書の目標の一つである。しかし、信頼は経済学にとってもすこぶる重要なのだ。「信頼（trust）」という言葉でさえ、経済をどう考えるかという問題と深く絡み合っている。たとえば、銀行はトラスト（trust）と呼ばれることもあるし、多くの企業は受託者（trustee）によって運営されている。子どものための蓄えは信託（trust）に預けることができる。

私のような経済学の教授は、入門レベルでは、経済主体を個性のない、血のかよわないものだと表現しがちだが、それは説明に便利なフィクションにすぎない（物理学者が摩擦のない表面を想定するのと同じように）。より高度な経済学の概念や原理においては、そのようなとらえ方はしない。経済学では最近、「合理的な愚か者」だけが現代経済の相互作用を構築する際に人間関係の重要性を無視する、とされている。(1) 信頼は、職場の人間関係や、ブランドとの関係、投資関係を構築するために不可欠であり、さらには、国の通貨やその価値を保証する制度との関係にとっても不可欠である。ソーシャルネットワークでのつながりから、ウーバーやエアビーアンドビーなどのシェアリングエコノミーを促進するプラットフォームまで、オンライン経済における最新のイノベーションの大半は信頼にまつわるものだ。ブロックチェーンは、信頼のデジタル化を意図して作られたテクノロジーである。

だが、過去数十年の間に信頼は端々でほころびを見せている。メディア、政治家、医師、政府など、専門家全般への信頼が損なわれているのだ。そのパターンは各分野によってさまざまだが、この信頼の低下はかなり顕著である。私は本書でその傾向の原因を探り、それを緩和するために経済学ができることについて検討する。

なぜ経済学で「信頼」を論じるのか？

信頼は人間の経験の根本なので、哲学者や社会学者、心理学者、人類学者らは皆その研究に大きな関心を向けてきた。では、一介の経済学者の意見に耳を傾けるべき理由は何か？ 信頼が経済を機能させる根本となるからといって、経済学者が信頼の説明役として最適だということにはならない。信頼を理解するためには、経済学は著しく不向きだとさえ思われるかもしれない。何しろ、経済学は取引や金銭、数字やレートについての学問だ。金銭だけに関心があるように見える人たちを、本能的に信頼できないと思ってもおかしくはない。

だが、経済学者にとって、経済学は単に金儲けに関する学問ではない。経済学は選択に関する学問なのである。経済学は**稀少性**についての学問だと聞いたことがあるかもしれない。経済学者は、どんな選択にもトレードオフが必要になることを気づかせるためにこの言葉を用いる（少なくとも、興味深い選択には必要になる）。どんな望みでも叶うエデンの園のような楽園で暮らすなら、望むものはすべて手に入るだろうが、稀少性は、資源には限りがあること、選択せねばならないことを気づかせる。たとえ無尽蔵に金《かね》を所有していたとしても、時間には限りがあるのだから、私たちはやはり妥協せざるをえない。トレードオフが求められる選択には、その費用と便益を見積もり、起こりうるリスクと実現した場合の見返りとのバランスをとるために、各選択のプラスとマイナスを把握することが必要になる。

信頼の核心とは「この人物に頼るか、否か?」の選択を行うことである。人を信頼するということは、その人を信じるからこそ、リスクを伴う状況に敢えて足を踏み入れるということだ。誰かと協力するほうが単独で事に当たるよりもうまくいくような状況では、信頼が必要になる。しかし、他人との協力にはリスクが伴う。もしその人物が期待外れだと、または信頼できないとわかったら、どうするのか。誰を頼るかという選択が難しいとき、また誰かを信頼することがリスクを負うことになるとき、信頼は重要になる。不確実な状況で、プラスとマイナスを見積もったり費用と便益を比較検討したりする必要がある場合に、人はどのように意思決定するかについて、経済学者は長い時間をかけて研究してきた。株式市場への投資に伴うリスクを経済学者が見積もるときに用いるツールは、人が互いを信頼するという投資の選択にも適用できる。

経済学とは、複雑で多彩な人生が描かれたタペストリーをバラバラの糸に分けることでもある。これには数学が用いられることが多く、経済学者は、物事の機能と相互作用についてより正確に測定と想定を行うように強いられる。経済学者は過去二〇年にわたり、**識別**問題、つまり、具体的特徴がこの世界のある結果の原因であることをいかに識別するかという問題に取り憑かれている。私たちがこの問題に関心を抱くのは、世界をより良くするためにはどの糸を引っ張ればよいのか、政策立案者に伝えられるようになりたいからだ。それはあらゆる学問に当てはまるが、経済学ではその他の社会科学以上に、いくつかの仕組みが複雑に織りなす相互作用を正確に識別することに重点を置く[2]。経済学は、詳細を含めるあまり複雑で手に負えなくなることを避けながら、人間社会を理解する方法を探すのだ。

どんな問題であれ、それを理解するには多数の視点を利用することが最善だと思う[3]。信頼という概念を十分に把握するためには、多岐にわたる分野の書物を幅広く読むことが一番だろうから、本章の原注に挙げた多くの素晴らしい論文や書籍に当たることを勧める。とはいえ、私は経済学者なので、本書で語る内容は経済学についてである。よって、その他の学問分野を参照にはするものの、本書の動機となる基本的理論とデータは経済学ということになる。

私が「信頼」を研究する理由

私は長年信頼について考えてきた。学位論文は謝罪の経済学について書いた。人間関係を修復し、信頼を回復する必要があるときに、私たちは謝罪を利用する。私たちミクロ経済学者は、二者の当事者間の相互関係に焦点を合わせる。しかし、そのような関係がいかに信頼に依拠するかについては十分な研究が行われていない。また、信頼が損なわれたときどのように関係を修復するかについて、つまり謝罪については、経済学者はほとんど研究していない。

経済学の研究は、ミクロとマクロに大別される。大まかに言うなら、ミクロ経済学者は、たとえばある経済内での自動車の購入、人材の雇用、企業とその供給業者間の契約など、二者間の個別の取引を研究する。マクロ経済学者は、一国の国内総生産（GDP）や、国の失業水準、二国間の貿易の流れなど、集計量を研究する。もちろん重複するところもあるが、この二つの世界があまりにかけ離れていることに、専門外の人々は驚くことが多い。

マクロ経済的な信頼の見方は、経済全体における信頼の総量を重視する。社会科学者はこれを「社会資本」と呼んでいる。その定義はやや不正確なのだが、これには一般に、街角で会った見知らぬ人を信頼する可能性がどの程度か、友人は何人いるか、仲間と一緒ではなく一人でボーリングに行く頻度はどのくらいか、などが含まれる。このボーリングの傾向については、よく知られているように、ハーバード大学の社会学者ロバート・パットナムの著書『孤独なボウリング――米国コミュニティの崩壊と再生』（柴内康文訳、柏書房、二〇〇六年）で取り上げられている。このような社会資本主義的アプローチは、スタンフォード大学の政治学者フランシス・フクヤマからも支持されている。フクヤマは、国の繁栄には信頼が重要であると明言する。[*1]

だが、私の視点は当然ミクロなので、本書では主に信頼のミクロ経済的基礎について述べる。私たちは、ある人口における信頼の総量を検討することではなく、二者間の相互関係の性質に関心を抱いている。片方の当事者は「信頼者（trustor）」と呼ばれ、彼らが信頼を置く人は「被信頼者（trustee）」と呼ばれる。私たちミクロ経済学者は、当事者たちの信念と、各当事者が行う選択の根本的動機に関心がある。マクロ経済学が集計的な行動パターンを重視するのに対し、ミクロ経済学的アプローチは、個別の選択を支配する法則とメカニズムを理解しようとする。

幸運なことに、ちょうど行動経済学が経済学として軌道に乗り始めた頃に、私は大学院に在籍していた。学部時代には経済学を専攻していたが、行動経済学という言葉を聞いたことすらなかった。関心を持っていた問題が行動経済学に分類されることに気づいたのは、大学院の途中になってからだった。

現代の行動経済学は、ダニエル・カーネマンとエイモス・トヴェルスキーによって創始され、彼らの研究に今なお大きな影響を受けている。カーネマンは二〇〇二年にノーベル経済学賞を受賞した。トヴェルスキーも当然同じ栄誉に浴していたはずだが、残念ながら彼はその前に他界した。二人は心理学者で、一九八〇年代後半に経済学者のリチャード・セイラー（彼も二〇一七年にノーベル賞を受賞することになる）とともに、心理学の考え方と手法を経済学の研究に導入した。このようにして、彼らが行動経済学を一つの学問分野として確立したのである。心理学者は人間の認知に焦点を合わせる。彼らは、室内実験で個人がどう選択するかに着目しがちである。そのため、行動経済学が一分野として確立されてからというもの、行動経済学の大半は個人について問われる問題に焦点を合わせてきた。すなわち、人はなぜ先延ばしにするのか、どのようにリスクを知覚するのか、周囲の世界について誤った考えをどのように形成し抱くようになるのか、という問題である。行動経済学の教科書を開けば、たいていはこの三つの内容を中心にまとめられていることがわかる。こうした分野の進歩は本当に目覚ましく、定年退職後の貯蓄から、健康保険、消費者金融の規制まで、実際に多方面での政策変更につながった。

だが、私の関心は他の行動経済学者とは少し異なる。経済学が心理学から学べることに焦点を合わせるということは、アイデンティティや関係性、制度の研究が前面に押し出される社会学など、その他の社会科学から学べることに経済学があまり注意を払ってこなかったということだ。心理学に焦点を合わせることによって、他人に関連した個人の信念や動機よりも、個人の信念や動機に大幅に焦点を合わせられるようになった。信頼の研究とは、私たちが自らのコミュニティの中で他者とどのように関わるかについて理解することである。

とくに言えるのは、信頼の研究は制度についての研究であるということだ。本書をまとめるに当たり、かつてないほど大きな規模で信頼を可能にする諸制度の発展を追うことにした。

経済学者は「信頼」をどう扱ってきたか？

信頼の重要性は、現代経済学において認識された。半世紀ほど前、現代経済学を構築した一人であるケネス・アローは次のように述べた。

> しかしながら、私は社会的行動のあまり目立たない形態、すなわち倫理および道徳規定を含む社会的行動の規範への注目を呼びかけることで締めくくりたい。一つ考えられる解釈としては、そうした規範は、市場の失敗を埋め合わせるための社会の反応ではないかということだ。互いの言葉にある程度の信頼を寄せることは個人にとって有益である。信頼がなければ、その代替となる制裁と保証を用意することは非常に高くつき、互恵的な協力の機会の多くを見送らざるをえなくなるだろう。[4]

市場における道徳規定や信頼の重要性の認識など、アローには多くの点で先見の明があった。彼以外の経済学者たちがこの考えに追いつくようになったのは、一九九〇年代に経済学で信頼の研究が台

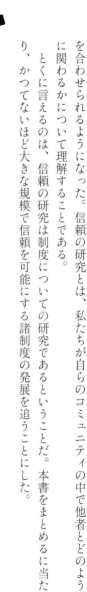

頭するようになってからだった。だが、このことは経済学がなぜ、どのようにして信頼の概念の説明を試みるべきかについては明らかにしていない。なぜ経済学以外の研究者にその説明を任せておかないのか？　経済学が付け加えられることは何だろうか？

アローは後年、著書『組織の限界』の中でこう語っている。「信頼は社会システムの重要な潤滑油である。それはきわめて効率的であり、他者の言葉をかなり当てにできるならば、多くの手間が省ける。残念ながら、これは容易に購入できる商財ではない。それを購入しなくてはならないならば、あなたは購入したものに対してすでに疑念を抱いているのだ。」[5]

要するにアローの見解は、経済学に関心のある人は信頼についても関心を持つべきだということだ。しかし、その観点からすると、信頼に関心のある人は、経済学者が用いるツールから学び利益を得られるということにもなる。そのツールは、他の社会科学で用いられるツールとは異なる見方を与えるツールだ。本章の導入部で述べたように、信頼は社会科学全般で研究される人間の根本的概念である。では、経済学者の信頼へのアプローチは、その他の社会科学によるアプローチとどこで一線を画するのだろうか？

経済学がその他の社会科学と異なる点の一つに、人間の行動をすべて数学的表現に置き換えようとするこだわりがある。その他の社会科学も独自の方法で数学的（または論理的）表現を用いるときがあるが、経済学ほど幅広く用いるわけではない。研究可能な対象を定める際に数学的厳密さを何より重視することで、経済学者は探究の範囲を、記号を用いて正確に表現できるものに意図的に限定しているのだ。数学を用いて考えや情報を表現するメリットもある。それは、モデルを動かす基本的前提とメカニズムがより明確になることと、他の経済学者との協力や意思疎通がしやすくなることだ。

とはいえ、数学的表現へのこだわり自体が、経済学的探究を定めるわけではない。私たち経済学者は指針を導くことに関心があるので、より根本的なこだわりは、おそらく単なる関連性だけではなく原因と結果の特定に力を入れることだろう。経済学者の信頼に対する考え方を本書では二つのステップを踏んで探る。まず、経済学者が評価する物事についての理解、およびそれをどのように定量化しようとするかについての理解を深めるために、その他分野の定義を用いて、経済学者が信頼を定義するいくつかの方法を比較する。次に、理論や実験、実証的手法を含む行動経済学者のツールを検証し、経済学者が包括性と広がりを犠牲にしながらも深遠さと正確さに到達するために、こうしたツールがどのように役立つのかを調べる。私たちのツールが、単なる相関ではなく原因と結果を突き止めるために役立つことを示すつもりだ。

信頼の定義

私たちはメルボルンのカフェにいた。社会学教授の友人に会いに、私は地球の裏側までやって来たのだ。オフィスで信頼がどう機能するかという実験について話し合うためだった。ところが困ったことに、私たちの間では信頼の定義が一致しなかった。

社会学者なら、何時間もかけて（私たちが来る日も来る日もカフェでそうしたように）信頼の定義をいろいろと考え出すことができる。最近、ニューヨーク大学の社会学者ブレイン・ロビンズがこのテーマを扱った論文で、「信頼に関して何十年にもわたり学際的研究が行われてきたにもかかわらず、その起点に関してほとんど一致が見られず、文献はバラバラで分裂したままである」と述べた。[6] 彼は、信頼が協力を促進することに同意するが、その同意の範囲を超えると、「信頼の概念化は大幅に異なる。実のところ、信頼は未知の結果という条件下で生じること以外、心理的または社会的要素はどれ一つとして、信頼の多様な概念化によって共有されない」とした。人類学や生物学、哲学、心理学、社会学はいずれも、信頼を定義づけることに苦労してきたが、コンセンサスが得られないという点では、もっぱら同じ問題を抱えていた。
次に紹介するのは、オンラインの『スタンフォード哲学百科事典』に記載された、キャロリン・マクラウドによる信頼の定義から引用したものだ。これは経済学者の考える信頼に最も近いが、マクラウドはこの定義のあとに、一〇ページ以上の制限事項と補遺を添えている。

信頼とは、信頼可能性のある人物だろうと期待する相手に対してとる態度であるが、信頼可能性は特性であり、態度ではない。信頼と信頼可能性はしたがって別個のものであるが、私たちが信頼する相手に信頼可能性があり、信頼可能性のある人は信頼されることが理想的である。ある関係において信頼が保証される（つまり妥当である）ためには、その関係の当事者たちは互いに対して、信頼を許容する態度をとらなくてはならない。さらに、信頼が保証される（つまり十分な根拠がある）ためには、両当事者に信頼可能性がなくてはならない。

信頼するということには次の点が求められる。（1）他者に対して脆弱であること（とくに裏切りに対して）、（2）少なくともある種の領域では他者を良く思うこと、（3）相手がある点に関して有能である、または今後有能になると楽観視すること。以上の条件は、いずれも比較的議論の余地が少ないものである。だが、議論を呼ぶさらなる条件がある。それは、被信頼者にはある種の動機があって行動するのだろうと、信頼者が楽観視することである。この最後の基準が物議を醸すのは、信頼する相手に対して、私たちがそもそもどのような動機を期待するかが明確ではないからだ。
同様に、信頼可能性のある人が動機を抱くとすればどのような動機を抱かなくてはならないのかも明確ではない。信頼可能性についての明確な条件は、信頼可能性のある人は有能で、その人物が行うと信頼されていることに励むということだ。しかし、その人物も、ある特定の方法で、あるいは特定の理由のために(たとえば、信頼者を気遣うなど)励まなくてはならないかもしれない[7]。

一方、経済学者は簡素で具体的な定義を好むので、使われる信頼のモデルは簡素である。ほとんどの経済学者にとって、信頼とは「信頼ゲーム」で見られる行動のようなものであればいいのだ。信頼ゲームは、ジョイス・バーグ、ジョン・ディックハウト、ケヴィン・マッケイブの三人の研究者によって、一九九五年に室内実験のために考案された。この実験は「投資家」と「起業家」とのゲームの形をとっていた。投資家には当初いくらかの手持ち金(通常は約一〇ドル)があり、起業家にはその投資を増やす手段がある。投資家は安全策をとって手持ち金を保有したままでもいいし、リスクをとって起業家にその金を委ね、投資のリターンを生み出してもらう(通常は三倍、つまり一〇ドルの投資が三〇ドルになる)こともできる。次に、起業家は信頼に応えてそのリターンを投資家と分けるか、信頼を裏切りその金を持ち逃げするかを決める。

信頼ゲームは、関係全般における信頼の作用を理解するためには欠かせないと経済学者がみなす、重要な特性を浮き彫りにする。このゲームは、各自がその関係によってある種の物質的利益を得られるが、その取引にはある程度のリスクが伴うという、二者間の関係性の理解に役立つのだ。投資家(または「信頼者」)は、物質的損失のリスクを想定しながら、その関係にリスクを負い、起業家(「被信頼者」）を当てにするという選択を行う。信頼者は被信頼者の評判に基づき決断をする。そのため、被信頼者は自分が信頼できるタイプであることを、つまり自分は信頼者と価値観を共有し、相互に利益をもたらし成功を収める事業に貢献する可能性が高い人物であると、知らせたいと思う。

信頼ゲームモデルに見られる単純化は、経済学の長所であり短所でもある。経済学者は、誰もが同意できる具体的なものに絞って定義をまとめるが、それは同時に、他の分野が取り組んでいる複雑さの一部を失うことでもある[8]。そうしてできたコンセンサスによって、信頼の研究は古い研究の上に容易に新しい研究を築き、この特定の文脈での信頼の作用について深く調べることができる。だがその一方で、他の分野がとらえようとしている機微を犠牲にしている。

もちろん、信頼は金銭的取引にとどまらない。信頼は、他人を頼る必要がある、危険を伴ういかなる状況でも見出せる。その人の意図が有益な行動につながると思うときに、私たちはその人を信頼する。

たとえば、「トラストフォール」について検討してみよう。これは、一人が高い台の上に立ち（目隠しされることが多い）、後方に倒れて、チームのメンバーがその人を受け止めるという、チームをまとめるために行われる活動だ。一般に、オリエンテーションのときに新しいチームで行われるが、これは本質的に危険を伴う状況である。新しいチームメイトの意図はよくわからないし、倒れ落ちるときに彼らの気を散らすような不測の事態が起きないとも限らない。しかし、ほとんどの人は、地面に落ちて痛い思いをしないようにチームメイトが自分を受け止めてくれると信頼して、台の上に立ち実行に移す。

私の次男は二歳の頃、トラストフォールが大好きだった。ベッドやソファや遊戯施設の梯子のてっぺんまでよじ登ると、何も考えずに仰向けに倒れ込んだ。まったく無防備に、終始クスクスと笑いながら、私か母親が必ず受け止めてくれると信じ切って。楽しそうだと思った当時四歳の長男は、自分も同じように倒れてみようとした。しかし、長男はもう疑いを抱く年齢になっていた。長男は（ほとんどの人と同じように）必ず後ろを振り向くか、万が一の場合は自分の身体を支えられるように腕を後ろに伸ばした。何があっても絶対に自分を守ってくれるという両親に対する純粋でやみくもな信頼は、もう消えていた――その年齢はとうに超えていた。トラストフォールは、信頼ゲームの一種と考えることができる。倒れる人は、リスクのある状況に身を置く投資家と似ており、受け手（起業家）が自分を守ると信頼している。信頼ゲームを用いて信頼のやり取りを考えるという簡潔さのおかげで、私たちは信頼のやり取りを数学的に示すことができ、数学から得られる厳密さと正確さを利用できる。

この世界は、経済学の数理モデルが仮定するよりも間違いなく複雑だが、経済学者は複雑な定義よりも単純な定義を好むものだ。経済学者は、数学で定量化し、室内実験で再現し、入手可能なデータで容易にテストできる定義やモデルを好む傾向がある。よく語られる寓話がここで役立つだろう。酒を飲んですっかり酔っ払った男が、夜更けの駐車場にいた。点灯している街灯は一つしかなく、広い駐車場のほんの一角だけを照らしていた。男は不運にも車の鍵を失くし、その灯りの下で四つん這いになって探していた。警官が通りかかり一緒に探してくれることになった。警官は駐車場の端から順に探し始めた。しばらくすると、酩酊した男のほうは街灯に照らされた場所でずっと探していることに、警官は気づいた。鍵は駐車場のどこに落ちていてもおかしくないのに、どうして別の場所を探そうとしないのかと警官が尋ねると、男はこう答えた。「灯りがあるのはここだ。」

これは酩酊した男の愚かさを印象づけようとする話だが、果たして本当に愚かなのだろうかという疑問が、経済学者には浮かぶ。経済学は灯りのあるところに注意を向けるのに対し、社会学のような分野は駐車場全体を探していると考えられる。確かに、実際には暗い駐車場のどこにあってもおかしくないが、経済学者は、実験や計量経済学、数学的なゲーム理論のような、経済学的手法の明るい光によって照らせる問題に焦点を合わせるほうを好む。経済学とその他社会科学との関係について『経済学帝国主義』という論文で明示したエドワード・ラジアーは、よく私にこう言っていた。「社会学者は問いを投げかけるのがを得意で、経済学者は答えを見つけるのが得意だ。」[9]

経済学者が焦点を合わせる明るい場所、つまり私たちが投げかける問いと与える答えは、次の三つの特徴によって端的に言い表せる。

・経済学の問いと答えは、統計的・実験的実証の手法を用いて研究できる。
・それらは、数学的モデルを用いてモデル化できる。
・それらは、推論的因果関係の推定に焦点を合わせている。

この三点は相互に関連している。経済学はかつて二番目の特徴が優勢で、理論に忠実であったが、今日《こんにち》の経済学研究の大半は実証的である。[10] 経済学者の問いは、入手可能なデータによってもたらされることがきわめて多い。だが、理論は実証的関係に意味を与えるので、理論は依然として重要である。データ（ビッグデータでもそれ以外でも）だけでは、二つのパターンに関係があることしか示せない。データは、何かが起こった理由や物事の改善に最適な方法を明らかにすることはできない。統計は二つの現象に相関があることは示せるが、因果関係の方向性（仮に何かが存在するとして）を解明するためには理論が必要だ[11]。言い換えるなら、理論のおかげで、あるコンテクストから得られた実証的結果から別のコンテクストを推定して、実証テストから意味を引き出すことができるのだ。

たとえば、近隣住民への信頼度が高いとされる国のほうが裕福であるという統計的パターンは、十分に確立されている。とはいえ、その情報に意味を与えるためには（そして十分に根拠のある政策を提言するためには）、理論が必要になる。市民間の高い信頼度がその国をより裕福にするのか、それとも国が豊かになるに伴い、市民は互いに信頼し合うようになるのか？ もしかすると、無関係な第三の要因が信頼も富も増やすのかもしれない。確立された理論は、信頼と富を結びつけるメカニズムを提示できる。それによって、新たな統計的テストを探し出そうという意欲をデータ主導型の人たちに起こさせる。

これは、経済学の範囲を比較的少数の共通する数学的・統計的手法に絞ることのもう一つの利点を示している。それは、経済学の専門家たちが協力して事に当たる力を高めるのだ。シンプルな定義が橋渡しをして、研究と調査設計が共通言語で話し合えるようになる。理論がテスト可能な含意を生み出し、それが新たな実証研究につながり、そして新たな理論を提示する。こうして、「通常科学」の循環が自ずと繰り返される[12]。

本書を通して、理論と実験データの相互作用について論じるつもりだ。時間とともに、実験のプロセスは経済学が用いる手段の範囲を拡大する――すると、街灯が一層明るくなり、光の当たる範囲はさらに広がる。

経済学の「信頼理論」

私の子どもの頃の愛読書は、アイザック・アシモフの『ファウンデーション』シリーズだった。この物語では、ある数学者が人間の相互作用を支配する方程式を解明し、これを「心理歴史学」と命名する。大学時代に、同じような大志が経済学にもあると知り驚いた。経済学は単に株式や債券や金利に関する学問ではなかった。人がトレードオフに直面したときにどのように決断を下すのかについて理解する学問だったのだ。言い換えるならば、経済学者は、人間の行うことのほぼすべてについて、そして人間社会がどのように展開するのかについて解明するという大志を抱いているのだ。

私は、『ファウンデーション』シリーズの主要人物であるハリ・セルダンと同じように、人間の行動のすべてをモデル化しようと志し、経済理論の研究でキャリアをスタートさせた。それからというもの、経済学者の一般的傾向に従って、研究手段を経済学の実証的側面に広げてきたが、理論モデリングの美的魅力には今でも心酔している。

ほとんどの人は、日常生活で絶えず信頼に関わっている。たとえば、学校教師が子どもの面倒をきちんと見てくれることを信頼し、友達が約束した時間に約束した場所にちゃんとやって来ることを、休暇で家を空けるときに自宅の鍵を預けた隣人のことを、タクシーやウーバーの運転手がこちらの告げた行き先まで連れて行ってくれることを、アマゾンが注文した品物を正確に届けることを、勤務先の会社が給与を支払うことを信頼している。けれども、私たちはこうした信頼を可能にする仕組みについては、とくに考えていないのではないだろうか。経済の理論家が目指すのは、人間の日々の相互作用に構造を与える関係性を、数学を用いて明らかにすることだ。

本項では、信頼の基礎となる仕組みを理解できるように、経済理論から得た三つの重要な洞察について概説する。

・二者間の関係は、経済学者のいう「信頼ゲーム」によってモデル化される。このゲームはプリンシパル＝エージェント理論のシナリオの一種であり、「リスク」「共有する価値観」「犠牲」「評判」など信頼のカギとなる経済的特徴のすべてが、ゲームを通して観察できる。

・「繰り返される相互作用」を伴う協力関係のなかで、信頼は発生する。現在どのようにふるまうのかは、その行為が将来の協力にどんな影響を与えるかに左右される。同時に、現在どのように行動するのかは、過去の協力的行動によって決まる。

・他者がどのようなことを重んじているのか、明確にはわからない。「高い代償を伴う行為」は、チープトークよりも多くのことを伝える傾向がある。

信頼ゲーム

前述したように、経済学者は概して、信頼を信頼ゲームの実験における行動と似た行動だと定義する。このゲームは大雑把に言えば、協力すれば両者の状況が良くなるような二者間のゲームである。信頼が関わる状況には、リスクが付きものである。信頼者たる片方のプレイヤーが自らを危険な立場に置くことによって、協力の可能性を示す。被信頼者たるもう片方のプレイヤーは、その脆弱性を示す行為に応じることもできるし、背くこともできる。被信頼者が応じた場合、両者の状況はより良くなるが、被信頼者が信頼に背いた場合は、信頼者を犠牲にして個人的利益を得ることになる。信頼者はそのような事態が起こる可能性を承知しているのだから、そもそも相手との交流を始めないかもしれない。自らの脆弱性を示すには信頼が必要になる。

投資家が投資するかどうかを決断し、起業家が投資家に報酬を渡すかどうかを決断するという信頼ゲーム実験は、広義の「プリンシパル＝エージェント・ゲーム」の一種である。このようなゲームでは、タスクを遂行するために、プリンシパル（信頼ゲームの「投資家」）が、他者つまりエージェント（信頼ゲームの「起業家」）を当てにする必要がある。その場合、基本的に、プリンシパル（「信頼者」）がエージェント（「被信頼者」）を信頼する際に直面するリスクが問題になる。だが、単独よりも協力し合うほうが一般的には多くのことを達成できる。よって、こうしたゲームは、他者に頼ることで生じるリスクを軽減するために用いられるようなシステムについて、洞察をもたらしてくれる。

この相互関係は、ゲームの木を用いて視覚化できる（図1・1を参照）。ゲームの木のスタート地点で、信頼者は「信頼する」か否かの道を選択する。「信頼しない」を選んだ場合、信頼者は手持ちの一〇ドルをそのまま保有し、被信頼者はゼロということになる。ところが、信頼者が「信頼する」を選べば、被信頼者は意思決定の機会を得る。「信頼する」という行為が選択された結果、投資の価値が三倍となり、被信頼者の手持ち金は三〇ドルになる。被信頼者は、「報いる」ことを選び、信頼者とその金を一五ドルずつ分け合うこともできるし、「背く」ことを選び、全額を自分のものにすることもできる（被信頼者が三〇ドル、信頼者はゼロ）。

信頼ゲームの参加者の行動を分析するには、ゲーム理論が参考になる。ゲーム理論では、自分の行動に対して他人がどのように行動するかを、プレイヤーは完全に予見できるものとする。よって、ゲ

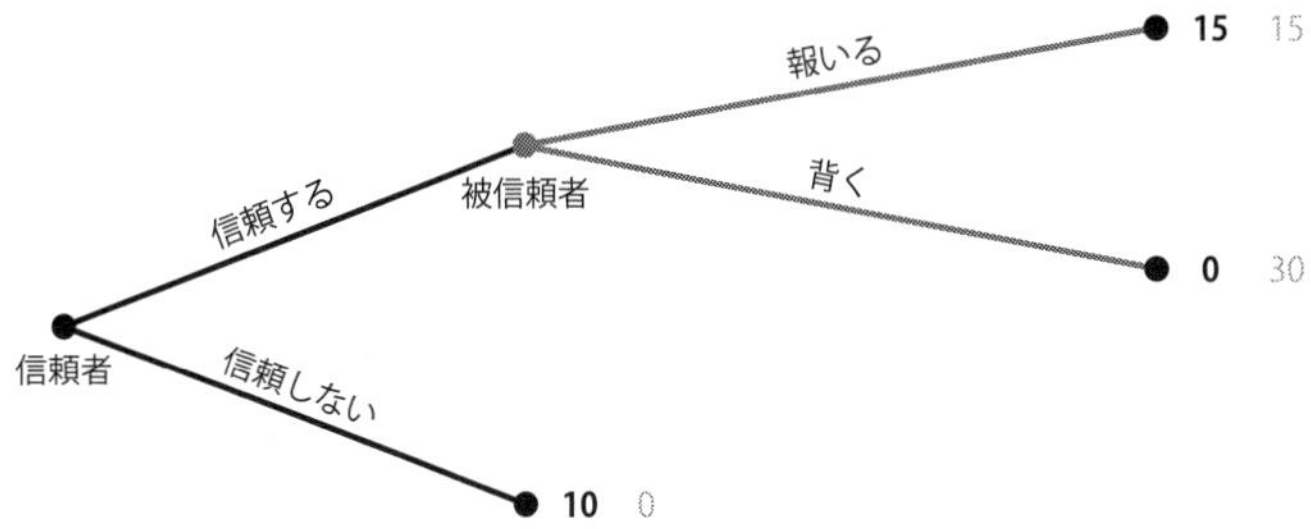

図1.1　バーグらによる信頼ゲームのゲームの木

ーム中の出来事を分析するためには、状況が最も単純である被信頼者の最後の選択から始めて、スタート地点へと遡る。

被信頼者が決断を求められるとき、相手の信頼に報いた場合の利得（一五ドル）と背いた場合の利得（三〇ドル）を単純に比較すれば、三〇ドルのほうが一五ドルよりも多いため、背くことを選択するはずだ。

次に、ゲームのスタート地点へと戻り、被信頼者が背くという予測が正しいものとして、信頼者はどのような行動をとるのかを考える。信頼者は「信頼する」と利得がゼロになり、「信頼しない」場合は少なくとも一〇ドルを得られることを知っている。したがって、信頼者は「信頼しない」を選択する。

従来の経済学的分析を用いて信頼ゲームを分析すると、信頼は崩壊すると予測される。信頼者は、信頼しなければ一〇ドルは手に入るというのに、信頼することを選択して何も得られないリスクを負う必要などあるだろうか？　互いを信頼して各自が一五ドルずつ獲得できれば双方にとって有益であるが、信頼者がすっからかんになることを避けようとするのは合理的に思われる。ところが、実験でも現実の世界でも、**常に信頼が発生するのである。**それはつまり……どういうことなのだろうか？

この現象を解明しようと、行動経済学者は数十年にわたり熱心に研究に取り組んできた。互恵性や利他主義、罪悪感など、被信頼者の側の道徳的価値観に考察を加えることで、人間の行動モデルをさらに正確に導けることが、数多くの実験からわかってきた。

信頼ゲームにおける人間行動の経済モデルは、次に挙げる四つの重要な変数にしたがって述べることができる。

1. **信頼**（評判）。このゲームでの被信頼者の評判は、被信頼者の信頼性（trustworthiness）に対して信頼者が抱く信念に影響を与える。被信頼者は、自分の価値と自分が信頼に値するかどうかを承知している。しかし、信頼者は、被信頼者の過去の行動と、一般的信頼性について信頼者が初対面の人と対峙するときに抱く事前の信念に基づき、推論に頼らなくてはならない。

2. **信頼性**（価値観）。被信頼者の信頼性は、その人の価値観、あるいは経済学者が「選好（preferences）」と呼ぶ概念に依拠する。その人が信頼に足る人物だと思わせる価値観の種類は、目下のタスクや人間関係によって異なる。しかし、信頼できる人とは、自分と価値観を共有し、その人を信頼した場合に目下のタスクの成功を手助けしてくれる可能性が高い人であると、一般には考えられる。

3. **信頼の行為**（脆弱性）。信頼者はリスクを伴う選択を迫られる。被信頼者を信頼するという選択をした場合、大きな利益を得る可能性のために、損失を被るリスクを負うことになる。信頼しないことを選択した場合、リスクにさらされる可能性は減るが、その代償として協力によって得られる潜在的な利益を逃すことになる。信頼者が信頼することを選択するかどうかは、ゲーム参

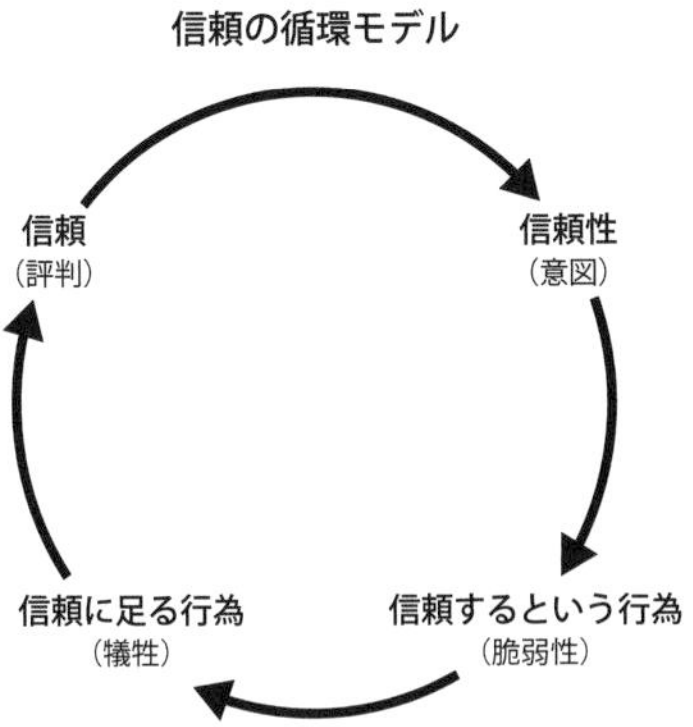

図1.2　信頼の4つの段階

注：信頼とは、信頼者が、やり取りする相手の信頼性に対して抱く信念である。その信頼が十分に大きければ、信頼するという行為につながる。その場合、信頼者は、被信頼者の信頼性を当てにすることによってリスクを負い、脆弱になる。被信頼者は、たいていはコストや個人的犠牲を伴う行為によって、その信頼の行為に報いることで、自らの信頼性を証明する。被信頼者の行動は、信頼者の彼らに対する評判を更新し、次のやり取りのための舞台を準備する。

加時の被信頼者の評判にかかっている。

4. **信頼に足る行為（犠牲）**。寄せられた信頼に対して被信頼者が選択する行為は、何らかのコストや具体的な犠牲を伴うことが多い。信頼に足る行動をとることで、被信頼者は自分に寄せられた信頼に報い、それが自らの評判を高め、今後の信頼を高めることになる。

信頼のこの四つの要素が循環を形成し（図1・2および表1・1を参照）、信頼に足る行為によって得られた評判が、両者が次回に会ったときの信頼の基盤となる。この信頼ゲームの基本的構成において信頼は非対称である。プリンシパルは信頼者で、エージェントは被信頼者である。もちろん、ほとんどの人間関係では、信頼は双方向に作用することが多い。私があなたを信頼しなければならないときもあれば、あなたが

	信頼	信頼性	信頼するという行為	信頼に足る行為
主要概念	評判	価値観	脆弱性	犠牲
経済学的概念	信念	選好	行動	互恵性
経済学の専門用語	ベイズ更新	協力による余剰	プリンシパル＝エージェント問題	コストがかかるシグナリング

表 1.1　経済学における信頼

私を信頼しなければならないときもある。基本的な信頼ゲームは信頼の方程式の片側だけを検討するが、本書では相互の信頼が含まれる例や実験についても取り上げていく。

信頼、評判、信念

まずは、誰かを信頼しているという状態（名詞としての信頼）と、信頼するという行為（動詞としての信頼）を分けることになる。信頼は信念であり、信頼の行為は行動である。経済学では、行動は、自分が気にかけていることと、信じていることが結びついて生じる。ある人が信頼に足るというあなたの信念は、あなたがその人を信頼するかどうかを決めるし、その信念は、あなたが把握しているその人物の評判に左右されるのだ。

信頼はリスクのある状況においてのみ必要になる。他人がどのような行動をとるかについて情報を完全に把握しているのならば、信頼は必要ないだろう。個人がある他者に抱く信頼とは、その他者が、信頼するという行為をなす人物にとって有益になるようにふるまうだろうという信念なのである。

人が誰かを信頼する場合、私たちの信頼は、その人物が善意を抱いているという信念に基づいている。その人物に賭けるというリスクを冒すに値すると、私たちは考えるのである。その人物が、自らの信頼性を証明するために費用のかかる行為を過去にしたことがある場合、私たちはその人物を信頼する。信頼性の証拠を獲得するうちに、相手への信頼が築かれるのだ。これとは対照的に、信仰は、証拠がないままの、あるいは証拠を必要としない信頼と定義される。

数学的な信頼ゲームでは、信頼とは、被信頼者がゲームの利得を独り占めせずに共有するほうを選ぶ可能性に関する信念である。

他人と初めて交流する場合、人は事前の直感に頼る。この直感は、固定観念や、他人に対して抱く一般的な信頼に左右される[13]。固定観念の形成過程は、知り合いしか信用しなかった人間が、やがて人々全般を信頼するようになる過程と同様に、本書の最初の項で述べた、私たちが歴史の中でたどった道のりを構成する。

固定観念が存在する理由は、歴史の大半を通して、信頼が構築される主なメカニズムが、類似点のある人を信頼すること、および自分の属する内集団の人を信頼することだったからだ。集団の規範と規則は人類の文明の発展において信頼と協力を築くための強力なツールであるが、同時に多大なコストも伴っていた。固定観念と直感に頼ると、利益を得んがために固定観念を覆そうとする、信頼できない詐欺師の餌食になる。また、交流すれば恩恵が得られるかもしれない人々を排除し、彼らの尊厳を傷つけ、社会の潜在的可能性の芽を摘むことにもなりかねない。こうしたトレードオフについては後述する。

信頼性、価値観、選好

信頼しているという状態と信頼するという行為を分けたように、信頼できるという状態と信頼性を反映する行動とを分けることにする。信頼できる人物でも、その信頼性を低下させる、または損なうことをする場合もあるし、信頼できない人物でも、適切なインセンティブが与えられたならば信頼に足ることをする場合もある。とはいえ、一般的に言って、信頼できる人物とは善意のある人物のことであり、つまりその善意が知られている場合、その人物は他人から信頼されるということである。人の意図はその人の価値観に由来する[14]。経済学では、人の価値観について、その人の選好の観点から考える。

世間では、経済学とは、当事者全員が全員についてすべてを把握しているような、完全情報の世界を分析するものだと思われがちだ。ところが、過去半世紀におけるゲーム理論の多くは、一方の当事者が他方の当事者の知らない情報を持つという、非対称情報に関するものだった。この場合、被信頼者は自らがどの程度信頼できるかを知っているが、信頼者は推測しなくてはならない。信頼できる人は、その人を信じた人がとるリスクを正当化する、信頼に足る行動をとるものだ。信頼ゲームの場合、その行動とは、利益を独り占めするのではなく、より公平な利得を選ぶということだ。客が良い本だと信頼する場合なら、その行動とは、出版社が費用をかけて悪い本ではなく良い本を作るということだ。

先に述べたように、行動は信念と選好に左右される。単純な信頼ゲームの設定では、不確実性はすべて信頼者に降りかかることになるので、信念がより重要になるのは信頼者のほうであろう。したがって、人の信頼性を定めるものは、その人自身の一連の選好である。選好は人の価値観を反映し、意図を定めるのだ。

信頼性を定める具体的性質は、関連する人々と目下のタスクによって決まる。その人が信頼できると思わせる特性は、信頼者に有益な結果をもたらし、今後もまたその人物と交流したいと信頼者に思わせるような特性である。

信頼できる人物を定義する特性には次のようなものが挙げられる。

・能力
・利他主義
・共感
・誠実さ
・公平性の感覚
・互恵性の感覚
・敬意
・こちらの福利（ウェルビーイング）に関心を抱くこと
・こちらが価値を置くことについての知識と理解

数学的な信頼ゲームでは、利己的で合理的な被信頼者はいつも全額を独り占めし、相手と共有しないものだ。だが、共有しないことによる後ろめたさ、相手への共感、あるいは利他主義を感じる被信頼者なら、共有することを選ぶだろう。信頼ゲームにおいて共有しようという気持ちを引き起こすこうした特質は、その状況で信頼できるとはどういうことなのかを明らかにする。

信頼するという行為、脆弱性、リスク

信頼するという行為には、協力する機会と、その後にリスクをとることが必要になる。相手に対して十分な信頼を抱いているならば、その人に対してリスクをとることをいとわないものである。そのような信頼は、相手の信頼性に対する評価に基づいている。

一人よりも誰かと一緒のほうが多くのことを成し遂げられるという考えは、経済学の中核をなす。一般に経済学の起点とされる、一七七六年出版のアダム・スミスの『国富論』の冒頭では、よく知られたピン工場の考察がある。働き手の人数が同じでも、最初から最後まで一人でピンを完成させる場合より、各工程を分担して完成させるほうが多くのピンを製造できるというものだ。スミスは次にその分析を交換の利益の考察に適用する。つまり、売り手と買い手が取引に合意した場合、両者にとってより利益となる、というものだ。この二つとも、協力し合えば成果の合計が増えることを示す事例だ。経済取引を、固定量のリソースの分け方を見つけ出す競争を余儀なくする、ゼロサムだと考える人は多い。だが経済学者は、ほとんどの経済関係はプラスサムだと考える傾向がある。つまり、協力によって全員の取り分を増やせるという考え方だ。

とはいえ、協力はリスクを伴うことが多い。リスクがない状況ならば、信頼は必要ない。だが、協働する必要がある場合、誰もが真面目に働くのか、それとも一部の人は（または全員が）怠けるのかという問題が、往々にして存在する。売り手と買い手が取引に合意した場合でも、売り手が不良品を売るリスクや、買い手が代金を支払わないリスクがある。

協力に伴うリスクが協力に値するかどうかという重要な決定要因には他に、ゲーム理論では「外部オプション」と呼ばれるもので、ＭＢＡコースでは「不調時対策案（ＢＡＴＮＡ：交渉が成立しない場

合の最善の代替案)」と教わるものがある。経済学において選択は常に、ＢＡＴＮＡがどのようなものになるか(これは「機会費用」と呼ばれる)という観点から検討される。したがって、ある人を信頼することに伴うリスクは常に、それ以外の人を信頼する場合のリスクと比較して測られる。数学的な信頼ゲームでは、信頼という行為は、信頼者が最初に下す決断である。外部オプションは、信頼者が「信頼しない」を選択した場合に得られるものだ(前述した信頼ゲームの例では一〇ドル)。リスクは、被信頼者がどのように反応するか確実にはわからないことから生じる。被信頼者が冷酷で利己的な人物ならば、自己中心的な選択をするだろうが、利他的な人物ならば利得を共有するだろう。被信頼者のふるまいがわからないことが、信頼者の負うリスクだ。

一般にリスクは悪いものだと思われているが、小さなリスクは関係を築くうえで有益なときも(あるいは必要なことさえ)ある。信頼は両刃の剣であることが多いので、相手の信頼を得るうえでときに最適なのは、まずこちらが相手を信頼することである。互恵性は、協力的なふるまいの中核をなすことが多く、信頼者が自ら進んでリスクをとらない限り、互恵的な反応は得られない。後述するが、ビジネスの契約では少しだけ多くリスクをとるほうが、つまり、脆弱な姿勢を見せるほうが、うまくいく場合もあるのだ。

この脆弱性の必要性について最も示唆に富むメタファーは、二〇〇〇年に発表された「ヤマアラシのキス」という論文にある[*2]。心理学者のフランク・フィンチャムはその中で、人間関係というのは二匹のヤマアラシの愛情のようなものだと指摘する。好意にあふれていても、自分の針で相手を傷つける危険が常に伴うものだ。

信頼性の行為、互恵性、費用

誰かに信頼を置くということは、その人があなたの状況をより良くする何らかの行動をとると期待することだ。あなたがそれによって負うリスクは、協力によって相互の利益が得られるだろうという期待に基づいている。あなたの信頼の行為に対して相手がどう反応するのかは、その相手の価値観次第である。価値観が、人物の信頼性を定める。

信頼に足るふるまいは一般に費用を伴う。正しいことを行うのが容易であるならば、誰もがそうするだろうし、被信頼者がどんなふうにふるまうのか当てが外れることはないだろう。信頼する必要がないのだから、被信頼者さえ存在しないだろう。

信頼性を証明するためには、誰かが費用を払うことが求められる。

信頼ゲームの実験では、信頼性の行為は、被信頼者が下す決断である。信頼に足る行為を選んだ場合の費用（信頼者と利得を共有すること）は、被信頼者が利己的な行動をとっていれば得られたはずの金銭である（つまり、被信頼者が利己的であれば三〇ドルを得られ、信頼者と共有することを選べば一五ドルということになる。したがって、信頼ゲームでは信頼に足る行為の機会費用は一五ドルである）。

時には、罪悪感から信頼に足る行動を選ぶ場合もある。罪悪感を抱く当事者は、利己的な行動をとるときに費用を**感じる**のである。罪悪感を抱くという費用が、協力する場合に生じる費用を上回るならば、その人は協力的行動をとるはずだ。

人間社会において信頼性を証明する重要性は大きいので、その証明を実現させようとする制度が数多く存在する。その一つが謝罪の制度である。謝罪に関するパラドックスの一つは、自分が不当に扱われた場合は相手に謝罪してほしいと思うし、謝罪は許しと信頼の修復へつながる道だというのに、いざ相手が謝罪をすると、私たちは相手をさらにこらしめがちになるということだ[15]。信頼ゲームモデルの文脈で言えば、これは謝罪を費用のかかるものにする必要があるからだ。費用を伴う謝罪だけが、信頼性を証明することができ、信頼修復の第一歩を可能にする（私はこれを学位論文で数学的に証明した[16]）。

将来の評判という便益のために現在を犠牲にするという費用を負担するバランスをどのように図るかという問題が、重要になる。ゲーム理論では、自らの評判を高めるために費用を伴う選択をすることを、「シグナリング」と呼ぶ。

理論と経済実験の関係

かつてある企業のコンサルティング業務に応募したとき、そこの最高経営幹部（CEO）から、統計学者ではなく経済学者（私）を採用すべき理由を問われたことがある。そのCEOは、会社のデータ分析に貢献するデータサイエンスのスキルのある学者を探していた。私は、その理由は簡単だ、私は理論家として教育を受けているからだ、と答えた。統計学者も理論を用いるが、彼らの理論は数字という抽象的な世界に基づいており、人間を星やアメーバと同じくらい単純に考えかねない。経済学は一世紀前から、人間の行動を理解しようとし、その理論を形成してきた。それは私たち経済学者に大きな利点をもたらしている。

経済学者以外の社会科学者からは、数学理論は時間の無駄だと常に攻撃を受けてきた。人間は数学で計算されたロボットみたいにふるまわないし、数学に固執すれば多くの疑問を見逃すことになると言われた。経済学の世界でさえ、膨大なデータと幅広くアクセス可能なコンピュータやソフトという新たな可能性のおかげで、実証研究が一層中心的になるなかで、理論の果たす役割は小さくなってきている[17]。同時に、経済学はこれまで「信頼性革命」を経ており[18]、二つの現象の統計的関係（たとえば、教育を受けた人ほど他人を信頼する）の確立だけではなく、因果関係を突き止めることも、最近の研究では重視されている。たとえば、教育を受けた人ほど他人を信用するという事実は、他人を信用するほど、学校の成績が向上してさらに高等教育へ進むことが理由かもしれない。あるいは、多くを学ぶ人ほど、多様な人々とさらに出会い、信頼の幅が広がることが理由かもしれない。もしくは、子どもに良い学習習慣を身につけさせる親ならば、子どもに信頼することも教えるからかもしれない。可能性は数限りなく存在するが、変化をもたらしたいのであれば、何が何の原因となるかを理解することがきわめて重要になる。信頼を築くことで教養ある人々を増やそうと思っても、それは、信頼がさらなる高等教育につながる場合に限り効果があるのだ。または、学校にさらに多額の資金を投入することで社会に信頼を増やしたいと思っても、それは、さらなる教育が信頼を高める場合に限り効果があるのだ。

したがって、因果関係を理解するうえで、理論は二つの重要な役割を果たしている。

1．理論は、因果関係の方向性の一部を除外するために役立つ。

2．理論は、因果関係をテストする実験を考案するために役立つ。

理論が因果関係の方向性を除外するために役立つとはどういうことだろうか？　たとえば、ボタンを押すたびに電球が点灯するとしよう。この場合二つの可能性が考えられる。

A．ボタンを押せば電球が点灯する。

B．点灯する電球が、私にボタンを押させる。

説明を除外しようとする意識がどのように働くかに関する理論がある。[19] 因果関係の方向を確実に証明することはできないが、人が世界をどう見るかに基づいて、起こりうることを判断することはできる。同様に、人間の行動に関する経済理論によって、たとえば教育と信頼のような関係の可能性を除外することができる。

経済理論が因果関係の理解に役立つ第二の点は、経済理論は状況を単純化するので、それをテストする室内実験を行えることだ。実験経済学はたいていの場合、被験者（通常は大学生）を室内に集めて、彼らにコンピュータなどで互いに経済ゲームをさせることで実験を行う。当然ながら、現実世界で人間が行うような選択を、コンピュータゲームが完全にシミュレーションするということはない。だが経済理論は、現実世界のどの特徴をシミュレーションすることが最も重要かを、研究者が判断するうえで非常に役立つのだ。

私は自身の研究において、人は、周囲の人々の信頼に足る行動パターンよりも、信頼できない行動パターンを真似る傾向があることを室内実験を用いて明らかにした。また、誰を真似るかを決める際には第一印象が重要であること、謝罪は信頼の回復に役立つが、それは謝罪に費用が伴う場合に限ること、関係を構築してから時間がたち、信頼が十分に確立されている場合よりも、不確実なことの多い、関係を構築したばかりの場合のほうが、謝罪する傾向が高いことも判明した[20]。

本書で提示する多くの証拠は、信頼ゲームを繰り返し実験することによって得られた発見に基づいている。もちろん、室内実験で得られたものは証拠の一つの形にすぎないが、その結果は数学理論に基づいており、その後、現実世界のデータとフィールドで行われた実験を検証することによって、フィールドで確認されている。経済学における「室内実験」は一般に、人為的な設定――学生がキャンパスのコンピュータ室で行うか、ランダムに選ばれた人たちがウェブサイトにログインする――で行われる実験のことであり、被験者は、現実世界で起こることをシミュレーションするように考案された、信頼ゲームのような経済ゲームを行う。その一方で、「フィールド実験」は現実の世界で行われる実験である。たとえば、謝罪が信頼を回復させることを示すために、共同執筆者たちと行った実験では、ウーバーのサービスで満足がいかない経験をしたことがある乗客一五〇万人を見つけ（たとえば、道が混んでいて目的地に遅れて着いた、など）、彼らを対照群と処置群に分けて、処置群の人たちには、遅れたことを詫びるさまざまな文面のメールを送った。次に、そのメッセージが彼らのその後のウーバーの利用に与える影響を評価し、彼らのウーバーに対する信頼の尺度とみなした[21]。

フィールド実験は、現実の世界で行われるので説得力があるが、多数の欠点もある。まず、フィールド実験を遂行する手はずを整えることが難しい。フィールド実験を考案し実施するには、利害関係者と何年にもわたり協力し、特別なソフトウェアの開発が必要になることが多い。そのため一つのフィールド実験が行われる間に、多数の室内実験を行うことができる。次に、フィールド実験はある会社の状況に特化されることが多い。研究は、幅広く適用できる汎用的知識を見つけることを目的とする。ウーバーが経験したことはその他企業にも汎用化されると私たちは考えているが、ウーバーは最も近い競合他社（リフト）とさえかなり異なるので、一社にとっての結果が他社には当てはまらないと頭を抱える場合もあるかもしれない。最後に、フィールド実験では実験制御がはるかに難しい。実験室のほうが、実験に参加する人たちと、彼らがさらされる情報を制御できる。現実世界においては、被験者が外部の人たちや出来事にさらされた場合、実験結果が損なわれるおそれがある。

こうして、室内実験で行われた信頼ゲームによる証拠は、信頼がどのように機能するかについて、経済学者が持つデータのなかでも最も変化と微妙な陰影に富むデータを提供する。信頼ゲームに参加するために、二人から二〇人の学生が実験室にやって来るが、自分のパソコンで参加する被験者を全米から集められるので、私たちは実験をオンラインで実施する機会をどんどん増やしている。被験者が互いに誰とゲームをしているのかわからないように、私たちは匿名性の保持に努め、それぞれのコンピュータ端末の前に座った各被験者に指示を与える。被験者全員がルールを理解したと確認できたら、ゲームを始めてもらう。通常、被験者には無作為にゲームの相手が割り当てられ、信頼ゲームを一回か複数回行ってもらう。各ペアのうち一人は投資家として、もう一人は起業家としてゲームをする。被験者は参加すると本物のお金を渡され、それを用いてゲームを行う。参加者の選択が、実際に彼らの手持ち金に影響を与えることが、経済学者にとっては重要になる。ゲームで用いられる金銭が本物でない場合、被験者が異なる行動をとる懸念がある。したがって、経済実験ではどのゲームでも本物の金銭を用いるのだ。

これを基本として、ゲームのルールをいくつか変更し、その成り行きを見守ることが可能である。被験者に与える金額を増やすか減らすこともできるだろう。信頼ゲームのような経済ゲームでは、二週間分相当の収入であれ数ペニーであれ、被験者は金銭に対して驚くほど一貫した行動をとることが、実験結果からわかっている[22]。同じ相手と繰り返しゲームを行ってもらい、時間とともに信頼がどのように増減するのか知ることもできる。私の実験では、ゲームが終盤にさしかかってくると信頼が低下することがわかった。他の参加者たちがゲームでどのような行動をしているかについて、被験者たちに与える情報量を変えることもできる。これによって、第一印象が重要であり、信頼は伝染することがわかった[23]。こうして、宗教や金融政策、科学研究までさまざまな文脈の現実世界で信頼が働く仕組みを明らかにし、室内実験を通して、そうした仕組みがどのように働き相互作用するのかについて理解を深めることができるのだ。

さまざまな力の相互作用を明確にする数学的理論と同時に、室内実験による証拠が用いられる場合に、研究は最もうまくいく。その後、フィールド実験を利用して、実験室という制御された領域で起こることが現実世界にも当てはまることを確認することができる。

本書の概要

第2章では、人類の文明の歴史を信頼の拡大の物語としてとらえ直す。信頼は私たちのDNAにエンコードされており、信頼を促進し周囲の人たちに自分の信頼性を証明しようとする本能が、私たちには生まれながらに備わっている。しかし、こうした本能が信頼に及ぼす範囲は当初、自分の家族や部族にだけ向けられていた。信頼をさらに多くの幅広い人々にまで広げるように後押しする役割は、何世紀にもわたり主に文明が担ってきた。人間は宗教、市場、法廷などの制度を発展させて、信頼を拡大させようとしてきた。だが、内集団の人々に対する信頼を助長するこうした制度により、外部の人々を信頼することが一層難しくなるおそれもある。また、贈答などの比較的控えめな制度が、協力や信頼を築くための制度として最も根本的なものとされる理由も明らかにする。

第3章では、金融における中心的役割からシェアリングエコノミーやブロックチェーンまで、信頼が、現代経済を構成する制度において果たす役割について検討する。信託（trust）に資金を預け、組織が受託者（trustee）によって運営されるように、現代経済の大半は、私たちが当たり前のものと思っている信頼（trust）に依存している。私たちは中央銀行を信頼し通貨供給量の管理を任せているし、そもそも通貨の概念自体が、金融システムに信頼を置くことを求めるものだ。こうした信頼の重要性は二一世紀を迎えても継続しており、eコマースやシェアリングエコノミー、ブロックチェーンにおける過去一〇年間で最大のイノベーションは、どれも根本的に、不信を克服する新たな方法を作り出すことにあった。

第4章では、医療に対する信頼から、気候変動の背後にある科学に対する信頼まで、現代における市場以外の制度への信頼について考察を加える。本書は、どのように文明と科学が連携して、人間の相互信頼を促進する方向へ進んできたかについて語るが、近年、一部の専門分野に対する信頼が損なわれている。医療やメディア、政治の世界で信頼の崩壊が見られ、市民を統治する人々に対してますます不信が募っている。情報へのアクセスがいつでもどこでも可能になったことにより、専門知識に対する信頼が影響を受けてきた。信頼とは信念であり、その信念が、制度によって人々がアクセスできる情報の影響を受けているのだ。

第5章は、たとえばプライバシーと尊厳における信頼の役割や、非難が信頼の崩壊をもたらし、謝罪が信頼を修復することなど、日常生活および個人的関係において信頼が果たす役割を考察する。自分自身すら信頼できない場合もあることについて検討し、信頼の理論がより良い意思決定に役立つことを検討する。また同章では、失われた信頼を回復し、信頼が継続的に拡大するための指針を提示する。見知らぬ他人に対して抱く信頼の基本的水準について、自分自身を信頼することが人間関係への投資には必要であることについて、人間関係が不安定になったときに信頼をいかに回復するかについて、人間の尊厳という原理が、人類を結びつける信頼の絆を強化するという最終的目標をどのように妨げ、また駆り立てるかについて述べる。

第6章は、本書を通して探る、人間の歴史における信頼の道を再びたどり、その道筋を未来へと広げて、本書を締めくくる。本書は研究に基づくように努めたが、未来を研究することは難しい。本書では推測することしかできないが、読者が本書を読み終えたとき、未来が信頼にもたらす可能性について、私が抱く楽観を共有していただけたら幸いである。

第2章　信頼の人類史を分析する

本章では、有史以前の我々の祖先から現代に至るまでに、信頼がどのように発展したのか、その歴史をたどる。人類の文明の物語とは、いかにして互いに信頼し合うようになったのかについての物語だと言えるだろう。人間はまず、単独で狩りをして一人で獲物を食べる（あるいは食べない）のではなく、集団で狩猟をして獲物を分け合うようになった。人間は協力することによって、大聖堂やピラミッドを築き上げることができた。協力とは他人を信頼するということであり、その機に乗じて他の人たちの信頼につけ込んだ、集団の一部の人たちが、責任逃れをするようになった。信頼を確立する方法を見つける必要があった。やがて、人類は政府や規則を発展させて、こうした協力のジレンマの管理に役立てるようになったが、そうした規則が機能するためにもやはり信頼が必要とされる。

人類を統治する制度の進化に考察を加えることで、本章ではさらに、人類の文明の進化における各段階を検討していく。また、私は具体性を保つために、ノーベル賞受賞者のダグラス・ノースが示した経済的定義を用いることにする。つまり、制度とは私たちの行動を制限する信念であり規範であり、目に見えない規則であるということだ。すべてのゲームにルールがあるように、あらゆる社会にはやはり規則がある。人はなぜそうした規則に従うのか？　それは、規則に従った場合に起こること、および規則に従わない場合に起こることに対して、私たちが抱く期待（expectation）のためだ。そうした期待が、ゲーム理論を通して学べるような、行動基範と規則を作り出すのだ。そうした基範や規則は、いわゆる文化の大部分を占めている。

制度の研究は、信頼を理解するうえで、二つの理由からきわめて重要である。第一に、人間の制度の大半は信頼が機能することを頼りにしているからだ。集団行動の問題から稀少な資源の配分に至るまで、社会は直面する問題を解決するために制度を作る。具体的に言うと、市場や裁判、民主主義などの現代の制度は、さまざまな点で信頼に頼っている。第1章で述べたように、本を買うためには信頼が必要になる。訴訟で判決を下す場合や、規制を適用する場合に必要となる信頼についても考えてみるといい。

より根本的に言えば、信頼にとって制度がきわめて重要な第二の理由は、私たち人類の制度の多くが、信頼の促進を軸にして考案されているからだ。人類の文明の物語とは、協力の規模をスケールアップさせていくことにより、さらに大掛かりで素晴らしい物事を作り上げていくということなのだ。私は人波でごった返すニューヨークの地下鉄のプラットフォームに身を置くとき、日々五〇〇万人を超える乗客を移動させるそのシステムに驚嘆することがある。地下鉄の乗客は混雑や遅延に文句を言うが、人間の独創性が成し遂げたこのような業績に対して、来る日も来る日も任務を果たす多くの人々と多数のシステムの協調的な取り組みに対して、私は驚嘆の念を抱く。

第1章で大まかに説明した信頼ゲームの構成要素の観点から、信頼を支える種々の制度について考えてみよう。

信頼を支える制度

信頼は、交流する人の信頼性に対する信念と定義される。私たちの信念は、受け取る情報に基づいており、人間の制度の多くは、情報の流れを広めて収集整理することに関わるものだ。本書で取り上げる例には次のようなものがある。

・近代以前の村における噂話のネットワーク
・物を買うときに求めるブランド
・インターネット時代のソーシャルネットワーク

信頼性を支える制度

信頼性とは、その人に寄せられた信頼を裏づけるような行動をする人物の特性と定義される。信頼性は人が置かれた状況に応じて異なることもある。それは内面の道徳的指針を反映する一方で、そうした内面的価値観は外部の制度からの影響に由来することが多い。次のような例が挙げられる。

・生物学的に発展した人間の共感と利他主義の能力
・行動の道徳的規範を植えつける宗教的価値観
・医学分野で見られるような行動規範

信頼の行為を支える制度

信頼の行為とは、信じて賭けることである。私たちは他の人が作業を完了すること、行動に移すことを当てにすることで、リスクを冒している。その人物は信頼が置けると私たちは強い信念（すなわち信頼）を抱くかもしれないが、確かなことはわからないのだ。そのような賭けに出られるようにする制度として、本書では次のようなものを取り上げる。

・返礼を期待せずに、贈り物をする贈答の規範
・信頼が破綻した場合の償還請求を規定する契約
・取引と契約の履行を自動化しようとするブロックチェーン

信頼性の行為を支える制度

最後に、被信頼者に信頼が置かれた場合、被信頼者は、信頼に応えるような行動をとるかどうかを決める。その選択は、彼らの価値観に依存するだけではなく、彼らの行動を支配する制度にも依存する。信頼性を欠く行動に対して制裁を設ける制度もある。また、信頼性をシグナルとして伝えるために、さらなる方法を加える制度もある。それらには次のようなものが挙げられる。

・法体系で定められた裁判と法の執行
・入れるときに痛みを伴う入れ墨などの、宗教儀式
・損なわれた信頼を回復する手段としての謝罪

ここで挙げた制度については、これ以降に逐次取り上げるが、まずは、人間の信頼の生物学的基礎を検討することから始めよう。

生物学的基礎

赤ん坊がほほ笑んだり笑ったりするのはなぜなのか、不思議に思ったことはないだろうか？

哺乳類のほとんどの赤ん坊は生まれてまもなく、自分の脚でよろよろと立ち上がり歩き始める。人間の赤ん坊が立って歩くようになるまでには何ヵ月もかかる。だが、歩けるようになるずっと前に、人間はほほ笑み、笑うようになる。人間は、生後一年は歩く必要がないのに、この世に誕生して数週間で笑みを浮かべるようになるとは、一体どういう動物なのだろう？

進化は目的のために特徴を選択するので、そうして得た習性は何万年も前に私たちの遺伝子にプログラムされた。だが、なぜなのだろう？　何のために笑うのか？　何のためにほほ笑むのか？　さらに言えば、なぜ人間だけが赤面するのか？　こうしたこと以外にも、私たちを社会的動物と定めるのに役立つ行動様式が、遺伝コードに見つかるだろうか？

あらゆる生物と同様に、人間も自らの遺伝子を次の世代に伝えようとする。この生物的本能から、私たちは肉親、なかでも子孫を確実に生存させようとする。よって生物学は、一人から一〇人の集団（多少の差こそあれ、人間の身近な家族の規模）を信頼するようにと私たちを駆り立てる。

私たち人類が何世紀もかけて発達させてきた社会制度が、そうした生物学に根ざしており、人間の集団を何百万人の、何十億人もの社会へと拡大させてきたことについて見ていこう。

情熱のなかの経済学

感情のシグナルと反応は、経済学というよりも心理学の範疇なのだが、人間の感情が経済取引を形づくる役割を果たすことから、経済学者は人間の感情を研究してきた。経済学者のロバート・H・フランクは著書『オデッセウスの鎖――適応プログラムとしての感情』〔大坪庸介訳、サイエンス社、一九九五年〕の中で、生得的感情反応は、経済ゲームで最適な戦略を選択できるようにする生物的メカニズムだと考えられる、と述べている。なぜそのようなメカニズムが存在するのか、そのメカニズムはどんなゲームをプレイするように促しているのか、私たちは普通知らないが、このようなメカニズムは無意識のうちに働き、私たちの行動を形づくる。

自社製品の価格設定から勤め先の選択に至るまで、経済ゲームは幅広い形や種類をとるが、典型的な経済ゲーム（最も古いと思われるので）は、次の疑問に関するものだ――仕事を完遂するために二人の人間が協力する必要がある場合、その二人は互いを信頼して協力できるだろうか？

フランクによれば、呼びかける、笑う、ほほ笑むなどの特定の行動が、私たちが協力し合えるように、結果としてより良い経済的成果をもたらせるように発展したという。生き残るチャンスを増やす特徴を選択することで進化は機能するが、現代における進化の解釈では、最も重要な特徴は、個体の生存を確実にする特徴ではないとされる(1)。しかし、進化論では、有利な特徴がどのように遺伝子自体の生存を確実にするかを考えるべきだとされている。ダーウィンは、個体の生存に役立つ特徴の進化に焦点を合わせた。たとえば、フィンチはそのくちばしの形のおかげで餌を捕まえやすいのかもしれないと考えられていた。だが、現代の生物学では、個体が生き残るチャンスは、少なくともある種の動物にとっては、その個体の社会的集団がどれほどうまく機能するかによって、大きく左右されることを認めている。[2]

この知見は、進化論において長年謎とされていたこと、つまり利他的行動に対する解答を示している。なぜ進化は、蜂が外敵を刺したら死ぬように蜂を設計したのだろうか？　進化は適者生存を促進するということであれば、なぜ進化は、生存とは正反対の自殺へと導くメカニズムを考案したのだろうか？　現代の生物学では、最適な**生物**よりも、最適な**遺伝子**の生存を推し進めるという考えが広く受け入れられているが、その考えに至るまでには概念を大きく変える必要があった。[3] 個々の蜂の犠牲によって、巣が確実に生き残れるようになり、それによって、その個体が生き残らなくても、蜂の遺伝コードが将来の世代に確実に伝えられるようになる。糸口を見つけてからは、利他主義を示す証拠が動物の世界にふんだんにあることに、生物学者たちは気づくようになった。たとえば吸った血を吐き戻して空腹なコウモリに与える吸血コウモリや、自らを危険にさらすことになるのに音を立てて他の猿に危険を知らせるベルベットモンキーなどがいる。[4] 人間の世界でも、映画に登場するスーパーヒーローから、ローマ・カトリック教会に聖人として認められたマザー・テレサまで、犠牲という無私の行為の事例はあふれている。

行動経済学者は簡単なゲームを用いて利他主義を評価する。そのなかで最も簡単なゲームは「独裁者ゲーム」である。このゲームでは、被験者がゲームの結果を完全にコントロールできる。実験室の被験者はたとえば二〇ドルを渡され、その金を自分と匿名の他人との間で分けるように指示される。どのように金を分けるにしても、制限は一切ない。独裁者は全額を独り占めしてもおとがめなしだというのに、驚くほど多くの独裁者（六四％）が、その一部を匿名の他人へ渡す[5]。これは、単に自分のみならず社会における他者の福利への選好を示すので、経済学者はこのような生得的利他主義を「社会的選好」と呼ぶ[6]。手渡す金額、実施する国、匿名性のレベルなどの設定をいろいろ変えて、この実験を繰り返し行ったところ、一貫してかなり高い水準の利他的行動が示されるという結果が得られた。

独裁者ゲームから得られた証拠だけでは、この利他的選好が学習で得たものか、生得的なものかはわからないが、ある程度は推測できる。心理学者は、脳がどのように機能するかを把握するために、人間の極端な行動を調べる。人口のおよそ一％が、精神病質的《サイコパス》であると言われている[7]。一般に、サイコパスは高度に機能的であり、普通に見える。彼らは人間の行動規範を承知しており、それを真似ることができるからだ。しかし、彼らには他者を傷つけたいという気持ちを抑える生得的な共感に欠ける傾向がある。共感の欠如とは、他者の気持ちを理解または共有できないということだ。そのため、サイコパスはたいてい、他者に害を加えても罪悪感や良心の呵責を抱かない。近年、双生児と兄弟姉妹の研究からサイコパス的行動は遺伝性であることが明らかにされている。これはつまり、他者が感じることを自分も感じたいという欲求の少なくとも一部は、遺伝子にコード化されていることを示すものだ。共感の遺伝子を見出だせるという事実は、利他性と共感には進化の観点から見て恩恵があり、こうした社会的選好は、進化の過程において人間の行動の一部であったことを示唆している。

では赤ん坊がほほ笑むのはなぜか？

ここで最初の疑問に戻る。赤ん坊がほほ笑むのはなぜなのか？　ロバート・H・フランクの仮説によれば、進化は、経済ゲームで好結果を導くような特性を選択する。そうしたゲーム（狩りの獲物を分け合う）で好成績を収めるコミュニティは生き残り、特性を子孫へ伝える可能性が高い。信頼にまつわる大きなジレンマは、誰を信頼すべきかということである。したがって、進化的に有益な特徴は、人が自らの信頼性をシグナルとして伝えるために役立つ特徴である。

笑みはまさにそれができる。ほとんどの表情は自然と顔に浮かぶものだ――つまり、意識しなくても自ずとそうなるということだ[8]。心理学者のポール・エクマンはキャリアを通じてこうした表情を記録しており、顔の動きのさまざまな構造と関連する感情的な引き金を識別できる。ほほ笑みは最も基本的な表情の一つである。赤ん坊は出生前から笑みを浮かべることができ、生後二ヵ月になる頃には、自分にほほ笑みかける人に対して笑みを浮かべるようになる。

笑みを浮かべることは多くの目的に叶うものであり、笑みを偽ることは難しい。これは、カメラに向かってポーズをとる幼児の作り笑いを見れば、よくわかる。あるいは、タイラ・バンクスが、自ら司会とプロデューサーを務めたリアリティ番組で、モデル志望者によく忠告していたように、笑みは口元と同じくらい瞳にも表れる。もっとも、ほとんどの人は自分の瞳が何を訴えているのかを意識的にコントロールしていない。本物の笑みは、その人物の心の中を示す窓なのだ。それは、笑みを浮かべている人の真の意図を自ずと知らせ、その人が信頼に値するかどうかについて、他の人が判断する術《すべ》となる[9]。人は、笑みを浮かべる人を信頼する傾向にあることが、信頼ゲームの実験からわかっている[10]。笑みを偽ることには無理があるので、誰を信頼すべきか決めるときに参考になる。

笑みには他の目的もある。相手もほほ笑み返してくれるのだ。ほほ笑みは、赤ん坊が最初に見せる互恵的行動形態の一つであり、その意味では、信頼のサイクルへの入り口の役割を果たしている。ほほ笑みは、信頼性を伝える術《すべ》として役立つと同時に、相手に信頼を起こさせるきっかけにもなる。

赤ん坊は、ほほ笑み返すようになると、すぐに笑うようになる。ほほ笑みやその他の表情が人の思考を垣間見る窓口になるように、笑いからも思考が垣間見える。ほほ笑みが満足と喜びを示すのに対し、何気ない笑いは、意図の表れであることが多い[11]。信頼の理論で述べたように、意図は信頼性を決定する重要な要素である。だが、笑いはその意図を超えて、さらに洗練された社会的行動である冗談と関連している[12]。

冗談とは何だろうか？　何が面白いのだろうか？　小さな子どもの笑いがヒントとなる。乳児は、いないいないばあに大喜びする。物体の永続性がまだ理解できない生後一年未満の子どもは、予測できないことを面白く感じる。親が両手で顔を隠して見えなくすると、子どもの心的世界から親も消える。親が手を開くと、思いがけず再び親が現れる。そして笑いが起こる。物体が隠されても存在することを理解するようになると、いないいないばあの面白さは失われる。

同様に、ある種のユーモアは、もう少し年長の子どもたちを間違いなく喜ばせる。それはいわゆる「うんち」ネタのことだ。うんちネタを理解することは、ジョークがどのように信頼を生み出すのか明らかにするのに役立つ[13]。親がどんなに気をつけていても、ある文脈では排泄機能について話すべきではないと、子どもはすぐに学ぶ。そのため、予期せぬときにそのようなネタを持ち出すことがたまらなく面白いことだと、子どもたちは気づく。規範が破られたときに、人間は（時に神経質に）笑う。この場合の規範とは、上品な場では汚物ネタのようなことは話さない、ということだ。年齢を重ねるにつれて、社会的役割やアイデンティティを参考にして、ジョークは次第に洗練されていくが、大前提は変わらない。つまり、規範が思いがけず破られたときに人間は笑うのだ。

今度、誰かと知り合いになり、その人物を信頼すべきかどうか確信が持てないときには、ジョークを言ってみるといい。自分と同じユーモアに笑うようならば（無理な笑いではなく、本物の、自然な笑い）、自分と同じ物事を面白いと思う人だという合図として受け止めていい。人は規範を破ることを面白いと感じるので、ユーモア感覚を共有しているということは、規範を共有しているということになるからだ。規範の共有は、信頼の強固な基盤を形成する。

罵り言葉にもほぼ同じ役割がある。マイケル・アダムスによれば、罵り言葉を使うことでも信頼を築けるという[14]。罵り言葉を使用するということは、タブーを意図的に破るということである。当然ながら、タブーを破った者は罰として社会的制裁の対象になる。故意にタブーを破ることで、罵り言葉を用いた者は自らを脆弱な状態に置くことになり、これが信頼の行為の始まりとなる。罵り言葉に対して肯定的反応を示すことは、その信頼の行為に報いることになり、信頼のサイクルが完了するのだ。

信頼ホルモンの研究

信頼が人間の遺伝子に組み込まれているという最大の証拠は、「信頼ホルモン」とも呼ばれるオキシトシンに関する研究で見つかる。エンドルフィンが鎮痛と快感に関連し、アドレナリンが危機的状況と関連しているように、オキシトシンは信頼感に関連している。恋愛の最初に夢中になっているときにはテストステロンとエストロゲンのほうが関係するが、オキシトシンは、その時期が過ぎた後に長く続く愛情に関連する。このホルモンは、オーガズムの最中に放出されて、セックス後の人間的結びつきを促す[15]。オキシトシンは新生児の母親にも関係し、出産と授乳の時期に作られて新生児との結びつきを促すとされる。面白いことに、出産や授乳など直接の肉体的刺激がなくても、新米ママの反応を模倣して、新米パパのオキシトシンのレベルも上昇するという[16]。

研究者たちは、オキシトシンがどんなときに作り出されるのかという観察から研究を一歩進め、体内のオキシトシンの量を操作することで人間の行動をコントロールできるか追求してきた。オキシトシンと信頼行動の相関を観察すること自体では、オキシトシンが信頼を引き起こすことを証明しない。オキシトシンは単に、私たちが信頼を経験するときに生じる、他の生体内作用の副産物にすぎないのかもしれないし、信頼がオキシトシンの分泌を引き起こすのかもしれない。オキシトシンが信頼感を引き起こすと証明するためには、実験の設定でさらなるオキシトシンを導入する必要がある。

ポール・ザックやその他研究者たちがまさにそれを行った。[17] 信頼ゲームの参加者の脳内で産出されるオキシトシンのレベルは、他の参加者をどのくらい信頼しているかということと相関関係があると気づき、ザックと共同研究者たちは、被験者にオキシトシンを投与する実験を行ったのだ（妊婦に投与して分娩を誘発したり、母乳が出にくい母親に投与したりするので、合成オキシトシンは容易に入手できる）。オキシトシンの投入によって信頼ゲームなどのゲーム参加者が見せる信頼の程度が上昇し、他者の意図に対するゲーム参加者の認識が変わることに、ザックらは気づいた。このホルモン暴露は共感を高めるので、オキシトシンレベルの上昇は信頼に影響を与えると彼らは主張したが、オキシトシンと信頼の研究にどれほどの再現性があるかについての懸念も生じた。[18]

脳スキャンを用いて信頼の基盤を神経生理学的に理解しようとした研究もある。[19] 同様の実験では、脳のその他の部位が罪悪感と後悔に関連することがわかっている。この二つは、信頼のサイクルに不可欠な感情的反応である。人の感情は社会的交流を促進するようにできているというフランクの推測と一致するように、罪悪感は損なわれた信頼を回復させ、今後は信頼できることを伝えるように私たちに作用する。

遺伝子と信頼の関連性を調べた研究もある。一卵性双生児と二卵性双生児を比べた双生児研究から、信頼ゲームにおける人間の行動に遺伝性があることが示されているが、環境が果たす役割のほうが、遺伝的性質が果たす役割よりも重要であることが判明している[20]。

「身体化された知性」と呼ばれる最近の心理学の系統は、脳がどのように社会的情報を処理するのかについて、さらに生理学的な手がかりを提供する。この分野の文献によると、脳のすべての部位は結びついているので、一見関連性がないように見える感覚入力でも、人の認知と行動に影響を与える可能性があるという。ある実験では、被験者に見知らぬ人物を対面させた。被験者の片方のグループには冷たい飲み物を手に持たせ、もう片方のグループには温かい飲み物を手に持たせた。温かい飲み物を手にしていたグループのほうが、見知らぬ人を信頼できるとみなす傾向が高かったが、これはおそらく、無意識のうちに見知らぬ人を温かさと関連づけていたからだろう[21]。

要するに、誰を信頼すべきかという情報問題を解決するために、生物学は私たちに、信頼を生じさせる術と信頼性を証明する術を与えているのだ。赤ん坊が教えられずとも笑みを浮かべることから、私たちが罵り言葉やタブーを破ることに反射的に反応することまで、他人を信頼するように促し自らの信頼性を伝えるようにふるまう、ある種の社会的反射神経が、人間には生来備わっているのだ。人間は規範と価値観を共有する人を信頼する傾向があるので、そうした規範を表現し可視化させる仕組みは、信頼のサイクルを完了させるための重要な要素となる。

ジョークを使って同じ価値観を共有する人かどうか見きわめることもできる。一般的に注目を引く類《たぐい》のジョークは、意図的に「他者」をおとしめるジョークだ。「あの人たち」とみなす人たちをけなすことで、「私たち」を中心に団結を築く。信頼を築くために用いる仕組みのなかで、有害な特徴の一つとして挙げられるのが、外集団を意図的に「他者化」しがちなことだ。信頼のこの有害な特徴については、後ほど取り上げる。

贈与の経済学

私はクリスマスが大好きだ。クリスマスの音楽、飾り付け、巷に漂う幸福感、そしてクリスマスプレゼントが！　大人になって思うのだが、私の母は、戦後台湾の比較的貧しかった子ども時代を、あふれんばかりのクリスマスプレゼントで埋め合わせしていたのだろう。毎年クリスマスツリーの周りには、色鮮やかに包まれたプレゼントの箱が高々と山積みにされていた。人によっては、肯定的な言葉や、充実した時間、献身的行為、身体的接触によって愛情を表現するが、私の母はプレゼントで愛情を示したのだ[22]。

経済学者や評論家は、クリスマスにプレゼントを贈ることをけなしたがる。クリスマスで本来大切なことは家族や一体感なのに、プレセントの習慣はクリスマスの精神を壊すものだと彼らは言うのだ。経済学者のジョエル・ウォルドフォーゲルは、著書『プレゼントの経済学――なぜ、あげた額よりもらう額は少なく感じるのか?』〔矢羽野薫訳、プレジデント社、二〇〇九年〕の中で、アメリカで毎年プレゼントに費やされる六六〇億ドルのうち約一八％（一二〇億ドル）は、受け手が望まないプレゼントに使われていると見積もっている[23]。お金がドブに捨てられているも同然だと、彼は言う。プレゼントではなくギフト券、いっそのこと現金がいいと彼は主張する。本当に相手のことを思うならば、現金を渡して本人に選んでもらったほうがいい、と言うのだ。現金のプレゼントが普通である文化も多い（たとえば中国の旧正月である春節には、紅包と呼ばれるお年玉の風習がある）。それでも、ウォルドフォーゲルの主張には、サンタクロースの真っ赤なソリが通り抜けられるほどの、大きな穴がある。人間関係の強化にプレゼントが果たす重要な役割が、彼の主張では無視されているのだ。

贈与の慣習は、実際のところリスクを伴うからこそ、信頼を確立する手段として重要なのである。プレゼントを買うときに、私たちはふさわしくないものを買うリスクを冒している。これはお金が無駄になるし、バツが悪いものである。現金が欲しいとお願いして、自分の好きなものを買ったらいいのではないか？　なぜ、他の人にプレゼントの選択を任せるシステムがあるのだろうか？　理論的枠組で述べたように、信頼性を測る方法の一つとして、こちらが価値を置くものを他人がどれほど知っているかという観点を用いることができる。もしクリスマスに現金だけを贈ることが慣例になれば、受け手のことをよく知っている送り手にとっては、相手にふさわしい贈り物を選んで信頼性を示す機会が失われてしまうだろう。プレゼントを選ぶことで、わざわざ時間をかけてプレゼントを探したこと、贈る相手をよく知っているということを伝えられる。経済学者のコリン・キャメラーは、私のお気に入りのある研究論文の中で、贈答を支持するゲーム理論を提示している[24]。彼はモデルを示し、贈答に関連するコストの非効率性を完全に認めているが、コストが高いからこそ有効なのだと主張する。相手にふさわしい贈り物をしたときに関係を強化するためには、ふさわしくない物を贈るというリスクが必要になる。

今の時代、贈与は何か子どもっぽいこと、大人同士がわざわざするまでもないことと考えられている。だが、贈与はおそらく人間の最古の制度の一つであり、現代経済の基礎をなすものなのだ。

贈与経済

贈与は市場システムの配分効率性を活用していないので無駄であると、ウォルドフォーゲルは主張する。（経済学が定義するような）効率的な市場は、社会のリソースを最高に評価する者にそのリソースを分配する。ウォルドフォーゲルの主張には多くの真実が含まれる。市場は、きわめて効率的に社会のリソースを配分する制度である[25]。

とはいえ、効率的な市場がこれまで常に存在していたわけではない。今日《こんにち》でさえ、市場は完全に効率的だとは決して言えない。経済学者はその生涯を捧げて、非対称情報や寡占的共謀のような市場の失敗を正す方法を究明しようとしている。もっとも、裁判や契約、通信網、認可システムなどの制度がなかった過去のほうが事態はひどかった。こうした制度はどれも、市場が適切に機能するためには欠かせないものだ。制度と市場が出来上がる前から、贈与は存在した。

マルコ・ポーロをはじめとする中世ヨーロッパの商人は、貿易の新たな機会を求めて中国へ行った[26]。だが、中国に到着した彼らは、彼《か》の国では国際貿易が名目上は禁じられていることを知った。中国は一四世紀から一九世紀にかけて、「朝貢体制」と呼ばれる贈答を通して外国との貿易の大半を行っていた。外国使節は中国皇帝に贈り物、つまり「貢物」を献上する。中国の皇帝は見返りに、貢物を捧げる各国に賞賜品を与える。そして国家運営の資金を融通するために、皇帝は外国の物品を国内で売るか分配したのだ。

言い換えるなら、中国との貿易は何百年にもわたり、贈与によって営まれていたのだ。そしてその贈与システムは信頼の上に成り立っていた。使節が中国に貢物をしたのは、中国から同等の価値の返礼を受け取れると信頼していたからだ。市場では、等価の交換が慣習または法律で要求される。贈与経済（ギフトエコノミー）では、同様な等価が期待されるが、当事者たちはむしろ互いの信頼性を拠りどころとしている。

アジアの貿易相手が中国に対して恐怖を抱いていたことが、朝貢体制が長年存続した理由の一つであることにほぼ疑いの余地はない。周辺諸国は中国の「賞賜品」が目当てだっただけではなく、中国という覇権国をなだめ、侵攻を防ぐ目的もあったのかもしれない。だが、中国の軍事力が衰退したのに、朝貢体制が何世紀にもわたり継続したことは、その体制が、中国へ貢物をすれば物的見返りがあるという信念の上に成り立っていた証拠である[27]。

もっとも、裁判をはじめとする近代的制度が確立されていない時代に、他にどんな選択肢があったというのだろう？　たとえばヴェネチアと中国の商人の間で、中国の絹とヴェネチアのワインを交換するという取引をまとめる場合、双方の商人は、相手がその合意内容に従って実行するという信頼を拠り所にしている。もしどちらかが約束を破っても、その合意を守るように命じる裁判所はなかった。市場交換も信頼に頼っており、中国の皇帝と周辺諸国間との贈答という朝貢体制も、形式こそ異なるが、やはり信頼の上に成り立っていた。

贈与の起源

国際的な世界秩序の一環としての贈与は、ほんの二世紀前まで行われていたが、その起源は人間社会形成の初期にまで遡る。たとえば、サバンナで狩りをしてガゼルを仕留めた人は、一つの問題に突き当たった。獲物が傷む前に一人で食べられるよりも多くの食料が急に手に入ったのだ。あとで食べるために食料を貯蔵する冷蔵庫はないし、肉を売って通貨のような保持可能な交換手段に替える市場もなかった。彼には別の問題もあった。狩りは大いに運に左右されることを彼は知っていた。その日は幸い運に恵まれたが、そうではない日もあるだろう。問題の解決策は簡単だった。その日運悪く獲物を仕留められなかった隣人たちに、余った肉を贈り物としてあげることだ。隣人たちは互恵性の精神から、状況が逆になった場合には彼から受けた恩に報いるはずだ。

まさにこれが信頼の前提条件なのだ。狩りの獲物を分け合うほうが互いのためになるので、協力によって得られる利益がある。こちらが相手と分け合っても、相手がこちらと分け合うという保証はないので、リスクはある。しかし互恵性の余地もある。いつか相手がお返しをしてくれるのではないかと期待して、相手と分け合う。そして最後に、評判を形成する機会がある。繰り返し交流することによって、信頼できる人と信頼できない人がわかってくる。

自分が属する村落で他人に贈り物をする、こうした「贈与経済」は、前近代の多くの部族組織を特徴づける。贈与経済を構成する慣習は人類学者によって徹底的に研究され、贈答に関連する凝った儀式が記録されている。たとえばパプアニューギニアのさまざまな部族はクラ交易に参加している。これには、カヌーで出発して多数の島を訪れる遠洋航海もあり、時には数百キロも航行することがある。これ交易圏内を時計回りで航海するときに赤い首飾りを贈り、反時計回りの航海では白い貝の腕輪を贈るという。[28] インドには、きょうだいの間で贈り物をするラクシャー・バンダンという習慣がある。女きょうだいが男きょうだいの手首に紐を巻き、彼はお返しに贈り物をし、彼女を守ることを約束するというものだ。[29]

近代の西洋社会では、贈り物は子どもや休暇、誕生日などにまつわるものだ。市場が登場する前の村社会では、贈り物は生存に必要な主《おも》だった慣例だった。そのため、市場導入前の部族に、実験的経済ゲームでほとんど分け合う傾向が見られなかったことに、文化人類学者のジーン・エンスミンガーとジョセフ・ヘンリック、そして彼らの研究チームは非常に驚いた。彼らの研究を次に取り上げる。

経済実験による文化比較プロジェクト

信頼の歴史的起源を深く理解しようとして歴史のページをめくるとき、数千年前とは言わないまでも、数百年前の人間社会で信頼ゲームの実験をすることができたら理想的だろうと思う。それを叶えるタイムマシーンはまだ実現していないので、研究者たちは次善の策をとってきた。

エンスミンガーとヘンリックが率いるチームは実験経済学のツールを用いて、経済行動が時間とともにどのように変化するのかを検証した。チームは世界各地から、経済発展の水準が異なる一五の村を選び出した。外部の市場とほとんど関わりを持たない農耕以前の狩猟採集民族（たとえばタンザニアのハヅァ族、ボリビアのチマネ族など）から、世界市場に統合された、現代的・資本主義的なアメリカの町までさまざまであった。実験ゲームで同等の元手を設定できるように、チームは大体同じ規模の村をそれぞれの文化で探そうとした。すべての村で通貨が使用されているわけではないので、各地域社会において働き手が二週間で得られるものとほぼ同じ価値のあるものをゲームで用いるように統一した。それは、アメリカでは四〇〇ドルに相当し、アマゾンでは典型的家族一世帯が二週間で狩猟または採集できるとされる食料に相当した。次に、各村で住民を対象にして標準的な経済ゲーム実験を実施し、各文化間の行動を比較した。実施したゲームに含まれていたのは、本書第1章でも紹介した信頼ゲーム、二人のプレーヤーが相手の選択を知らないまま相手を裏切るか協力するか同時に選択

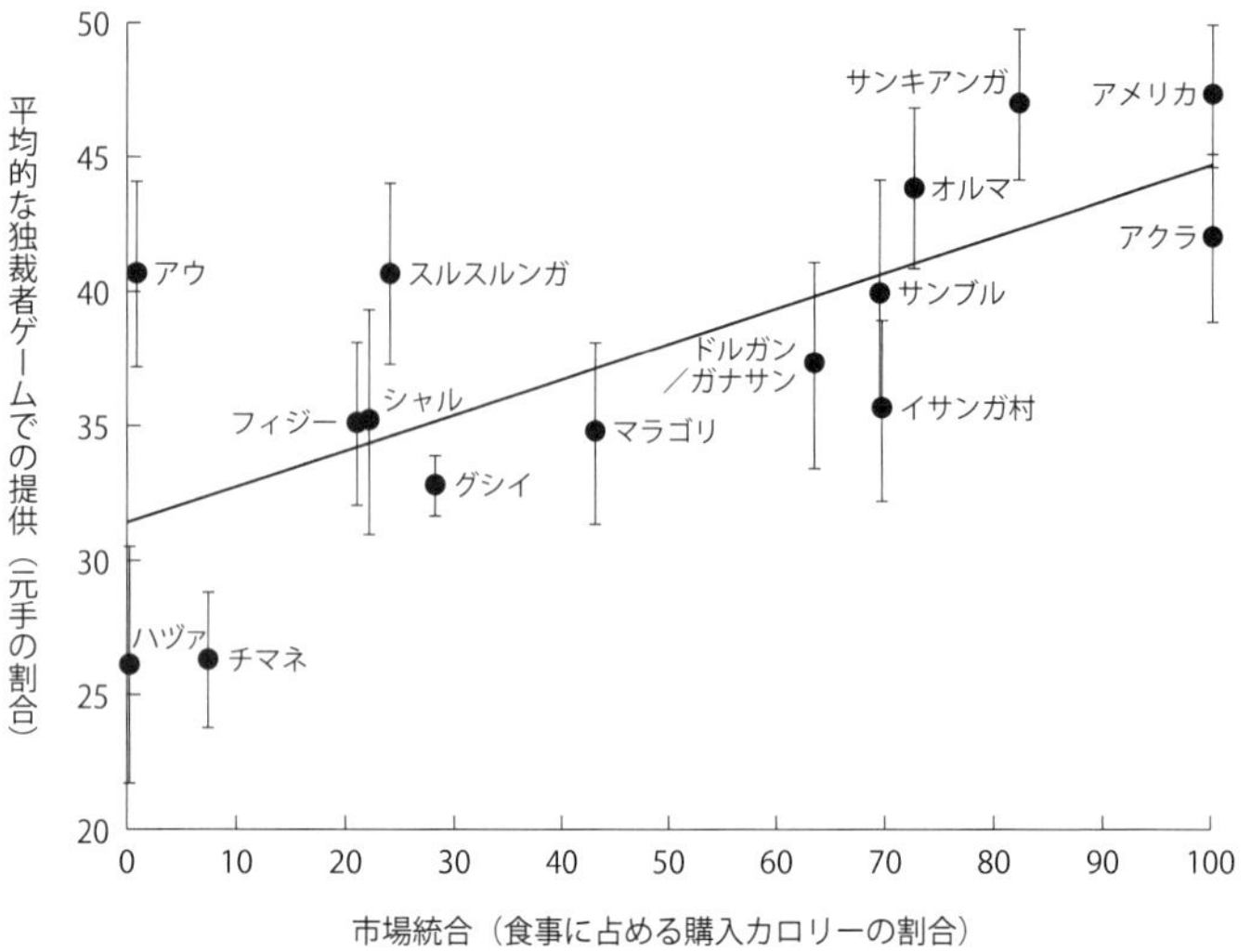

図2.1　市場統合の平均値に対して表示した、平均的な独裁者ゲームにおける各住民への提供

出典：Ensminger, J., & Henrich, J. (eds.). (2014). *Experimenting with social norms: Fairness and punishment in cross-cultural perspective*. Russell Sage Foundation. Figure 4.4.

する囚人のジレンマというゲーム、人が公正さをどれほど評価するかを測る最後通牒ゲーム、実験者が被験者に食料または金銭をいくらか渡し、同じ村の匿名の人物とそれをどのくらい分け合うか尋ねる独裁者ゲームである。

狩猟採集民族からは、人類が太古にとったかもしれない行動が垣間見え、私たちの祖先がとった行動に匹敵するとみなすことができる。研究者チームは対象としたコミュニティを市場統合の程度を基準に系統立て、狩猟採集民族と自給自足農民は左側に、アメリカとヨーロッパの世界市場に統合された市場経済は右側に表示した。次に、標準的独裁者ゲームで同じ村の匿名人物にどのくらい分け与えたのかを基準に、各村の平均的利他主義を記入した。すると図2・1のように、はっきりしたパターンが見られた。

古代の狩猟採集民族と資本主義の社会では、どちらの社会がよく分け合うと思うかと学生に問いかけたところ、多くの学生は研究者が立てた仮説と同じ考えに達した。彼らは顔が見えない企業との匿名の取引があふれている現代社会について考え、生存するために日々の生活を隣人に依存する狩猟採集民族の村の生活と比べた。そこから、共同体の結びつきが強い狩猟採集民族のほうが分け合う可能性が高いだろうと判断した。このような部族の贈与交換経済を長年研究してきた経験豊かな人類学者たちも同じように予想した。ところが実際には逆だった。たとえば、同じ村の匿名の近隣住民と分け合う傾向が最も高かったのは現代アメリカの村の住民で、狩猟採集民族はその傾向が最も低かった。

学生も人類学者も標準的な経済実験のカギとなる特徴の重要性を見逃していた。確かに、狩猟採集民族は現代のアメリカ人よりもはるかに、近隣者との協力に依存する傾向があるだろう。だが匿名の他者とどれほど分け合うべきかということになると、その協力のカギとなる特徴、すなわち互恵性は失われる。こうした部族の人々は日常的に協力し合うが、その背後には必ず、長期的関係があるのだ。贈与が匿名で行われる場合、贈与交換経済のカギとなる部分、すなわち互恵性の可能性は失われる。

これは、少なくとも人間の間では、社会的選好は互恵性と信頼に基づくことを示している。思わぬ利益が得られたとき（狩りがうまくいったからであっても、外国の研究者が実験のために訪ねてきたからであっても）、私たちはそれを分け合いたいと思うが、誰だかわからない人と分け合いたいとは思わない。それよりも、得たものを分け合うことが信頼と互恵性のサイクルの一環となるので、特定の他者と分け合うのである。相手がこの先に狩りで得た肉を自分に分けてくれることを期待して、自分が狩りで得た肉を相手と分け合う。言い換えれば、信頼があるから分け合うのだ。

研究者たちはこの実験結果に驚いたが、本当は驚くべきではなかったのだろう。ゲーム理論を用いれば同じ結果が予測されたはずだ。というのも、贈与は「条件付き協力」に依存するからだ。これは、良い評判のあるパートナーを頼る協力と定義されるものだ。つまり、条件付き協力には、交換相手であるパートナーの評判を承知していること、よってパートナーが誰なのかわかっていることが必要になる。

贈与交換経済の基本は、恩の貸し借りという考えに基づけば、直観的にかなり簡単に理解できるが、ゲーム理論が答えを導くのに役立つという重要な問題が残る。たとえば、部族の人数が増えたらどうなるのだろうか？

恩の取引が二者間でいかに作用するかはわかるが、その考えを多人数のコミュニティに導入すると新たなジレンマが生じる。コミュニティに属することは、その構成員にとっては好ましいことだ。人数が多ければ、リスクが広く分散して低下するからだ。二人しかいなければ、二人とも狩りで獲物をとれないという不運に見舞われるおそれがあるが、大数の法則によれば、集団が大規模になるにしたがい、そのような不運は均されるはずだ。大きなコミュニティには多様な技術を持つ人がいるので、専門的な技術を用いて協力する機会も増える。

一方で、人が増えるということは信頼の維持が難しくなるということでもある。ゲーム理論家は、コミュニティの規模が大きくなるにつれて発生する問題、いわゆる「未来の影」から生じる問題の分析に力を入れてきた。将来を考慮に入れることは、信頼に関わる合理的な意思決定にとって、次の二つの理由から重要である。

1. 将来同じ人物に会う可能性は、今日さらに信頼性の高い行動をとる理由となる。
2. 将来人々に会う利点は、今日誰かを信頼するというリスクを冒すさらなる理由となる。

すなわち、信頼は、自分の行為が将来どのような結果を招くかという予測を大いに当てにする。起こりうる結果を予測することは、被信頼者の今日の行動を律するとともに、信頼者のリスクを冒す価値のあるものにする。だからこそ、忍耐が信頼を築き維持するためのカギとなるのだ。こうした実行の仕組みの多くが機能するためには、将来何らかの報酬が得られることを期待して、今日はリスクを冒さなくてはならない。それには忍耐が求められる。二者間（一対一）の関係なら、自分が今日したことがいつか自分に戻ってくるということが、よくわかるだろう。だが、大規模なコミュニティで多数のなかの一人だったら、その忍耐にはさらに大きな負担がかかる。

匿名の実験で相手と二度と会うことがない交流の場合、エンスミンガーらの研究が示すように、私たちの本能的な直感は不信に傾く。たとえば、毎日顔を合わせる継続的関係にある隣人に対しては、信頼できるという評判を確立したい明白な理由が、私にはある。その評判が将来おそらく自分に利益をもたらすからだ。さらに、今後も継続して関係を築いていくという可能性には、信頼の確立に努力するリスクをとる理由を私に与える。今日構築した関係が将来の利益を生む可能性があるからだ。自分が日常的に交流する人の数が増えれば、すべてが変わる。

関係を維持する価値は、相手と再び交流する確率に依存する。ゲーム理論家はこの確率を「割引率」と関連づける。割引率とは、何かに対する現在の評価と比較して、将来それにどれほどの価値を置くかという意味である。たとえば、漫画『ポパイ』に登場するウィンピーが、「今日ハンバーガーを一個くれるなら、代わりに火曜日にはハンバーガーを二個あげるよ」と言ったとしよう。その提案を受け入れたなら、火曜日に対して五〇%の割引率を付与するということだ。つまり、将来手に入るハンバーガー一個は今日手に入るハンバーガー一個の半分の価値しかないのだ。

ゲーム理論の重要な発見は、人々が将来に対してより多くの価値を置くとき、協力的行動が維持しやすくなるということだ——言い換えるなら、それは人々がより忍耐強いということだ。

これは、コミュニティの規模を考えるうえで重要になる。ある人と再び交流する見込みが少ないほど、その人との将来の関係の価値を割り引いて考えることになるからだ。近隣者が一人ならば、私はその人物に毎日会うかもしれない。近隣者が二人いるならば、それぞれに会うのは二日に一度かもしれない。三人ならば、それぞれに会うのは三日に一度かもしれない。近隣者が多くなるほど、どの人との交流も減り、関係を保つためには辛抱強くなる必要があるだろう。交流がないということは、人間関係に投資する理由が減り、コミュニティの人たちの情報も減るということだ[30]。

コミュニティで誰を信頼すべきかわからずに困ったとしても、コミュニティの生活につきものの噂話によって、それはある程度まで解決できる。他人と一対一の直接の関係を持つ場合は、その人の過去の言動に注目することになる。コミュニティが大きくなるにしたがい、自分だけの経験は当てにできなくなり、他の人たちの経験に頼るようになる。噂話に耳を傾けることにより、広い人間関係のネットワークの持つ強みを利用できるし、他の人たちの手による信頼構築を活用することでリスクを減らすことができる。さらには、自分の言動がすぐに広まることを知っていれば、信頼性の向上にも役立つ。自分の善行が伝わることを承知していれば、善良な市民になろうという気持ちが起こるだろう。

また、自分の悪行が広まることを恐れる気持ちは抑止力となるという点は、さらに重要かもしれない。最も信頼できない人たちはコミュニティで村八分にされるようになる。誰もその人を信頼しないからであり、他の人たちに対してコミュニティを乱さないようにという警告にもなるからだ(31)。

もちろん、噂話にも問題はある。信頼できる情報を知る必要がある。自分の情報を他者と共有する理由が必要になる。集団には、共有される情報が信頼できるものであることを確実にする仕組みと、嘘の情報がばらまかれないようにする仕組みが必要になる。子ども時代に伝言ゲームをしたことがあれば、噂話が間違った情報を広めることをご存じだろう。個人的利益のために嘘を広めようとする意図のあるとき、悪しき情報の広まりに拍車がかかる。法律や宗教など、これから本章で取り上げる文化制度の多くは、噂話の問題にさらに大きな規模で対処しようとして生まれた。そうした制度がなければ、コミュニティの成長は限界に突き当たっていただろう。

コミュニティの規模の限界数は、人類学者たちの間で「ダンバー数」と呼ばれ、人間の場合は一五〇人程度とされる。人類学者のロビン・ダンバーは、霊長類の脳の新皮質の大きさと、霊長類が形成するコミュニティの一般的規模の間に相関関係があることに気づき、一九九〇年にこの数を特定した(32)。霊長類は新皮質を使って関係を把握する、とダンバーは理論づけた。したがって、人間は全霊長類のなかで最大の新皮質を有しており(図2・2参照)、霊長類においては最大の集団で生活できる能力があるとしても、崩壊せずに維持できるコミュニティの大きさにはやはり上限があることになる。

ダンバーは予測を立てる際に、人類学の文献をくまなく探し、人間の部族の平均的規模は一五〇人程度になる傾向があることを突き止め、持論の証拠とした。ダンバーによれば、部族の規模が一五〇人を超えると内部紛争のために部族は分裂する傾向があるという。彼は持論の裏づけとして、ローマ帝国が軍団《レギオン》を編成して以来、軍の部隊の標準的規模は一五〇人であること、またフェイスブックでメンバーが交流する人数の平均は約一五〇人であると指摘した(33)。

社会集団が脳の構造によって予測できるかどうかにかかわらず、今日《こんにち》私たちが集団を形成するときに、ダンバー数が制約を加えることはもうない。人間が集団への帰属意識をどうみなすかについては、根本的な変化が起こっている。部族は村になった。村は町になった。町は都市国家になり、都市国家は国家になった。現代では、人々はさらに大きな部類に、人類全体に、それどころか人類よりも大きなものに属するとみなす動きが高まってきている。人間のアイデンティティの拡大とともに、大勢の人々と関わることで生まれる緊張に対処できる新たな制度が発展してきた。

贈与経済はもともと、恩を忘れずに、誰に貸し借りがあるのかを常に覚えておくことに基づいた仕組みとして発生した。私たちの脳の台帳がいっぱいになるまでには、一五〇ほどの貸し借り勘定に対処できることをダンバー数は示している。次に用いる方法はグループ分けである。エイミーとボブとカールから受けた借りを別々に記録し把握するのではなく、彼らを一つのグループに入れて、そのグループとの関係を追跡し把握することによって、私たちは知的能力を節約できる。信頼は信念であり、情報の一つの形であるので、信頼問題は、ある程度計算の問題とみなせないこともない。信頼の問題解決に役立つように作られた制度の多くは、情報の追跡という問題を単純化するという考えに基づいている。

グループ分けという方法は、さらに大規模な集団で信頼が確立される道を開き、コミュニティがいかに組織されるかについて、多くの示唆を生み出す。またこの方法は、個人が属するグループに基づいて感情を抱くようになる、強力な仕組みを生み出す。この集団アイデンティティへの依存は、これまで

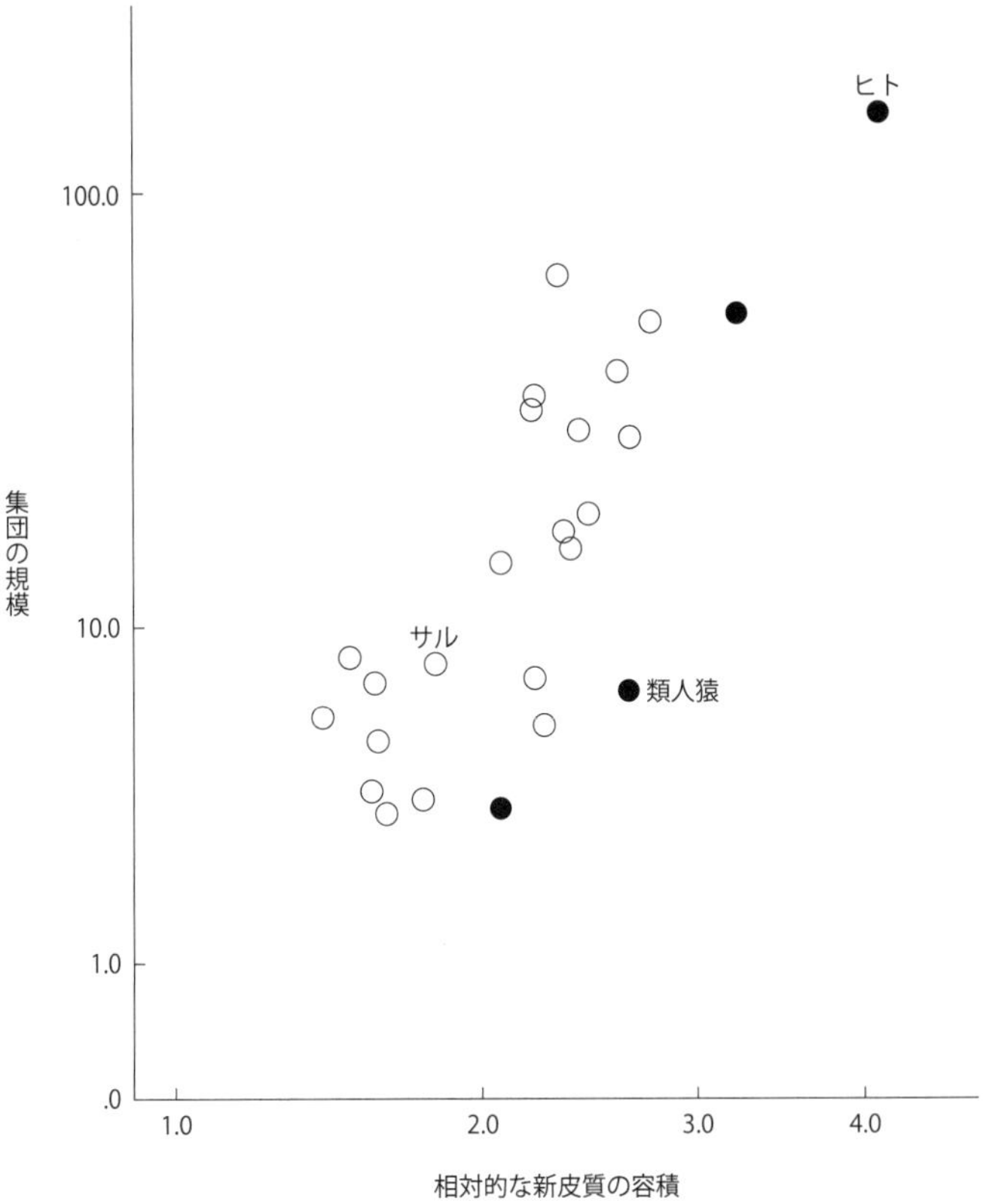

図2.2　類人猿霊長類における新皮質の相対的な容積（皮質下脳の容積に対する新皮質の容積の比率）に対する平均的社会集団の規模

●：類人猿（ヒトを含む）、○：サル。回帰線は、社会認知的複雑性の高まりを示している（○の密集部分の回帰線が右上がり）。

出典：Dunbar, R. I. (2014). The social brain: Psychological underpinnings and implications for the structure of organizations. *Current Directions in Psychological Science*, 23 (2), 109–14. Figure 1.

人間の文明を発展させた大きな要因となっており、私たちの現在のあらゆる行動に対しても、依然として強い影響力を行使している。

信頼すべき相手を選ぶ際に、私たちは自分の部族を強くひいきする。所属する部族の構成員に対する内集団バイアスは、人間の信頼の発展にとって基本的なものだった。なぜなら、それは、誰を信頼すべきかをわかりやすくし、部族からの追放という脅威を、構成員に善行を促す罰とするからだ。拡大する一方の組織（村から国へ、そして国際社会へ）で信頼を醸成するカギは、自分の部族を拡大してより多くの人を包摂することだ。部族を超えた信頼の発展の第一段階は、宗教的信念を中心にした組織のあり方にも見られる。

宗教の経済学

カンボジアには世界の大きな謎の一つがある。何千年も前に建てられた、広大な石造りの寺院、アンコール・ワットである。数百エーカーに及び、ジャングルに忽然と姿を現すアンコール・ワットは、世界最大級の宗教的建造物の一つである。クメール文明のほとんどはジャングルの中に消えてしまったが、この寺院は残った。

観光で初めてアンコール・ワットを訪れたとき、この建造物は何に使われていたのかとガイドに質問した。市場か、学校か、それとも軍事目的の要塞だったのか？　ガイドによれば、さまざまな用途があったが、主に宗教目的ということだった。私は違和感を覚えた。文明の繁栄はその制度がきちんと機能するかどうかで決まることを考慮すると、この豊かな文明が、交易や学習や防衛などの実用目的の構造物ではなく、寺院に富の大半を費やしながらも繁栄したことが、奇妙に思われたのだ。だが、ゴシック様式の大聖堂からエジプトのピラミッドまで、今日《こんにち》まで残る見事な建造物の多くは、本来宗教目的である。そのことから、リソースの大部分を宗教に費やした文明は一般的であり、宗教的用途に金をかけたことが、何らかの理由でこうした文明の繁栄に役立ったのだろうということがわかる。

宗教制度が存続したのは、それが何らかの機能主義的目的に役立ったからではないだろうか[34]。生物学で進化的圧力が適者生存を確実にするように、同じ仕組みが働いて最適の社会が存続する。歴史を振り返れば、強力な社会は近隣社会を凌駕し征服するので、いずれ強大になるものだ。強力な宗教制度のある社会は、その価値観を建造物に反映させた。その社会が繁栄したのは、宗教制度が強固な安定と社会的団結を何らかの形で促進し、それが壮大な建築を可能にする経済成長への道を開いたからだ。宗教が信頼を育むことが、宗教がこれほど大きな力を持つ主な理由の一つだといっても、もう皆さんは驚かないだろう。

前項で説明したように、ダンバー数によれば、人が関係に対処できるのは一五〇人程度であり、それ以上になると人間関係がほころび集団が機能しなくなるという。その数を超えて文明が成長するためには、新しい社会制度を築く必要がある。

本項で論じている内容の多くは、経済学者のローレンス・イアナコーンの先駆的研究から着想を得ている。彼はゲーム理論モデルを展開させて、宗教的慣習を説明した。こうした理論モデルの多くは、室内実験および時系列データを検証することでテストされる。イアナコーンは、宗教を制度として機能主義的に観察している。信者にとって宗教が有用であるのは、それが提供するサービスのおかげで、その宗教が広まり奉じられる社会を機能させるからである。イアナコーンは、施し物や保護などサービスの提供を重視したが、アブナー・グライフらその他経済学者たちは、宗教的結びつきと所属が信頼の広まりに果たした役割の重要性を強調した。

集団のアイデンティティ

前述したように、信頼をさらに大きな集団へと広めることに伴うジレンマは、私たちの脳が処理できる人間関係は一五〇人ほどしかいないらしいということだ。その数を増やして、さらに多くの人数を抱えた社会を成立させるにはどうしたらよいのだろうか？

聖書に登場するある逸話が、信頼の輪を超えて宗教が拡大する様子を描く良い例となるだろう。

さらにギルアドは、エフライムへと渡るヨルダン川の渡し場を手中に収めた。エフライムの逃亡者が「渡らせてほしい」と言うと、ギルアドの人々は「あなたはエフライム人か」と尋ねた。その人が「そうではありません」と答えると、彼らは「ではシボレトと言ってみよ」と言った。その人が正しく語れずに「スィボレト」と言うと、彼らはその人を捕まえ、ヨルダン川の渡し場で殺害した。このとき四万二千のエフライム人が倒れた〔『聖書』聖書協会共同訳、日本聖書協会より〕

欽定訳聖書「士師記」第一二章五節

この逸話は信頼を広める一つの方法を描いている。個々人の経験に基づいて誰を信頼すべきかを判断する（ありえない基準だ）のではなく、集団という観点から信頼について考えることができるだろう。何百人もの人々のなかで評判や関係をたどり続けるのは、人間の脳の計算能力を超えている。数百人、数千人、あるいは数百万人の人々を一つの集団アイデンティティにまとめ、その集団全体の評判をたどるならば、たとえ大勢でも扱えるようになる。このように集団アイデンティティを用いる方法は宗教的集団に限らないが、宗教は有史以来人間のアイデンティティの重要部分を占めてきたのだ。個人の評判を集団の評判に置き換えるという単純な発想が、私たちの信頼モデルに数々の影響をもたらしている。

集団アイデンティティが、誰を信頼すべきかを手っ取り早く知る方法になるならば、信頼は共有資源となる。中世ヨーロッパの後期に、ギルドまたは都市の一員が信頼性を損なう行動を一つでもとった場合、その他のギルドや都市の商人たちは、問題を起こしたその集団の全員と関係を断ったという事例をグライフは見つけた[35]。アイデンティティを持つ集団の全構成員が、他の構成員の有益な行為から恩恵を受けるが、その一方で、一人の構成員の悪行により集団の構成員全員が不利益を被る。集団は、ただ乗りをする人、つまり集団の評判に何ら貢献していないのに、その評判を享受する構成員が、集団内にいないようにする必要がある。

信頼を共有資源として扱う場合には、集団に入ろうとする人たちが集団所属の権利を決して軽んじたりしないように、集団へ入るための高い障壁を設ける傾向が見られる。それにはたとえば、痛い思いをして入れ墨を入れる、儀式で身体に傷をつける、特殊な知識や専門用語を披露する（聖典の暗誦など）、その他の加入儀式などが挙げられる。大学組織について研究する者は、大学のフラタニティやソロリティ（大学などの高等教育機関の学生の社交クラブ。男子学生のクラブはフラタニティ、女子学生のクラブはソロリティと呼ばれる）が行う凝った入会儀式を取り上げることが多い。私が大学のオナーソサエティ（学業成績優秀者や課外活動などで大きな功績のある者だけが会員となれる、アメリカの優等生協会）に入会したとき、友人がそのソサエティの会長を務めており、新会員任命の責任を負っていた。その友人はローブを纏い、〝秘儀〟を取り仕切る間中、懸命に真顔を保とうとしていた。ローブ、ろうそく、詠唱――ひどく馬鹿げているが、それには意味があった。認知的不協和（cognitive dissonance）という言葉を聞いたことがあるかもしれない。認知的不協和に関する古典的研究の一つに、大学のソサエティ入会儀式で与えられる苦痛が増す、と入会者の忠誠心が高まることについて考察したものがある(36)。

集団への参入障壁を乗り越えようとする意欲は、二つの点で個人の信頼性を伝える。第一に、入会儀式の苦痛や困難に耐えることをいとわない者は、その集団に長年にわたり関わるつもりであることを示している。集団の一員であることには利点がある。コストを前払いすることで、集団は構成員のコミットメントを確保できる。ことによると苦痛を伴う当初のコストを回収するためには、長期にわたり利益を受け取ることが必要になるかもしれない。第二に、こうした入会慣行は、なかなか消えないごまかしにくい印を新規加入者に残す可能性があるので、異国で見知らぬ人と出くわした場合でも、互いに同じ集団の一員であることが容易に判別できる(37)。

さらに、各集団の構成員の行動はその集団の評判に反映し、集団の目印は永久に残ることが多いので（入れ墨の除去は大変であり、特殊な知識や用語は忘れにくい）、集団からの離脱を、無理とは言わないまでも難しくする慣習が取り入れられているのかもしれない。同様に、集団が個人を除名する場合には、集団の統合性を保つために、何らかの永続的方法でその人物に印をつける方法を見つける。

集団に属すると、規則に従わなくてはならず、守らない場合は制裁を課されることが多い。たとえばコーシャの食習慣や定められた時間に祈祷を行うなど、こうした規則のなかには個人の自由裁量に任されると思われるものもある（もっとも、豚肉の禁止のような食事に関する規則の多くは、旋毛虫症などの病気に関わる健康上の懸念から生じたもので、現在ではほとんど実用的ではない）。しかし、自由裁量に任された規則も入会儀式と同じ二つの目的を果たしている。その規則を守ることで、大義への継続的・長期的関与をコミュニティのメンバーに示し、他のメンバーや見知らぬ人に対して、集団の一員であることを知らせる役割を果たすのだ。

内部規定にはその他の機能もある。ゲーム理論の協力に対する考え方は、協力のジレンマへのさまざまな解決策を示唆する。[38] たとえば、AのBに対する親切は、BのCに対する親切で報われるという「ペイフォワード」の慣行を導入できる。[39] また集団は、不信行為を罰するという規則も採用できる。実験室で行われたゲームでは、被験者たちは自分の利益を犠牲にして、不実な行為に及んだ者を罰することがある。[40] 集団が強要する同様の行動は、軍の小隊など別個の社会集団でも見られる。[41]

現実世界で規則を強制する場合に苦労するのは、考えられる多くの規則のうちどれを採用するか決めるときに、全員の認識を一致させる必要があることだ。これは正式には「調整ゲーム」として知られている。宗教や政府などの制度は、中央集権的システムを構築し、コミュニティの全員に規則を広め強制するので、この一連の過程を実現させやすい。[42]

集団の部外者が、内集団の人々が従う規則についての情報を入手することはないだろう。部外者は集団へのコミットメントを示していないので、信頼されない。そのため、宗教組織は、内集団に属する人たちを信頼し、それ以外は誰であれ信頼しないようにと強制する傾向がある。

この種の行動は人間の本性に深く根づいているので、ほとんど避けがたく自明に思われるが、それは慎重に実施された経済実験によって証明されている。研究者たちは信頼ゲームの室内実験を行い、二人のプレイヤーの間の信頼の度合いは、二者間の「ソーシャルディスタンス」によって決まることに気づいた。この言葉は近年違った意味で使われているが、社会科学では一般に、異なる社会集団の人々に対する親密性の程度や親近感を表す言葉として用いられてきた。相手との社会的類似性が増すほど、人はその人を信頼しやすくなる。

宗教と経済成長

我々は前項ではミクロの観点から宗教に迫った。ミクロ経済学はゲーム理論の発想を用いて、小規模な集団での信頼および信頼できる行動を起こさせるインセンティブと仕組みを明らかにした。一方で、宗教と信頼のマクロ的関係もやはり研究されている。経済学者のロバート・バローとレイチェル・マックリアリーは、経済成長と宗教との関係を研究して二〇〇三年に論文を発表し、大きな影響を与えた。二人が一〇〇を超える国々の一九六〇年代以降の経済成長を調べたところ、地獄思想を強く信じることが経済成長に好影響を与えるという驚くべき結果を得た。しかも、教会の礼拝の出席率が高い国の経済成長が遅いことから、この成長を導いたのは信心深さ自体ではないこともわかった[43]。

ジョセフ・ヘンリックはこの研究をさらに進めて、前近代文明における宗教の役割について考察した。ヘンリックと共同研究者たちによれば、宗教の発展は著しい経済成長期と一致するばかりか、特筆すべきことに、自然神（雷や稲妻を司る神）やいたずら好きな神（人間に厄介事をもたらすだけの神）ではなく、懲罰的な神を信じることが、こうした文明発展のカギとなるということだった[44]。

バローとマックリアリーは因果関係の方向を特定するために「操作変数モデル」という統計手法を用いて、彼らが見つけたこの結果には因果関係があると主張した。つまり、経済の急成長が地獄思想の高まりを招いたのではなく、地獄思想が経済の急成長を引き起こしたということだ。どちらもありうるので、この区別は重要である。信心深さが成長を導くという考え[45]（後世に影響を与えたマックス・ウェーバーの『プロテスタンティズムの倫理と資本主義の精神』と関連づけられがちな考え）は、本章で述べた宗教と信頼の関連性も含めて、長年理論として提示されてきた。しかし、相関関係は因果関係ではないということを常に念頭に置く必要がある。経済がより高度に成長することで人々は楽観的になり高次の力に感謝するようになるために、成長が篤い信仰心を導くのかもしれない。あるいは、たとえば文化のような、信心深さと経済成長の両方を高める第三の要因があるのかもしれない。

　宗教は多くの手段を通して経済成長に影響を与える可能性があるが、信頼が少なくともその一つだと信じるに足る証拠がある。宗教的信条と信頼との関連性は、各国で実証されているが、同様にして、複雑な結びつきではあるものの、信頼は経済成長と関連しているとされる[46]。

　新宗教の形成のような事象はデータが限られており、また何がどんなことを引き起こしたのかはわからないので、マクロ的発見の因果関係を解明することは常に困難である。よって、こうした研究を裏づけるためには室内実験が有益である。ある実験では、被験者（主にプロテスタントとカトリック）が研究所に赴き、信頼性の尺度である、信頼と公共利他主義を測定する標準的な実験ゲームに参加した[47]。研究者は一部の被験者に対し、宗教に関連する言葉、たとえば「彼女は気力が湧いた（she felt the spirit）」、「デザートは素晴らしかった（the dessert was divine）」、「ありがたいことに（thanks be to God）」などを何気なく使った言葉遊びをして、宗教について考えるように説明した。対照群は宗教に関係のない言葉だけを使った。その結果、プロテスタントの被験者のほうが利他的な傾向が見られることがわかった。カトリック教徒のほうが利他的でなかったが、それは単に、宗教について考えるように事前に言われたとき、カトリック教徒が不信感を抱いたからだ。これは、カトリック教徒が少数派である集団から、被験者が抽出されたことが理由かもしれない。宗教について考えるように言われたとき、他の人たちとの違いがより顕著になったのだ。自分とは異なる人に対して生得的な不信感を抱くことについてはすでに述べた。その逆のことが、被験者の大半を占めるプロテスタントに当てはまったのだ。関連性のある実験研究として、モロッコのマラケシュの伝統的な市場に店を構える人々を訪ねた研究がある。近くのモスクから礼拝の呼びかけ《アザーン》が流れているときに寄付を頼まれた場合、店主たちは慈善団体に寄付する傾向が高いことに、デュハイムは気づいた。[48] 協力を生み出すのに役立つのは宗教的信念の罰の側面であるという、バローとマックリアリー、ならびにヘンリックによる観察結果を再確認する実験も、これまで何度か行われている。また研究者たちは、キリスト教徒の被験者に対して、寛容な神ではなく懲罰的な神の性質について考えるように伝えた場合は、被験者が非倫理的な行動をとる傾向が低くなることに気づいた。[49]

超自然的な力を信じること

ゲーム理論の観点から見ることで、地獄思想にさらに光を当てられる。地獄思想は、集団の結束を維持する規則を誰も見ていない状況まで広げる手段とも考えられる。哲学者のジェレミー・ベンサムは壁を必要としない刑務所施設を構想し、それを「パノプティコン」と名づけた。壁で仕切るのではなく、監房を終日監視できる中央塔のある構造である。その構造だと、囚人たちは、看守がいつ監視しているのかはわからないのだが、いつ何時でも看守が監視できることを承知している。

ベンサムによれば、パノプティコンが壁を必要としないのは、常に監視されているかもしれないと

図2.3　人の顔を思わせるロゴマーク（左）、中立なロゴマーク（右）

思えば、それだけでどんな囚人でも良い行動をとるだろうし、それにより規律が維持されるからだという。自分の行動を四六時中見守る神の存在を信じることは、そうした監視下での心情を拡大させる方法である。

メアリー・リグドンらは監視の効果をきちんと実証しようとして、簡単な利他主義ゲームを被験者に行わせた[50]。被験者は、匿名の他者と共有したいかどうか、どれだけ共有したいかを決めるとき、図2・3に示すような二つのロゴのうちのどちらかが書かれた回答用紙にその答えを記入した。こちらを見ている顔にも似た三つの丸印のロゴがある場合、被験者は利他的に行動する傾向があった[51]。

ゲーム理論はまた、神の超自然的な力に対する信念が、悪人の選別と排除に使われたことについても説明している。経済史家のピーター・リーソンは、魔女の火あぶりのような中世の神盟裁判に注目した[52]。火刑裁判は一般にパロディ化されている中世の慣習で（まったくばかげたものだから）、裁判にかけられた魔女は、熱湯をかけられるか熱した鉄を身体に押し付けられることにより無実を証明する機会が与えられた。彼女が無実であれば神は炎による苦しみを与えず、有罪であれば焼かれることになるとされていた。驚くべきことに、当時このような慣習は一般的であり、さらに驚くことに、火刑裁判で生き残る者が多いことをリーソンは発見した。裁判を行う聖職者たちには炎の熱さをひそかにコントロールする術《すべ》があったと、リーソンは推測する。たとえば、祈りのタイミングや鉄を火の中に入れる位置を調整することで、聖職者は鉄の棒を見た目ほど熱くないようにすることができた。他に考えられる方法としては、ギリシャ時代から知られる石油派生物で、比較的低温で燃えるナフサなどの化学物質を使うという方法もある。これは、火を使う奇術師や火を飲み込む芸人によく使われる化学物質である。

被告人は火刑裁判を受けるか、罪を認めて牢獄に入るかのどちらかを選べるという、単純な選択肢を聖職者は提示できたとリーソンは考えた。被告人が心から炎の力を信じているならば、罪人は罪を認めて牢屋に入るだろうし、無実の者は火刑裁判を受け入れるだろう。真に無実の者しか裁判を受けないことを聖職者は承知していたので、ナフサの炎で代用して、告発された魔女の命を救ったのだ。

旧約聖書的な、地獄の責め苦を強調し、罰について語る神とは対照的に、新約聖書的な、慈悲深く、天国での報いに重きを置く神がいる。天国で受けられる報いは、素行の悪い者ではなく、善人と判断された者に与えられる限り、地獄で受ける罰の脅威とほぼ同じ効果を発揮する。一般に懲罰は報酬よりも規律の強化に有効であることが実験からわかっているが、肯定的な未来の展望を示すことの価値は、未来の影を引き伸ばすことで協力を確保しやすくすることになる(53)。

前述したように、信頼に対するゲーム理論的アプローチでは、私たちがどれだけ協力するかは、未来(ひいては彼らの評判)をどれほど重視するかに大きくかかっているとされる。どのような交流でも、私たちは利己的にふるまおうという誘惑に駆られるが、悪い行動をとれば自分たちの評判、ひいては将来の相互作用に悪影響を与えると知っていれば、その誘惑は抑えられる。長生きする見込みのない人ならば、信頼性を抱かせるように行動する理由はあまりないだろう。

中世の世界観は暗いことが多く、平均寿命は短かった。永遠の魂という考え方は、希望と、将来を配慮し計画を立てる理由を人々に与えた。[54] 将来への希望を広げることで、宗教的信念は人々の信頼に値する特性を高め、それにより信頼しようとする意欲も拡大させた。

宗教に関する議論では、宗教が信頼を育む三つの方法が重点的に取り上げられてきた。

1. 宗教が信頼を育むのは、宗教がさまざまな集団の評判について情報を整理統合し、誰が信頼でき、誰が信頼できないかを把握するのに役立つからである。
2. おそらくは復讐心に燃えた神への恐れからか、宗教は人々の行動を変える。行動を変えた結果、その人たちは信頼性を高められる。
3. おそらくは死後の世界を信じる心や、常に監視されていることへの恐れから、宗教は私たちをより忍耐強くする。忍耐強さが信頼と信頼感を抱かせる行動を育む。

だが私は、この文献で得られたことについて重要な警告を提示して、宗教に関する考察を締めくくりたいと思う。

宗教制度の発達により、人類は一五〇人というダンバー数の小規模のグループから、最終的には数十億人を数える世界規模の宗教帝国へと、信頼を支配するルールを拡大することができた。しかし、こうした制度は内集団のメンバーを信頼し部外者を信頼しないという、人間の偏向を強化する結果をもたらした。

人は内集団のことを一番よく知っているのだから、属する内集団に信頼を置くことは理にかなう。内集団の人々は、信頼を抱かせる行動を促進するための規則を用いて、同じように社会生活に適応した。彼らは同じ情報ネットワーク（つまり噂話のネットワーク）に属しており、そのネットワークは腐ったリンゴをすぐさま特定して隔離し、所属者たちの間の信頼を高めることに役立つ。彼らは、共同体全体に永続的なコミットメントを示す習慣や慣行を共有している。全体として、こうした慣行は人々のアイデンティティに基づく固定観念や推論に頼ろうとする強い動機を生み出す。

これは、集団の内部にいる人に対する信頼を高める一方で、外部の考えを排除し、規範からの逸脱を抑制するので、多様性を妨げる。多様性のある集団のほうが創造的であることは、複数の実験で説得力のある結果が出ている。[55] 新規の問題の解決策を模索する場合、多様性のある集団のほうが成績優秀者の集団よりも優れていることを示す、スコット・ペイジの興味深い理論モデルがある。[56] 所定のタスクで最高の成績を挙げる人たちは、ほとんど同じ方法で問題に取り組む傾向がある。したがって、そのような人たちばかりでチームを編成するのは無駄である。多様性のある集団は、問題に対する広範な解決策を検討することに長けており、優れた解決策を見つけ出す可能性が高いことをペイジは示した。

部族主義に伴う同質性のコストは、制度が発達するにつれて部族が大規模になり、緩和された面もある。「部族」の定義をさらに大規模な集団へと拡大することは、より大きな社会になることを意味する。より大きな社会は、その多様性から労働の専門化が進み、それによってさらに大きな成長を生み出せる。しかし、部族が大きくなると外集団の敵意も増大させることになった。ダンバー数の規模の二つの近隣部族間の紛争は、世界中に広がる十字軍やジハードへと発展し、数千人から数百万人もの命を奪う壊滅的な戦争を起こした。

ウェーバーは自著のなかでも一番有名な著書で宗教の利点を挙げているが、二番目に有名な著書

『経済と社会』では、官僚制の美徳を賞賛している。[57] ウェーバーが官僚制を好んだのは、腐敗した指導者を擁する部族的縁故主義を抑える公平な規則を、官僚制が制度化したからだった。本項では、大規模な信頼を育成した宗教制度の発展に焦点を当てたが、次項では、同様の事柄を達成するために別のメカニズムを提供した法制度の発展について述べる。

制度の経済学

パリに向かう飛行機で見かけた雑誌広告がきっかけで、馬上槍試合や鷹狩りや蜂蜜酒に惹かれて、パリ滞在中に、電車に一時間ちょっと揺られてプロヴァンという町を訪れた。そこは、本物の中世の町に設けられた、正真正銘のヨーロッパ中世時代だった。それに、毎年夏にパリの観光地に押し寄せるアメリカ人観光客を避けることもできた。投石機の実演や演出された剣闘をフランス人観光客に混じって楽しむ一方で、プロヴァンが中世経済史における最も重要な拠点、つまりシャンパーニュの大市が開かれていた都市であることは、最も嬉しい驚きであり収穫だった。フランスのシャンパーニュ地方の中世都市であるプロヴァンは、中世の経済を発展させた場所であり、国際貿易の拡大を促進し、おそらくは近代経済の端緒も開くことになった。

一九九〇年、ゲーム理論家のポール・ミルグロム、経済史家のダグラス・ノース、政治学者のバリー・R・ウェインガストが、現代の市場経済に根拠を与える制度的ルールの歴史に関する画期的論文を発表した。第1章で述べたように、現代経済理論は摩擦のない競争市場を想定して、二〇世紀に発展した。この想定は想像力をうまく働かせなかったというより、数学的スマートさが足りなかったたせいだ。物理学を学びたての学生が摩擦のない表面や理想気体や無限板を想定しがちなように、その土台を深く掘り下げずに、機能的な市場経済を想定することは有益で生産的だった。ところが、二〇世紀の終わり頃、このアプローチでは不適切だという認識が高まった。とくに、発展途上世界の大半が貧困の罠に陥ってもがき、経済学者が共産主義諸国を市場経済へ導こうと四苦八苦するなかで、経済学の専門家たちは現代の市場経済を機能させる多くのものについてあまり理解していないことが、一層明確になった。

これに対して起こったのが、新制度派経済学（ＮＩＥ）の発展だった。これは、それまでは当然だと思われていた、市場が頼る社会構造に光を当てようとした、経済学の新しいアプローチのことだ。ＮＩＥは、市場のような大局的なマクロ経済システムに注目し、ゲーム理論のようなミクロ経済学のツールを用いて市場を機能させるルールを明らかにしようとするものだ。ミルグロムらの論文はこのアプローチに重大な貢献をした。中世後期のフランスのシャンパーニュの大市で商人の争いを裁判官に取り仕切らせる制度に光を当てた、ミルグロムら研究者のおかげで、私たちは国際貿易を機能させた制度の起源の一つについて理解を深められたのだ[58]。

そのような学問的背景があったため、私はフランスのシャンパーニュ地方の都市プロヴァンで、過去の法廷を模して再建された法廷でロボットの判事が無言で判決を下す姿を、畏怖の念を抱きながら見守っていた。その部屋には私しかいなかった。ほとんどの一般観光客は、外で馬術ショーや華やかなお祭り騒ぎを見物していた。彼らが暗く涼しい石造りのホールに入り込むのは、夏の陽射しを逃れるときだけだった。だが、私は畏敬の念を抱いてそこに佇んでいた。新しい種類の信頼の創造という市場経済においてカギとなる発展を、そのロボットの判事は表していたからだ。

市場とは何か？

二〇世紀半ばの新古典派経済学と同様に、市場があるとはどういう意味なのか、ほとんどの人はあまりよく考えていないのではないかと思う。市場経済の定義をグーグルで検索してみると、「価格」「供給」「需要」「購買」「販売」などの言葉が出てくる。しかし、こうした言葉はさらなる疑問を呼び起こす。価格とは何か？　売り買いとは何か？　さらに抽象的な概念である需要と供給については言うまでもない。

端的に言えば、「販売」とは品物を金銭と交換することである。「購買」とは金銭を品物と交換することだ。「価格」とは交換されるお金の量のことだ。こうした定義はきわめて単純に思えるが、どれも、「お金」についての理解を当てにしているという事実を見えないようにしている。お金の概念については後述するが、とりあえず、「市場取引」とは、交換する価格が、取引される品物やサービスのみに基づき、関係する人々のアイデンティティには基づかない取引だとみなせる。

社会学者と人類学者にとって、市場経済の到来は、人間社会の組織における重要な分岐点を意味する。経済学者にとって市場が与える最も重要な影響は、社会で生産される稀少な財とサービスが社会の人々に配分される方法が変化したことである。市場は、社会の生産物が関係性に基づいて配分されるシステムから、匿名ルールのシステムに基づいて分配されるシステムへの移行を表すのだ。

人間社会が贈与経済という部族的な、関係性重視の排他主義を超えて拡大するために、また、近親関係の範囲を超えて成長するために、そしてより公平なシステム――経済的繁栄が知人に縛られないシステム――を築く機会を生み出すために、市場の発展はきわめて重要だった。しかし、市場が発展する過程は混乱に見舞われ、先に述べたように贈与を基盤とする経済と宗教制度との軋轢が目立った。

エンスミンガーと共同研究者による狩猟採集型コミュニティでの実験から、部族で暮らしていた私たちの祖先はおそらく贈与に頼っていたが、見ず知らずの相手への贈与には慣れていなかったものと思われる。レイチェル・クラントンは、贈与経済と市場経済が接触した場合に生まれる緊張について最初に論じたゲーム理論家の一人だった――それは、あるシステムから次のシステムへと私たちがいかに進化するのかについて深く理解するためであり、システムの異なる二つの社会が出くわした場合に何が起こるのかをよく把握するためでもあった。

一つのシステムが別のシステムよりも優れていると先験的に言うことはできない、とクラントンは述べている。市場の制度が脆弱で人間関係が強固であれば、贈与経済が好まれるかもしれないが、逆の場合は市場経済のほうが好まれるかもしれない。クラントンによれば、社会が市場経済へ移行したほうが豊かになる可能性がある場合でも、市場が未発達であればその移行は損なわれるという[59]。つまり、誰もが贈与関係によって必要なものを入手しているならば、誰も市場で売買を行うことはない。反対に、市場の登場はうまく機能している贈与経済を損なうおそれがある。信頼感を抱かせる行動を支えるものの一部は、悪行によって信頼を失う可能性である。人間関係からはじき出された者が市場に出て必要な物の売買をできるならば、贈与経済の維持は難しくなる。贈与経済と市場経済は、状況が違えば両者とも存続できるかもしれないが、クラントンの研究が示すように、両者のシステムが対峙する場合には、どちらのシステムも他方の機能を崩壊させる可能性がある。

さらに言えば、宗教と市場は長年対立してきた。イエス・キリストは両替商を神殿から追い出した。貸付金に利子を課すこと（すなわち高利貸し）は、世界中の宗教でたいてい禁止されている。市場は宗教的権威の力に挑んでいる。

市場にはいくつもの利点があるが、市場取引が危険をはらんでいること、摩擦のない交換というこの理想の世界が実はいかに儚いものかということを、私たちは忘れがちである。売り手と買い手の双方に、相手をだます誘因も機会もある。商品が偽物の可能性があれば、貨幣が偽物の可能性もある。売り手が品物を渡さずに金を持ち逃げするおそれがある。買い手が品物を受け取っても金を払わないおそれがある。商品の取引がさらに複雑になるにつれて（たとえば住宅の購入など）、詐欺や虚偽は増殖する。

歴史の大半を通して、評判と市場経済は一体となって機能していた。売り手と買い手が取引をする際、誰を信頼すべきか判断するために、信頼できる行動を奨励するために、双方とも評判を当てにしていた。繰り返し同じ人物と売買取引をし、所定の品物を専門とする人々と接することが、ダンバー数の問題解決に役立った。取引する必要があるコミュニティの人々全員の評判を把握する代わりに、売買する品物を扱う各商人の評判を把握するだけでよかったのだ。ほとんどの市場が数種類の品物しか取引しなかった中世の簡素なコミュニティでは、評判を把握すべき商人は対処可能な人数しかいなかった。

次章で取り上げる現代経済における信頼のシステムの多くは、単に過去数世紀にわたり進化したアイデアと同じものがデジタル化されたにすぎない。たとえば、イーベイの販売者のスコアは、デジタル形式の評判にすぎないし、イェルプなどのレビューサイトは、噂話をするグループの現代版である。だが、エンスミンガーたちの実験が示すように、現代の諸制度は人々に対し、特定の人との取引から匿名の取引へと考えを改めるように求めた。（どれほど大きくても）自分の部族に属する人々だけを信頼することから、匿名の規則と制度を信頼することへと、大きな変化が生じた。

住宅購入の例に戻ろう。これはおそらく、現代経済で一般消費者が行う取引のなかで最も複雑な部類に属するが、消費者は非常に多くの制度に守られてこの取引を行っている。たいていの人はごくたまにしか家の売買をしないので、評判を当てにすることはできない。それよりも、調査官やアクチュアリーに住宅の調査をしてもらい、売り主だけしか知らない情報を突き止め明らかにしてもらう。信用格付け会社に買い主の信用をチェックしてもらう。住宅が一定の条件を満たすように義務づける政府規制当局を当てにする。訴訟が必要だと判断した場合、訴訟を審理する判事を当てにする。売買の詳細な実務が行われている間、エスクロー会社が住宅の譲渡証書を保持することを当てにする。警察がその譲渡を遵守させることを当てにする。面白いことに、こうした組織の大半とまでは言わなくても多くは、政府に規制されるかもしれないが、政府の執行自体には頼らない民間組機なのである。こうした組織のDNAは一二世紀から一三世紀にかけてのヨーロッパにまで遡れる。その当時、境界線をまたぐ揉めごとに関してはとくに、政府は民衆に契約を遵守させるよりも、民衆から奪うことのほうが多かった。そんな状況では、政府を当てにするのではなく、民間でそれに代わる制度を見つけるほうが賢明だった。ミルグロム、ノース、ウェインガストは、そうした制度の一つであるシャンパーニュの大市に目を向けたのだ。

シャンパーニュの大市

一二世紀から一三世紀にかけて、フランスのシャンパーニュ地方はヨーロッパの十字路にあった。シャンパーニュ地方のあちこちの町で毎年一ヵ月間にわたり市が開かれ、ヨーロッパ各地から商人が集まり、イタリア、スペイン、北ヨーロッパなどの織物、皮革、香辛料といった品物の取引を手配した。商人たちが会するのはお決まりの理由からだ。南方では一般的で安価なものが、北方では稀少で高価であり、その逆のものもあった。よって、危険で骨の折れる旅をして交易するだけの利益があったのだ。経済学草創期の経済学者デイヴィッド・リカードは、一九世紀初頭に、中世に行われたイギリスの羊毛とポルトガルのポートワインの交易をもとに、比較優位理論を打ち立てたことで知られる。

また、お決まりの理由から、取引にはリスクが伴い信頼が必要とされた。商人は盗難を恐れて金銭を持ち歩かないのが普通だったので、勘定は大市の終わりに清算された。商人には前払いする資金がないこともあり、現代のビジネスと同じように、商品を今受け取るが、支払いは後日（通常はその次の市）にするという取引も行われた。具体的に言えば、新しく入手した品物を受け取り、故郷に持ち帰って売り、次の市で借金を返したのだ。たいていの場合、それに伴うリスクは荷物引き渡しの手配にかかる時間だけだった。合意が成立してから品物と金を引き換えるまでの間に、裏切りが起こる可能性は十分にあった。売り主はもっと良い条件を提示する別の買い主を見つけるかもしれない。買い主が金を「失くす」かもしれない。売り主が約束した商品を品質の劣る商品と置き換えようとするかもしれない[60]。

商人たちがシャンパーニュで会したのは、数々の通商路の中心にあるという便利な立地もあったが、それよりも重要な点として、信頼の構築を促進する制度がシャンパーニュに存在したからである。政府がこうした制度をある程度まで管理していた。シャンパーニュ伯はフランス国王から一定の独立を果たせるだけの権力基盤を固めていた（ただし、この地方は依然としてフランス領であった）。シャンパーニュ伯は商人に安全な通行を保証し、法的紛争を解決するために裁判所を設置した[61]。

だが、国境を越えて契約を執行する権限がないことから、シャンパーニュの公式な法制度は不十分であると、ミルグロムらは指摘した。この問題を解決したのが、民間の裁判制度の登場だとミルグロムらは考えた。裁判官への報酬は、政府（伯爵や国王）からではなく、商人たちから直接支払われた。懲罰が必要だと判決された場合、罪人をブラックリストに載せることで罰した。そのブラックリストは公開され、他の商人はブラックリストに載っている商人とは取引をしないようにした。一定期間が経過した後で、または罰金を払えば、名前はブラックリストから消される。民間の仲裁は現在に至るまでよく行われており、国境を越えた事件ではとくによく見られる。

ミルグロムたちはこのように、シャンパーニュの大市の民間裁判所に関する画期的な論文において、信頼の構築を促進するために私的制度、つまり法規則の遵守を強制するために国家の強制力を必要としない私的制度が、いかに形成されたのかを示した。このような制度が機能するには、ミルグロムらが数理的なゲーム理論モデルを用いて分析したように、次に示すような、何点かの欠かせない規範を忠実に守ることが必要となる。

・商人は正直に報告しなくてはならない。
・裁判官は誠実に裁決を下さなくてはならない。
・他の商人たちは離反者を罰しなくてはならない。
・処罰対象者は罰金を支払わなくてはならない。
・商人は裁判官にその対価となる報酬を支払わなくてはならない。

ある社会において、十分な数のプレイヤーが規範やルールに従い、その他すべてのプレイヤーがそうした規範やルールを自主的に遵守することが自らの最善の利益になるとみなす状態に到達したとき、その社会はゲーム理論のいう「ナッシュ均衡」に到達したことになる。ナッシュ均衡の自発的遵守という特徴はプレイヤーの目的にとって重要だった。ルールに従わなければ警察に捕まるのなら、進んでルールに従う理由は容易に理解できる。しかし、警察が存在しないのになぜルールを守り実直な行動をとるのか、その理由はあまり明確ではない。裁判官はいるが、ではなぜ裁判官は公正に裁くのかが問題となる。また、罰を与える商人もいるが、コストがかかるのになぜ商人は罰を与えるのか、なぜ罰に値する者だけを罰するのだろうか。こうした疑問に答えるために、ミルグロムらはナッシュ均衡の数学的証明を構築した。

そして、裁判官が公平に裁き賄賂を拒否するのは自分の評判がかかっているからであり、賄賂を受け取っていることがばれたら将来報酬が支払われなくなるとわかっているからだ、とミルグロムらは結論づけた。裁判官が悪行を公平に罰し、賄賂に屈しないとわかっているので、商人たちは正直に報告する。他の商人たちは、そうしなければ自分たちが不誠実とみなされブラックリストに載るので、離反者を進んで処罰する。同じ理由から、商人は裁判官に報酬を払う。処罰の対象者が罰金を払うのは、それが自身の生計を立て直す唯一の手段だからだ。

社会には人の行動を駆り立てる目に見えない多くの力が存在しており、私たちはその大半を当然のものとみなし深く考えたりはしない。現代の私たちが規範や規則を守るのは、慣例となっているから、あるいは刑事告発される恐怖からなのかもしれないが、ミルグロム、ノース、ウェインガストは、純粋で合理的な自己利益のために誰もが規則を守るような行動体系が構築される可能性を示した。

信頼の基礎が個人的関係からシャンパーニュの大市のようなシステムへと移行する際に注意すべきは、取引に伴うリスクや脆弱性の多くが軽減されることである。これは、当時の関係者にとっては素晴らしいことだが、信頼の発展にとっては望ましくないことだ。この緊張は、さらに正式な管理制度に移行するにつれて高まる。安定した制度は信頼にとって好ましいが、強力すぎる制度は信頼の育成を妨げる可能性がある。次に、この信頼と法の緊張関係について検討しよう。

法秩序と政府

ヴァリスの謎かけ

部屋の中で、王様、聖職者、金持ちという三人の重要人物が椅子に腰掛けていた。彼らに囲まれて、庶民で、高尚な精神を持ち合わせない、小柄な剣士の男が立っていた。三人はいずれもその男に向かい、他の二人を殺すように命じる。王様はこう言った。「やれ。余は法が認めるおまえの支配者なのだから」。聖職者はこう言った。「やりなさい。神の御名において汝に命じます」。金持ちは言った。「やるんだ。そうすれば金は全部おまえのものになる」。では、誰が生き残り誰が死んだだろうか？

ジョージ・R・R・マーティン『ゲーム・オブ・スローンズ』

この謎かけは、マーティンのファンタジー小説『氷と炎の歌』に登場する狡猾な相談役ヴァリスのセリフだ。この小説は、幅広い人気を集めるテレビドラマシリーズ『ゲーム・オブ・スローンズ』の原作である。社会における権力の本質とは何だろうか？　王様の命令であれ聖職者や金持ちの命令であれ、なぜ人は他者の命令に従うのか？　一般的な言い方をするなら、人々はなぜ規則に従うのか？　さらに具体的に言えば、世界がこれほど大きく変化した二一世紀に生きるアメリカ人が、一七八九年に署名された不完全な文書である合衆国憲法になぜ依然として従うのか？

トマス・ホッブズは、人類の「自然状態」において「人生は厄介で、残忍で、短く」、常に「万人の万人に対する闘争」である、と述べたことはよく知られている。[62]部族生活に関して私たちが共有する神話は、ジャン＝ジャック・ルソーの高貴な野蛮人という牧歌的なビジョンにいく分由来しているが、スティーブン・ピンカーは長い歴史の流れの中の殺人率を記録し、狩猟採集民族だった祖先は、殺人がかなり日常的に起こる、現代よりもはるかに暴力的な時代に生きていたと論じている。[63]先史時代の遺骨を調査したところ、全人口の平均一五％が暴力で死亡したことがわかった。文字による記録が残る中世ヨーロッパの調査によると死亡率はさらに低下し、一三〇〇年に暴力による死亡は年間一〇万人あたり一〇人だった。現代では一〇万人あたり一人にまで低下しているという。

近代以前、紛争は暴力で解決されることが多かった。そのため、協力して事に当たる機会は少なく、協力して個人の利益を増やすためには、信頼が不可欠だった。そこで問題となるのは、政治指導者や宗教指導者あるいは市場の規則にさえ従うことを余儀なくさせる抽象的規則を、私たちはなぜ、どのようにして信頼するようになったのかということである。

ここまで、宗教と貿易を背景にして信頼がどのように発展したかについて論じてきた。機能主義的観点から言えば、宗教は、協力を拡大させる信頼を生み出し、それによって強く豊かな社会が作り出される。社会規範や信念をその社会を構成する人々に植えつけることによって、宗教は信頼を生み出す。こうした宗教的規範は行動基準を強制する。その社会を構成する人々は、規則に従わなければ自分たちの身に悪いことが起こり、従えば報われると信じているからである。このような規範が集団の中で強化され存続するのは、その規範が、存続と成長の可能性が高い強健な社会を育てるからである。

さらに、コミュニティが成長し市場が国外との貿易も扱うようになると、ヨーロッパなどで非公式の法制度が発達した。裁判官は海外の交易商人の評判を把握していた。商人が裁判官を信頼したのは、裁判官が自らの評判を保つことも気にかけていたからだった。

したがって、ヴァリスの謎かけに登場する剣士は、植えつけられた宗教的規範のために聖職者に従うかもしれず、裕福な者でも約束を守るという誘因を生み出す市場制度のために金持ちの商人に従うかもしれないとも言える。では、剣士が王様に従う可能性についてはどうだろうか？　支配者に政治的な力を与えるものは何なのだろうか？

『ゲーム・オブ・スローンズ』がその問いを投げかける一方で、ゲーム理論が一つの答えを私たちに与えてくれる。

法の支配

前項では、初期の経済で信頼が交易促進に果たした役割を中心に述べたが、信頼は、ゲーム理論家が理解しようとしている、共同生活の数々の基本的ジレンマの一つにすぎない。こうしたジレンマのなかで最も基本的なジレンマは、集団行動問題である。政府には多様な形態があり多くの役割を担っているが、経済学者が最も関心を抱いているのは、集団の善のために行動するように個人をまとめる際に発生する集団行動問題を、政府がどう解決するかについてである。この集団行動問題には二種類ある。一つは、向社会的活動の追求に協力するように、人々を仕向けることである。たとえば、灌漑システムなど公共事業の建設や、共同防衛に向けて民兵を組織するために協力することなどだ。もう一つは反社会的活動を抑制することだ。つまり暴力、窃盗、詐欺、それに（できれば）資源の浪費などの防止である。しかし、そのどちらも古典的な囚人のジレンマの一形態にすぎない。とるべき協力的選択は公益のために最善を尽くすことだが、個々人は自らの責任を回避し、他の誰かにそれを押しつけるほうを望むだろう。

政府の目的の別の概念は、少なくともホッブズにまで遡るが、中央集権者としての政府である[64]。現代経済では、政府が規則を作り、税金を徴収し、社会サービスを提供する。このような機能を果たすためには、政府は規則を作り上げてその規則が守られることを期待できなくてはならない。多くの場合、私たちはなぜ規則に従うかについてあまり考えてはいない。規則を守らなければ相応の帰結を迎えるだろうから守る、というのが伝統的な考え方である。税金を払わなければ罰金を科される。罰金を払わなければ、財産の差し押さえに遭う。財産を手放さなければ、刑務所に入ることになる。刑務所に入ることを拒否すれば、暴力のリスクに直面する。

私たちのあらゆる規則の根底にあり、このような政府の概念の中核をなすのは、政府には暴力の合法的行使の独占権があるという考えである。政府は法と秩序を維持し、政府以外による暴力の行使を違法とし（たとえば殺人や武装強盗は認められない）、脅威というメカニズムによって規則を執行する。

ホッブズによれば、政府が作り出す秩序は、政府が存在しない厄介な世界よりもマシなので、市民はこのシステムに我慢しているのだという。人々は取引を遂行し、税金を納め、暴力を振るわないようにするが、それは懲罰という暗黙の脅威があるからだ。脅威にさらされても我慢するのは、統治されていない社会で暮らすよりもマシだからだ。これは厳格な規則に基づく硬直的な政府観であり、信頼や人間関係が果たす役割を認めていない[65]。

このような社会観は、現代の生活を適切に表現しているように当初は思えるが、綿密に調べると破綻する。まず、最初に引っかかる点は、社会の秩序は法律への恐怖だけでは保たれないということである。市場導入前の部族に対するエンスミンガーらの実験を思い出してほしい。あの研究には重要な発見が二点あった。一つは、前近代経済の人々は匿名の経済ゲームであまり協力しない傾向があること、もう一つは、現代経済の人々は匿名の経済ゲームで協力する傾向がかなり見られることだ。

これに対する最も有力な反論は、ミルグロムらのモデルで紹介したNIEの波の一端を担った、女性初のノーベル経済学賞受賞者エリノア・オストロムの研究から寄せられた。この学派は、社会の規則を理解したければ、権力の頂点、つまり中央集権化した指導者だけを見るのではなく、地域レベルを見なくてはならないという考えに基づいている。規則の制定は分権的であり、公式命令と同様に社会的に進化した行動規範から生まれる。

オストロムは前述した考え方を一般化して、(一般に学者が研究する現代教育を受けた西洋の集団だけではなく)多様な集団が集団行動問題をどのように解決するかを研究し、効率的な規範システムの八つの性質を明らかにした[66]。

1. 明確な定義
2. 地域の状況にふさわしいこと

3. 幅広い参加
4. 効果的な監視
5. 適切な制裁
6. 効率的な紛争解決
7. 自己決定
8. 入れ子構造の権威

最高に効率的な性質がどの社会にも備わるようになると信じる理由はないが、進化の圧力が加わるために、より効率的なシステムのほうが生き残る可能性が高いことを予想してもいいかもしれない。オストロムはまた、この八つの属性それぞれの根底にあるのは信頼と互恵性だとも述べている。

オストロムの考えの中核をなすのは、安定と法の支配はトップダウンである必要はないという考えだ。安定を生み出すために、政府の命令や権威を振りかざす支配者は必ずしも必要ではない。むしろ、協力や秩序、法の支配はボトムアップでもたらすことが可能である。信頼と互恵主義に基づいた個々の関係を活用することで、より大規模で複雑な社会を構築することができる。

下位の市民に秩序を押しつけるルールを高いところから作る権力として政府を見なすのではなく、私たちは社会を、その市民同士を結ぶ関係の上に築かれるものとみなすべきであり、政府の上部構造はその根底にある関係を反映して作られる、とオストロムは考えている。

制度と政府の安定

信頼と政府の関係についてはさらに根本的な疑問がある。それは、そのシステム自体を私たちがどの程度信頼しているのか（そのシステムを損なわずに維持するにはどれほどの信頼が必要か）ということだ。

ホッブズ流の政治観は本来、時として君主が独裁的で残酷であっても、君主制は秩序を維持するので、民衆は君主の支配を容認するというものだった。つまり、君主による支配は、それ以外の場合に生じる混乱よりも望ましいということだ。カルヴァートはこの考えをゲーム理論を用いて定式化し、近隣者にだまされるような状況（囚人のジレンマ）に日常的に直面する人々のコミュニティは、その中の（誰でも）一人を支配者に選び出し、争いを解決する権力を与えることが――支配者がその権力を自身の利益のために使うことになろうとも――彼らにとっては最善となることを示した(67)。

だが、歴史を概観すればわかるように、支配者と民衆の間にあるこの暗黙の了解は、通常は暴力革命という形で、時折崩壊することがある。この分野の有力な理論家であるダロン・アセモグル、ジェイムズ・ロビンソン、サイモン・ジョンソンは、政府が破綻する主な理由は、不平等であるとしている。彼らは世界各地の革命の歴史を調べて、エリートが行き過ぎた不平等を許すと政府が崩壊し、それが騒乱を招き、革命につながると論じている。

NIEと同様に、アセモグル、ロビンソン、ジョンソンは、不平等のようなマクロ経済指標だけではなく、社会を支配するルールのゲーム理論的基盤に、とりわけ、そうしたルールがいかに**収奪的**（つまり金持ちに有利）にも**包摂的**にもなりうるかに注目している。信頼は彼らの理論に直接関係するものではないが、包摂的なルールは信頼を育む可能性が高い。データを見れば、不平等と信頼に密接な関連性があることがわかる。アセモグルとロビンソンは著書の中で、一国の成功を決定づけるものの一つに、国民が「制度とそれが生み出す法の支配を信頼し、財産権が脅かされる心配がなかった」という状況があると述べている。彼らはさらに、メキシコとアメリカの調査結果の相違を比較し次のように指摘した。「調査では、一般にメキシコ人が他人を信頼していると言う割合は、アメリカ市民が他人を信頼していると言う割合よりも少ない。だが、メキシコ政府が麻薬カルテルの排除も、公平な法制度を機能させることもできないのだから、メキシコ人が信頼を欠くのは当然である[68]」。

アセモグル、ロビンソン、ジョンソンは重要なことを二点指摘している。一つは、国の豊かさの原動力は強固な制度であるという点だ。豊かな国は、国民が信頼をふんだんに示す国でもあるが、その信頼は成長と安定を促進する政府とルールが存在することで生まれる。もう一つは、社会が激変する原因は不平等にあるという点だ。支配層を容認する利益が、革命を起こすコストを上回る限り、労働者階級は支配層のエリートを容認する。

アセモグル、ロビンソン、ジョンソンによる制度研究においてきわめて重要な知見の一つは、経済的進歩を促すメカニズムが実は強固な制度だという点を明らかにしたことである。経済学者は因果関係を述べることに対し、非常に慎重な姿勢をとる。高い経済的成果を挙げる国には優れた制度も存在することに異論はないだろうが、高い経済的成果が制度を発展させたのか、優れた制度が大きな経済成長をもたらしたのかは判然としない。アセモグルらの入念な実証研究は、植民地時代に、その自然環境を保有しヨーロッパ人により包摂的制度が構築された国は、それから数世紀が過ぎた時点でも、植民地時代に収奪的制度が構築された国よりも、経済成長を遂げていたことを示している。この発見により、安定した政府に見られる高度な信頼は、より優れた制度と強力な法の支配に由来すると結論づけることが可能になる。

また、歯止めがきかない不平等のせいで法の支配が崩壊することも、彼らの研究は示している。アセモグルとロビンソンの主張は、労働者階級がエリートを容認しているという考えに基づく。革命という暗黙の脅威があるから、エリート層は社会の富を広げる取り組みを支え続けるのだと、アセモグルらは考えるからだ。労働者とエリートの間には暗黙の契約があると言えるだろう。支配階級の権力保持を認める代わりに、エリート層はこちらの利益を守ってくれるはずだと、労働者は信頼するのだ。

社会を結びつける暗黙の契約が明示される場の一つとして、国の憲法制定が挙げられる。アメリカ最高裁判所の公聴会では、お決まりの議論や懸念事項が持ち出されることが多く、その一つが憲法解釈の問題である。二〇〇年以上前の合衆国憲法起草者の意図にしたがって、現代の法律も解釈されるべきだとする、原意主義的解釈がある。私はいつも不思議に思う。インターネットやサイバー犯罪、DNA配列、同性婚などをめぐる今日的な問題を裁くために、私たちはなぜ二〇〇年前の文書を使っているのだろう？　経済学者は最適化にこだわる。政策立案者は可能な限り最善の選択、つまり人間の福利を最大に向上させる選択をすべきだと考える。二世紀前にされた選択が、現代の問題や現代人にとって何らかの形で最適な選択であるとは考えにくい。

繰り返しゲームの理論は、なぜ原意主義が意味をなすのか、なぜこの議論が重要なのかについて異なる見識を提供する。それは、憲法が調整装置として機能して、それにより、対立を軽減する働きをするというものだ。二〇〇年前にどんなルールが選ばれたのかは、ほとんど重要ではない。重要なのは、私たち全員が同意する**何らかの**ルールが存在することなのだ。

それについて調べたある怪しい心理学実験が、その考えを説明するのに役立つ。

科学者たちは五匹のサルを檻の中に入れた。檻の真ん中に高い梯子が設置され、そのてっぺんには一房の熟したバナナが置かれていた。一匹のサルが梯子を登るたびに、科学者たちは他のサルたちに冷水を浴びせかけた。しばらくすると、いずれかのサルが梯子を登ると、その都度、ほかのサルたちはそのサルを掴んでひどく叩くようになった。やがて、誘惑に駆られて梯子を登るサルはいなくなった。次に、一匹のサルを檻から出し、代わりに新しいサルを檻の中に入れた。この新しいサルはバナナを見つけるとすぐに梯子を登ろうとした。ほかのサルたちはたちまちそのサルを叩いた。何度か叩かれるうちに、この新入りは梯子を登ってはいけないと学んだが、なぜそれが「禁止」されているのかはよくわかっていなかった。最初から檻の中にいたサルのうち一匹を檻から出し、二匹目の新しいサルを代わりに入れたが、結果は同じだった。しかも、最初の新入りのサルは一緒になって二匹目の新入りを叩いた。同じように、三匹目、四匹目、ついに五匹目と、代わりのサルを入れるということを繰り返したが、毎回同じ結果となった。最後に、檻の中は五匹とも、冷水を浴びせかけられたことはないが、あるサルが梯子を登ろうとするとそのサルを叩こうとするサルばかりになった[69]。

基本となる考えは、全員がルールに従うということだ。私たちがルールに従うのは、そうしないと他の人から罰せられるからだ。たとえ理由を理解していなくても、私たちはルールを強制するために人を罰することがある。たとえそのルールがまったく論理的ではなかったとしても。だが、なぜそうするのかといえば、秩序と協力を維持するルールがなかったら、人生は万人の万人に対する闘争となり、人生は厄介で、残忍で、短いものになるからだ。

憲法に対するこのような原意主義的考え方は、少々奇妙である。文脈が異なれば、ほぼ二世紀以上も前の文書が定める規則を守ることに執着するのは、普通ではないかもしれない。しかし、この保存主義的本能は、カルヴァート、アセモグル、ロビンソン、ホッブズのモデルを使えば理解できる。いずれの場合も、社会はある特定の支配者に従うことにしたのだ。従うことができた支配者は他にも数多くおり、現在の支配者が最高の支配者であると信じる理由はない。しかし、労働者階級が現在の支配者に従おうとするのは、国家の体制移行時に混乱が起こるかもしれないという脅威を感じているためである。

合衆国憲法は、支配体制の役割を担っていると考えることができる。支配者となりうる人が数多く存在するように、憲法となりうるものも数多く存在する。諸外国は自国の憲法を何度も改正する(70)。アメリカでは、憲法に対する信頼が秩序の維持に重要な役割を果たしている。憲法に反する政策の追求には価値があるかもしれないが、そうした追求による利益は、憲法への信頼が失われた場合に起こりうる混乱のリスクとの釣り合いを図るべきである。

私はシンユエ・ジョウ、ステファン・マイヤー、ウェンウェン・シエとの共同研究で、人は不平等を嫌うが、不平等を減らしたいという欲求は、秩序を維持したいという欲求によって抑えられることを確認する実験を行った(71)。

人々が不平等を減らしたいと思っていることは、多数の室内実験で十分に裏づけられている。私たちの実験では、参加者の学生たちに対し、四ドルが支払われる学生と、一ドルが支払われる学生の二種類に、彼らをランダムに分けると告げた。次に、お金を多く所持している幸運な学生は、それより少額を所持している不運な学生にお金を渡す機会が設けられた。その結果、渡す金額が小さい場合（たとえば一ドル）は、ほとんどの人がそれに喜んで応じた。ところが、少し金額が大きくなると（たとえば二ドル）、大部分の人が拒んだ。注目すべきは、どちらの場合でも、最終的に二人の収入の差は一ドルとなることで、一方は三ドルでもう一方は二ドルとなる。ただ、二ドルを渡した場合には、どちらが「金持ち」でどちらが「貧乏」であるかは逆転することになる。

こうした行動は、人間には、不平等を解消したいと思う一方で秩序を維持したい思う、相反する二つの欲望があることに起因すると考えられる。動物の世界では、同じ集団にいる動物は何らかの儀式的な闘いを行って序列（pecking order）を形成する（その動物がつつく［peck］類の動物かどうかにかかわらず）。しかし、いったんその序列が確立されると、動物たちはその秩序を強要し、他者がそれに挑戦するのを阻むようになる。その理由は、確立された秩序への挑戦が繰り返されれば、集団全体が外部に対して弱体化するからだ。人間社会にも同じことが当てはまるだろう。私たちは不平等を減らす政策を支持するが、それは既存の秩序を根本的に乱さない場合に限られる。秩序への挑戦が大きすぎれば、誰にとっても都合の悪い混乱の時代を招くことを、私たちは暗に知っているのだ。

この結果は、一般に人々は平等がもたらされることを好むが、その平等を生み出すためにとられる選択肢が既存秩序を乱す場合には躊躇する、という事実を裏づけるものと解釈される。また、これはアメリカだけの話ではなく世界共通の現象である。たとえば、プラトンは「この三つの階級間の干渉と交流は、都市に起こりうる最大の害悪であり、人が都市に対して加える最大の悪と呼ぶにふさわしいだろう」と指摘し、孔子は「支配者は支配者らしく、臣下は臣下らしく、父親は父親らしく、息子は息子らしく」と記した。こうした現象は、アメリカから中国、インド、オーストラリアまで、さまざまな国ではっきりと見られる。チベットの遊牧民に対し実験を行った際に、この現象は最も顕著に見られた。また安定性よりも階層性を尊重する傾向は、七、八歳ぐらいの子どもにも見られることがわかった。不平等は悪いものだが不安定はさらに悪いものになりうると、万人が認めているように思える。システムへの信頼を維持することが優先される場合もある。本章ではまず、人間の信頼の歴史が一対一の個人的関係から始まったことを述べ、次に、市場や宗教、政府など、互いに信頼し合える大規模な制度を構築することが、人類の歴史の進歩であったことを示した。本項の冒頭で、剣を持つ者がすべての権力を握っているならば、その剣士はなぜ王や裕福な商人や宗教指導者の命令に従うのかという問いを投げかけた。それは、剣を持つ人間が支配する世界では、人生は厄介で、残忍で、短いものだからだ。よって、私たちが商人や教会指導者、王によって与えられたルールに従うのは、それが文明を支える安定と信頼を生み出すからだ。現代社会において、私たちはルールに慣れきってしまい、梯子に登らなくなったサルのように、なぜルールに従うのかを忘れてしまったのだ。それでも、次章で述べるように、信頼を当てにし信頼を維持するように設計された現代経済の諸制度に、信頼はやはり深く織り込まれている。

第3章 経済システムにおける信頼

第2章では、いかにして人間が互いに信頼し合うようになったのかという話を、人類の文明の話として紹介した。その話は生物学の話としても紹介できる。動物は進化によって協力というツールを与えられ、私たちは、それと同じ信頼という遺伝的傾向を受け継いだ――少なくとも、近親の血縁者と周囲の人々に対する信頼ではあるが。やがて、制度が発展して信頼の輪を拡大した。宗教は私たちに、より信頼性を高める行動をとる理由を与え、信頼性の高い人物を把握する術を与えた。市場はルールを発展させて同じことをした。個人主義の自由市場経済においても、市場が分業を調整すれば魔法が生まれると、アダム・スミスは指摘した。前述したように、ピン工場では働き手が同じ人数であっても、最初から最後まで一人でピンを完成させる場合よりも、各工程を分担して完成させるほうがはるかに多くのピンを製造できた。こうしたルールは政府によって公式化され、政府はその間口を私たちの日常生活のすべての領域に広げた。政府、とくに民主的政府は法の支配に頼り、法の支配が機能するにも信頼に頼る。各制度の発達によって信頼の輪が大きくなったが、その一方で各制度は誰をどのように信頼すべきかを一層無機的なものにした――多くの人はこれを、現代の市場経済に特有の性質とみなすのではないだろうか。今度はこのテーマに目を向ける。

本章では、一般に経済学の問題とみなされる問題を掘り下げる。まず、貨幣、銀行取引、契約で信頼が果たす役割を検討し、次に職場と宣伝について取り上げる。最後に、シェアリングエコノミーとブロックチェーンにおける信頼の役割を検討し、オンライン経済で信頼が果たす役割を考察する。

ケネス・アローやアマルティア・センといった経済学の重鎮のなかには、信頼の重要性を長年論じてきた経済学者がいるが、現代の経済で信頼が果たす役割は、経済学の講座でも大衆文化でも認識されないことが多い。信頼は必要不可欠なものであるにもかかわらず、空気のように、あって当然とされている。本章では、市場経済との日々の関わりで機能する信頼を明らかにし、市場経済の制度が信頼を促進するためにどのように設計されているかについて明らかにしたいと思う。

貨幣システム

アメリカで発行される全通貨に「我々は神を信じる」の文言を含めることが一九五六年より法律で義務づけられているが、その文言が紙幣と硬貨に必ず表記されるようになったのは、一八六四年のことである[1]。信頼——おそらく神に対する信頼ではなく、貨幣自体に対する信頼——を奨励するという意図は、アメリカの通貨の設計に多くの決定をもたらした[2]。文字通り紙幣に織り込まれるか印刷された偽造防止の特徴に、私たちは信頼への関心を見ることができる。これには、極小文字や特殊な光線を当てると浮かび上がる目で見ただけではわからないパターン、紙に埋め込まれた繊維などが含まれる。だが、より象徴的なこととして、アメリカ通貨の有効性が数世紀にわたり持続したという事実から、信頼が機能していることがわかる。発行されなくなったり別の通貨に置き換わったりする他の通貨とは異なり、アメリカの通貨は永久に法定通貨である。少なくともそういう約束である。その約束を信頼することが、経済における貨幣の機能にとって不可欠であり、アメリカドルが世界で最も信頼される通貨たる所以でもある(3)。

貨幣とは何か?

貨幣の歴史が語られるとき、ミクロネシアのヤップ島で使われていた石貨の話が必ず登場する。石貨は直径数センチほどの大きさから四メートルのものまであり、二〇世紀初頭までヤップ島の通貨として使われていた。経済学者が貨幣について論じるときに必ずこの硬貨の話から始めるのは、ジョン・メイナード・ケインズが述べたように、ヤップ島民は「通貨に関する考え方が、おそらくどの国の人々の考え方よりも真に哲学的」だからということもある(4)。

この石貨の使い方は他の通貨と同じである。最も大きいものは製造に時間がかかるため、主に大口取引に使われた。石貨も、金《きん》と同様に稀少性から価値が生まれたという側面がある。持参金や身代金として使われることもあったが、食料の交換など日常的な取引にも使われた。

石は持ち運びしやすいように車輪のような形状にされ、小屋から小屋へと転がして商品やサービスの対価とされた。だが、大きな石貨はやはり扱いにくかった。やがて、石貨を元の場所に置いたままにして、所有権の変更を共同体全員に伝えるだけで所有権を移転する習慣が生まれた。石貨の置かれた場所が重要なのではなく、その所有者が誰であるかという共同体の合意が重要だった。たとえば、実際にあった話として、かつて石貨を船で別の島に運んでいる最中に、それが船から落ちて海の底に沈んだことがあったという[5]。だが、口承で所有権を保有する伝統が根強かったので、実際に石貨のある場所はやはり問題ではなかった。海の底に沈んだその石貨は、それまでと同じやり方でそのまま取引に使われた。島民はその石貨で売買を行った。ヤップ島社会が確立した所有権のルールの下で、事実上、その海底の石貨は通貨として受け入れられた。

　経済学者はなぜこの話がそんなに好きなのだろうか？　それは、貨幣というものの働きについて多くのことを教えてくれるからだ。

　ほとんどの経済学者（少なくともほとんどのミクロ経済学者）が貨幣について大して考えていないと聞くと、たいていの人は驚くだろう。経済学者は時に「実体経済」と「貨幣経済」を区別することがある。実体経済のモデルは、労働と資本、需要と供給についてであり、帳簿の数字ではなくもっと具体的なものである。そうしたものを測る尺度として貨幣は有用だが、ほとんどの物理学者がインチやキログラムについて考えることにあまり時間をかけないように、ほとんどの経済学者は貨幣についてあまり考えない。

　だからといって、貨幣経済学が重要ではないとか、興味深くないというわけではない。貨幣経済で起こることが、実体経済に起こることに影響を与える場合もある。だが、もっと根本的なことを言えば、「貨幣とは何か？」という一見単純な問いを投げかけると、たちまち深いウサギの穴に落ちることになる。それに対しては、貨幣は幻想であるという答えもあるからだ。貨幣は独我論である。貨幣とは信仰の行為である。

　第2章で、狩猟採集民族の贈与経済について説明した。このような経済では、物品やサービスの交換の橋渡しをするのは恩である。市場経済では、物品やサービスの交換は貨幣を橋渡しとして成立する。言うなれば、貨幣とは、実は誰が誰に借りがあるのかをたどる会計の仕組みにすぎない。たとえば、エイミーが先週ガゼルを捕まえて、余った肉をボブに分けたとしよう。するとボブはエイミーに借りができる。今週カールがたくさんベリーを摘み取り、エイミーはそのベリーをいくらか欲しいと思ったとしよう。ボブがエイミーにある借りを、エイミーはベリーと交換するためにカールに移すことができる。エイミーとボブとカールの間の借りを追跡するだけでもややこしい。数十人規模の部族でこうしたことをすべて把握することが複雑になるのは、想像に難くない。

もし、ボブが余った肉の対価をエイミーに現金で払うことができれば、事態はもっと単純になるだろう。エイミーはその現金でカールからベリーを買える。現金が彼らの間の借りを追跡する。また、システムから党派主義を取り除ける。そこで使われる貨幣が普遍的に受け入れられる限り、エイミーはその現金をどこでも使うことができる。カールに嫌われたり、カールが家族や同じ宗教を奉じる人にしか分けないのではないかと心配する必要はない。つまり、信頼できる人とだけ取引するのではなく、通貨を受け入れる人なら誰とでも取引できるのだ。信頼の重荷は、取引相手を信頼する必要性から、貨幣を信頼する必要性へと移る。ヤップ島の巨大な石が借りを把握するために使われたように、現代人が使っている貨幣も、基本的には同じことをしているのだ。

貨幣が機能するためには、経済学者は次の六つの性質が必要だと考えている。(6)

1. 耐久性——貨幣はすぐに劣化する素材で作ることはできない。
2. 携帯性——貨幣は移動しやすいものでなくてはならない。
3. 可分性——通貨の基本単位の細分化が可能でなくてはならない。

4. 均一性――各単位がどれも同じである必要がある。
5. 供給の制限――貨幣は稀少でなくてはならない。
6. 受容性――貨幣は共同体の他の人たちに広く受け入れられる必要がある。

昔から、貨幣というと金貨や銀貨のように貴金属製だと思われているが、それ以外にもさまざまな素材が用いられてきた。それに、すべての貨幣システムがこの六つの性質を全部備えているわけではない。ヤップの石貨は携帯性をまったく満たしていない。中世から中世後期時代にかけてアフリカとアジアの間では、タカラガイという珍しい巻き貝の貝殻が貨幣として使われた。昔は塩だった（英語の「サラリー（salary）」は、ラテン語の「サラリウム（salarium）」つまり古代ローマで兵士などに支給された塩、または塩を買うための金に由来する）。刑務所の中ではタバコが貨幣代わりに使われていたが、禁煙ルールが進むにつれて、それはサバの缶詰に取って代わられた。タバコもサバ缶も形が均一で保存がきく。刑務所の外ではどちらも稀少ではないが、刑務所の中で認められるものは厳しく統制されるため、金や銀と同じようにどちらも稀少な財となるのだ。

しかし、ヤップから得られる教訓として最も興味深いのは、貨幣がほとんどその形を問わないということだけではなく、形をとる必要もないということだ。巨大な石貨が海底に落下し二度と回収されなかったとき、その価値を持っていたのは石貨の概念だった。ヤップ島の人々は、その石貨が物理的に自分の手元になくても、たとえ海の底にあっても、石貨を所有できることを承知していた。この考え方は世界中で何世紀にもわたり採用されてきた。多くの人は紙片を用いて、どこかの金庫に保管され、「所有者」が見たことのない金の延べ棒の所有権を表した。革命的な発想が生じるのは、硬貨をまったく目にしないなら、硬貨は必要ないかもしれないと気づくときである。

貨幣の歴史

貨幣は石貨や金の延べ棒のような物理的なものである必要はなく、「米国財務省の全面的な信頼と信用」のように、単に信頼を表すものでかまわないという発想は、一九七一年にアメリカが金本位制から離脱した際に概念的に大きな飛躍を遂げたが、その起源はそれより何世紀も前に遡る。金や銀のような物的資産の所有権を譲渡可能な紙片で表すことは、昔から行われていた。

中世の商人たちは盗賊を恐れて、多額の金銀を持ち運ぶことを嫌ったので、貴金属を保管し譲渡する場所として銀行が登場した。銀行は、たとえばある量の金銭の所有権を示す紙片を発行し、商人は金銭そのものではなくその紙を持ち運び譲渡することができた。海の底の石貨と同じように、金銭の所有権だけを譲渡すればよいのだ。この慣行は、テンプル騎士団や西ヨーロッパとエルサレムを行き来する中世の十字軍と巡礼者たちが始めた。その旅路は長く危険なものだった。金銭を携帯せずに旅ができることで、道中はずっと安全になった。

貨幣は政府が発行するものと思われているが、ヨーロッパでは中世まで、貨幣を確保する機関は教会であり、後年は民間銀行が主流だった。現在でも、香港で流通している通貨はＨＳＢＣなどの民間銀行が発行している。だが多くの国では、国民国家の登場に伴い通貨は国有化され、国が通貨の供給を管理するようになった。

政府が貨幣の管理に関心を抱いたのは、貨幣を印刷する能力には計り知れない価値があったからだ。政府は戦争資金の調達のために紙幣を刷ることができたし、インフレを起こすために余分に刷り、それによって借金は返済しやすくなった。もちろん限界はあった。二〇世紀までは、政府が印刷する紙幣は金や銀に裏打ちされることになっていた。ヤップ島の人々が海底に沈んだ巨大な石貨を用いて取引をしていたように、あるいはキリスト教の巡礼者たちが十字軍の神殿に保管された金銭を表す紙片を使っていたように、紙幣はどこかの金庫に保管された貴金属を表すものだった。

だが、経済が安定していれば、ほとんどの人は紙幣で満足し、わざわざ金を要求することはないと、銀行と同様に政府もすぐに気がついた。そのため、政府は金庫に保管された金を上回る額の紙幣を自由に印刷できた。政府は、貨幣を要求する人が受け取れるように、金庫室に十分な金を保管しておきさえすればよかった。もし銀行が、一〇%を超える人たちが自分の金を要求しに来ることは決してないと想定するならば、一〇%の金を確保しておけば、一ドルの金で一〇ドルの紙幣を作ることができるようになる。実質的に、政府は一〇人の人々にそれぞれ、金庫の中の金の延べ棒を要求する権利を与えることができる。これらの人々のわずか一〇%しか金を要求しに来ない限り、政府所有の実在する金の延べ棒一本につき九本の仮想の延べ棒を、政府は作ることができるのだ。

政府の安定性と、政府が紙幣を金に換える能力が信頼されている限り、政府は実際に所有する金よりもはるかに多くの現金を印刷する能力を持つことになる。もちろん、その信頼が揺らいだ場合、通貨は価値を失い、紙幣を金に換えるために人々が殺到し、経済は破綻するだろう。このことに最初に気づいたのはおそらく中国人だろうが(一一世紀に)、その後何世紀もの間にこのやり方は至るところで行われるようになった。

紙幣ではなく硬貨の価値さえも、政府による操作が可能だった。コンピュータゲームでよく遊んでいる人なら、ファンタジーゲームでの金貨と銀貨の交換レートについて詳しいはずだ。長い間の慣例により、主に簡略化のために、ビデオゲームでは金貨一枚は銀貨一〇枚に交換できる[7]。

二つの商品の相対価格は需要と供給によって決まるはずなので、金と銀の交換レートを固定することは現実的ではない。しかし、顧客が金で払いたい場合と銀で払いたい場合に商人たちが価格設定を把握できるように、比較的固定的なレートがあると便利だった。イギリスでは一六世紀から一九世紀にかけて、この仕事は造幣局長（現在の中央銀行総裁のようなもの）が担っていた。この役職に就いた人物のなかで最も有名な人物は、アイザック・ニュートンだろう。微積分法を発見し、現代物理学を生み出したあのニュートンだ。造幣局は金と銀の交換レートを変えることで、それぞれの相対的流通量を調整し、効果的にインフレ率をコントロールし通貨供給量を調節できた。

アメリカ大統領選に何度か出馬しながらも敗れたウィリアム・ジェニングス・ブライアンは、「金の十字架」演説で有名である。彼は一八九六年の民主党全国大会でこの演説を行い、インフレ率を高める方法として銀貨の自由鋳造を訴え、これにより農家が借金から抜け出せるようになると主張した[8]。

通貨が国有化されるようになったのは、国の貨幣をコントロールする者が実質的な利益を獲得するからだ。通貨の国有化によって、政府は必要なときに紙幣を印刷することができるようになり、金や銀の流通量を調節してインフレ率をコントロールした。しかし、通貨を国有化した政府は、有益なサービスも提供していた。政府は、通貨の自由市場で起こる貨幣の品位の低下や偽造に対抗してくれた。

今日《こんにち》「品位の低下（debasement）」とは、不品行で、信頼できなくなった人を指すことが多いが、もともとは貨幣の金と銀の含有量を減らすという意味だった。たとえば、経済学の本を買いたいと思ったとき、その本の代金は金一オンスだったとしよう。あなたは一オンスの金貨を一枚持っていて、その金貨で本の代金を支払うことができる。本の売り手に気づかれないようにその金貨の縁を削れば、あなたはさらにお金を増やすことができる。削った金貨の縁が十分に貯れば、その削りかすを溶かして新しい硬貨を作れるからだ。削られた金貨の重さは一オンス分ないので、その品位は低下した(debased)。

現在の硬貨にもその影響が残っている。アメリカの二五セント硬貨の縁にはギザギザの溝があるが、これは金貨や銀貨が削り取られることを防止するためだった。縁が削られていれば、不正はすぐにばれるだろう。

もちろん、商人たち抜け目なくそれを心得ていたので、渡された硬貨の重さを測った。しかし、たとえば金にその他の物質を混ぜるなどして、硬貨の重さをごまかす策略も用いられた。金(およびその他の貴重な鉱物)のカラット(金位)は、その物質に含まれる不純物の量を示す単位だ。純金は「二四カラット」と呼ばれるが、その他卑金属と混ざり、純度が七五%しかない場合は「一八カラット」となる。昔の『バッグス・バニー』のアニメやオリンピックの表彰台で、金貨(またはメダル)を噛む姿が見られる。これは、本物の金は柔らかいので、噛むと痕が残るとされているからだ。

金貨を見ただけでは、それが純金なのかその他含有物を含むのかを判断するのは難しく、噛んで確かめるなどの方法の有効性はそこそこでしかない。そのため、造幣局は真正性を保証するために硬貨に公式に刻印するようになった。

信頼が通貨の価値を高めるのは、信頼が売買を容易にするからだ。真正性が保証されなければ、偽造の可能性もあることから、硬貨を使用するときに慎重な測定が必要になり、リスクと不確実性が伴った。硬貨はたいてい含有する貴金属の価値で評価されたので、ニュートンの時代には、一つの取引が行われる際に、ロンドンからローマ帝国までさまざまな場所で鋳造された硬貨が使われることが一般的だった。金属の質と重さや刻印によって硬貨の価値が異なるので、商人たちはそれぞれを把握しておく必要があった。紙幣の場合はもっとひどかった。たとえば植民地時代のアメリカでは、紙幣は多数の州と銀行により発行されていた。商人は偽札を避けるだけではなく、発行銀行の評判をどこまで信用できるかも判断しなくてはならなかった。植民地時代、バーの勘定を受け取るとき、バーテンダーはさまざまな紙幣の相対的価値が記された冊子を参照したので、通貨発行者の評判が変わるたびにその冊子の記載を更新しなくてはならなかったはずだ[9]。

通貨の価値は、その通貨の裏づけとなる機関の信頼性に左右されたことから、国民国家は通貨を作る際に有利だった。国家は、銀行や各地域よりも大規模に活動しており、その債務を支払うために課税し、そのうえ刷った紙幣で税金を払うように要求する力がある。こうした要因が、貨幣事情において彼らの信頼性を高めるのだ。

国家には自国通貨の信頼性を高めようとする動機がいくつもある。通貨の信頼性が高いほどその価値は高まるので、それにより国の購買力が高まる。アイザック・ニュートンのような高名な科学者を造幣局長に据えたのは、英国通貨の信頼性を向上させる戦略の一環だった。また、偽造を重大な犯罪とみなすこともその一環だった。アメリカでは、南北戦争後にシークレットサービスが創設されて偽造を取り締まった。この機関は後年、大統領警護という(よく知られた)任務に当たることになった。

不換紙幣の登場

歴史の大半を通して、紙幣は、通常どこかの金庫に保管されている金や銀の代わりを務めていた。一九七一年にアメリカのニクソン大統領が金と米ドルとの兌換を停止するまで、米ドルは金の現物に裏づけられているという保証があった。世界の多くの国がこれに続き、世界の主要通貨は、それを発行する国の言葉（つまり「布告」）のみに裏づけられた貨幣制度へと移行した。

布告とは、宣言や恣意的な命令のことである。[10] 一九七一年に流通していた貨幣は——それまでは金と交換可能であったが——布告によって突然（ほとんど魔法のように）ただの紙切れになった。

不換紙幣を価値あるものとして扱うことは、考えてみればそれほどおかしなことではない。私たちが金に価値があるとするのは、主としてその化学的性質によるものでも美的性質によるものでもない。金に価値を置く大きな理由は、それが稀少だからだ。これまでに採掘された金は、すべて併せてもプール三・二七個分の量しかない。[11] もし鉄を金に変える錬金術のような方法が見つかったとしたら、たちまち金は通貨として機能しなくなるだろう。このことから、その紙切れが今後も稀少であることを保証できる場合、紙切れを金貨と同じように機能させられる理由が説明できる。そのためには、政府が一度に大量の紙幣を刷らないと信頼する必要がある。

お金の望みを叶えてくれる魔法のランプが手に入ったとしよう。百万ドルでも一〇億ドルでも一兆ドルでも、いつでも好きなだけ手に入るランプだ。政府はそのようなランプを持っており、定期的に利用している。紙幣を印刷することで政府が得られるお金は、「通貨発行益」（シニョリッジ）と呼ばれ、毎年数百億ドルにのぼる。[12]

しかし、政府が好きなだけお金を印刷できるからといって（最近はコンピュータ端末でデータベースの数字を変更するだけでよいので、もう紙さえ必要ない）、そうすることが有益だとは限らない。紙幣の価値は、その有用性（貨幣の需要）と稀少性（貨幣の供給）から導かれる。お金の供給が増えれば、価値は下がる。

政府は経済成長に追いつくために、毎年紙幣を増刷する必要がある。経済が成長すると、より多くのものが売買されるようになる。これはつまり、貨幣の需要が増えていることを意味する。したがって、需要に追いつくためにさらに多くの貨幣を流通させる必要がある。政府は紙幣を刷って得られる何十億ドルというお金から直接の利益を得ると同時に、経済を安定させることで間接的に利益を得ている。流通するドルが少なすぎると、物の売買が難しくなり景気が減速するだろう。一方、ドルが多すぎれば、貨幣の供給が需要よりも速く増えることになり、結果として貨幣の価値が下がる。このお金の価値が下がる現象は「インフレ」と呼ばれる。

中央銀行は常に、経済における貨幣の過剰と過少とのバランスをとろうとしている。私たちのモデルや測定法は不完全なので、それは困難である。実際に中央銀行は間違いを犯す（ベン・バーナンキを経済学者として有名にした研究のなかには、過度な金融引き締め政策が大恐慌の発生を後押ししたと論じたものがある）[13]。しかし、中央銀行はかなり意図的に貨幣を過剰生産する場合もある。この誘惑は大きいので、私たちは中央銀行が責任ある行動をとることを強く期待する必要がある。

金融政策は大規模なスケールで行われるので、自然の営為のような、抽象的な印象を受けることも多い。しかし、貨幣の根源は非常に単純であり、非常に人間的である。

不換紙幣をもっと具体的に感じられるようにと、経済学者が好んで話す事例に――ヤップ島の巨大な石貨以外に――キャピトル・ヒル・ベビーシッター協同組合の事例がある（これはポール・クルーグマンが引用して広く知られるようになった）。一九五〇年代、首都ワシントンの育児世代の親たちのグループが、互いの子どもを交替で世話していた。狩りの獲物を分け合う前近代の狩猟採集民族のように、このシステムは、誰もがよく知る非公式な好意の交換のうえに成り立っていた。私はあなたの子どもの世話をする、つまりあなたは私に「一回の借り」ができる、だから、次は私の子どもの世話をしてね、というわけだ。同時に、ある家族が他の家族よりも数多く世話をすれば、この好意の非公式システムは不公平になりかねないのではないか、という気持ちにもなじみがある。そこで、ワシントンのこの親のグループは、協同組合を設立してこのシステムを正式なものにした。[14] クーポンを使って誰が誰の子どもの世話をしたのか把握することにしたのだ。たとえば、誰かの家で一時間世話をしたら、一時間分のクーポンを受け取れる。今度はそれを使って、誰かに自分の子どもの世話をしてもらえる。スタートを切るにあたり、協同組合は入会した人全員に、二〇時間分のクーポンを無料で支給した。

たちまち問題が発生した。組合員たちは緊急の場合に備えて、クーポンを使わずにとっておいたのだ。そのため、クーポンの流通量が少なくなり、子どもの世話を頼みたい家庭があっても、自分の貴重なクーポンを誰も手放そうとしなくなった。このシステムには資金がほとんどなかった。組合管理者はこの問題に対処するために、無料クーポンの配布を増やした。すると正反対の問題がすぐに発生した。今度はクーポンの流通量が増えすぎて、子どもの世話を頼みたい人が、クーポンをさらに必要とする人を、つまり世話を引き受けようとする人を見つけられないのだ。需要と供給のバランスを保つことは、中央銀行の仕事のなかでも最も重要なことである。

この協同組合にはもう一つ特徴があった。協同組合の運営やクーポンの管理、子どもの世話を頼む家庭と世話をする家庭のマッチングに手間がかかることだ。そのため、全組合員は管理者に対して、年間一四時間のベビーシッターサービスを無償で提供することになっていた。自分たちが使えるベビーシッターサービスの時間を増やすために、料金を値上げするというあこぎなやり方を、管理者たちが採用することも考えられるだろう。あるいは、あこぎな管理者が、保有するクーポンの価値を高めるために、クーポンの発行枚数を少ないままにすることも考えられる。この協同組合にとって幸いだったのは、管理者たちが心から信頼できる人たちだったことだ。これが国の中央政府となると、必ずしもそうではなかった。

二〇一九年、ベネズエラのインフレ率は二〇〇万%を超えた。現金で買い物をする場合はお金を山のように積み上げ、その重さを測って買い物をしていた。この光景は、手押し車でお金を運んでいた一九二〇年代のワイマール共和国のインフレ率を思い起こさせる。共和国政府はインフレに対応するために高額紙幣を発行しようとした。だが、高額紙幣を発行すればするほど、その価値は急激に低下するだけだった。一時は一〇〇兆マルク紙幣が流通した。これについては、たとえば二〇ドル紙幣が一〇〇兆ドル紙幣に置き換えられたと想像してみるといい。実は、意外にもこの類のハイパーインフレーションはよく発生する。いくつか例を挙げると、二〇〇八年にジンバブエで、一九九四年にユーゴスラビアで、一九四九年に中国で、何十億、何百兆という単位の通貨が流通したことがあった。

なぜ政府が貨幣を発行しないのか？

法の支配を信頼するに至るまでの経緯については先に述べた。今度は、どのようにして権力者を信頼するようになったのかについて述べる。近代の民主主義国家の大半において、権力者には貨幣供給（マネーサプライ）の管理を安心して任せられないとされてきた。これをわかりやすく言い換えると、選挙で選出された公職者が貨幣供給を直接管理しないほうが、権力者を含むすべての人にとって幸せだということになる。

次に、民主主義が有権者、選挙で選出された公職者、非公選の裁判官や官僚の間で意思決定権をどのように割り当てるかについて説明しよう。裁判官や官僚、中央銀行には、たいていの場合において意思決定の自由裁量権が与えられており、その活動に厳しい説明責任は伴わない。この背景としては、貨幣については、支配者も有権者も信頼すべきではないとされるからだ。有権者が通貨供給の権限を握れば、負債を減らし社会サービス事業や政府支出の費用に当てるためにインフレを起こそうとして、紙幣を増刷したいという誘惑に駆られることだろう。支配者は、有権者に迎合し自らの権力を強化するために、紙幣を増刷しようとする誘惑に駆られる。支配者や有権者が通貨供給に強大な力を握る場合は、ハイパーインフレーションの恐怖が迫り、通貨供給に対する信頼が低下する。

そのため、アメリカの連邦準備制度理事会（ＦＲＢ）や他国の同様の機関には大きな独立性が与えられている。アメリカでは、理事会の理事には一四年の任期が与えられる――大統領の任期を超えているうえに、政治的干渉もほとんど受けない。このような権力の分立は歴史に深く根ざすものだ。

真の不換紙幣は主に二〇世紀に創られたが、金本位制はその機能においてまったく似ていないわけではなかった。歴史学者は往々にして、紙幣は一一世紀に中国人によって創られたとする。中国人は、理論的には金や銀に交換可能な紙幣を発行したが、実際には、政府が交換を認めないことが多かった。この紙幣は納税に使用できたのである程度の価値はあったが、発行元の政府に対する信頼が人々の間で欠如していたことから、急速に支持を失った[15]。

だが、前述したように、支配者は必要なときに（とくに戦争をするために）貨幣を生み出す力を持つことで利益を得られ、市民も流動性の高い通貨供給から利益を得られた。しかし、支配者は不信によって制約を受けた。貨幣を大量に増刷する誘惑が非常に大きいことを、人々は承知していた。

お金を借りる場合も支配者は同様の問題に直面した。政府は国民からお金を借りるために債券を発行する。これはとくに戦時中によく講じられる策である(16)。

債券の発行と紙幣の印刷は違うと思われるかもしれないが、実際には非常によく似ている。「債券」は政府への融資である。それどころか、連邦準備制度が今日「お金を刷る」ことについて話す場合、米国債を使ってそれを行っていることが多い。しかし、紙幣の印刷に関して、国民は政府が国債の債務を返済するものだと信頼しなくてはならないように、それをするために政府がお金を刷りすぎないことを信頼しなくてはならない。つまり、債券に関して言えば、政府が破綻することなく利子をつけてその融資を返済すると、国民は信頼しなくてはならないのだ。

また、経済学者のダグラス・ノースとバリー・R・ウィンガストは、政治学者のヒルトン・ルートが検討した概念を背景に理論を展開した[*1]。それは、一七世紀にフランスとイングランドで実践されていた、「王の手を縛る」という慣行についての概念だ。この時代、国王の権力は絶対的だと考えられていたが(ルイ一四世などの絶対君主のように)、それでも国王の権力を制限する制度が存在した。

課税と通貨操作の権限が委譲される制度が設けられていたのだ。フランスでは、税金を徴収し国債を保有する権限が、いわゆる徴税請負人に与えられ、イングランドでは、議会が王や女王を抑制する重しの役割を果たし、王や女王は彼らに排除される脅威にさらされていた。このような制度は、王権の限界と見ることもできるが、イングランドとフランスの両王室にとって最終的に有益な影響をもたらしたと、歴史学者たちは主張した。君主の権限を制限することで、君主が借金を返す可能性が高まり、それにより人々が王室にお金を貸しやすくなり、両国の軍隊召集と戦争遂行に役立ったというのだ。

統治者の権威をチェックする制度が必要だという考え方は、現代でも存在する。アメリカおよびその他の国の中央銀行には、一般に高い自律性が認められている。前述したように、アメリカの連邦準備制度理事会の理事には任期が一四年あり、大統領よりも長く在任する。ひとたび任命されたら、彼らの行動に影響を与える権限は、議会にも大統領にもほとんどない。

連邦準備制度理事会は、雇用の最大化と物価の安定を目指すように連邦議会制定法により義務づけられているが、その幅広い任務のなかには独自の意思決定の余地が大いに残されている。物価を安定させるには、お金を刷りすぎてはいけない。雇用を最大化するには、人々が物の売買に使える十分な貨幣をシステムに供給する必要がある。貨幣は交換のための道具だ。経済が成長すれば、より多くの貨幣が必要になる。経済成長に合わせて通貨供給量を増やす必要性と、紙幣増刷を抑制する必要性とのバランスを保つことが、連邦準備制度理事会の主な任務である。

中央銀行総裁に自主性を与える理由は明白だ。中央銀行には通貨供給量を増やす正当な理由があり、一般の人々が容易に入手できないような貨幣需要に関する情報がある。政府は債務返済のために、またおそらくは再選に有利に働くように、政権中枢の政治家が肩入れするプロジェクトに資金提供するために、少し余分に紙幣を刷ろうとする誘惑に駆られることもあるだろう。そうした理由から鑑みて、政治家にお金を刷る権限を委ねるべきではない。その権限を独立機関に委任することで、政府はより多額の資金をより低金利で調達できる（金利が信頼の尺度であることについては次項で説明する。信頼が大きいほど金利は低くなる）。自律性をある程度放棄するほうが、政治家も国民も裕福になれる。

本項の冒頭で、不換紙幣とは基本的に政府の約束のみに裏打ちされた紙であると述べた。しかし、それは必ずしも正確ではない。中世時代の中国が参考になる。米ドルは約束だけに裏打ちされているわけではなく、米軍にも裏打ちされている。中世時代の中国の紙幣に価値を与えたのは、過度に増刷したいという誘惑にもかかわらず、中国政府が紙幣を用いた納税を要求したことにある。政府は軍事的圧力で税金のルールを強制する。それは現代でも同じである。結局のところ、アメリカの紙幣に価値があるのは、政府が住民に対して米ドルで納税するように要求しているからだ。

だが、最新の貨幣の進化によってそれさえも変わる。政府への信頼と軍事的圧力に裏打ちされた不換紙幣に代わり、最近ではアルゴリズムへの信頼にのみ裏打ちされたデジタルマネーが登場している。ビットコインやその他暗号通貨については、本章の後半で取り上げる。

金融市場

飛行機に乗っているときに隣の人と世間話をしていて、私が経済学者だとわかると、必ずと言っていいほど聞かれることがある。「どんな株を買ったらいいでしょうか?」もしくは「FRBは金利を上げますかね?」という質問だ。

ほとんどのミクロ経済学者が、世間に知っておいてほしいと思っていることがある。経済学者の大多数は(マクロ経済学者ではなく)ミクロ経済学者であり[17]、大半のミクロ経済学者は株式市場や金利についてめったに考えないということだ。それでも、金融市場はミクロ経済学者にとって興味深いと言える。信頼ゲームなどのミクロ経済学のモデルは、金融がどのように機能し、経済でどんな役割を担うのかを理解するのに役立つからだ。

多くの人は株式市場を巨大なカジノとみなしている。つまり、金持ちがやるゲームであり、社会にはほとんど価値を生まないものとみなしているのだ。しかも、証券取引所のトレーディングフロアで起こることの多くは、カジノで起こることとある程度似ていなくもない。その取引はゼロサムであり、勝者は必ず敗者を生み出す。しかし、金融部門はアメリカ国内総生産（GDP）の二〇%を占める[18]。つまり、アメリカ経済が毎年生み出す総価値の五分の一は金融が生み出しているのだ（広義では金融、保険、不動産が含まれる）。金融システムは間違いなく非効率性と腐敗に悩まされている。独占力があるということは、その収益の一部が不相応である可能性があるということだ。しかし、この二〇%という数字のほとんどは、実際に社会の福利に貢献している。一歩下がって、取引されている株式や債券の起源に目を向ければ、金融になぜそれほどの価値があるのか、金融部門がいかにして経済の価値の五分の一を生み出すのかがわかるだろう。

経済学者にとって、経済の役割は人々が欲するものを生産することである。それはトウモロコシや自動車のように有形の場合もあれば、休暇や教育のように無形の場合もある[19]。その生産には投入が必要とされる。経済学者は長年、投入を「労働力」と「資本」のいずれかに分類することが有益だとみなしてきた。トウモロコシを作るには農民が必要だが、トラクターなどの道具や土地も必要である。金融の役割は、農民のような労働者と、生産に必要な道具を組み合わせることだ。道具が少ない農家でも食料を作れるが、多くの道具を持つ農家はさらに多くの食料を生産できる。農業技術におけるいわゆる緑の革命は、一九五〇年代から六〇年代にかけて農家の生産性を大幅に向上させて、世界はトマス・マルサスの予想した飢餓を回避できたとされるが、これには、肥料や農薬のような道具だけではなく、その他の新技術も含めて、農家に進んだ道具を導入したことも含まれる[20]。金融の仕事は働き手（労働力）と彼らが必要とする道具（資本）とを組み合わせることであり、それにより、金融部門の人々は国のGDPの二〇%を稼いでいる。[21]

労働と資本を組み合わせることで得られる恩恵は莫大である。人類の歴史の大半において、ほとんどの農家は自分の家族に足りるだけの食料を生産し、最低生活水準で農業を営んでいた。しかし、現代のアメリカでは、人口のわずか二%が、アメリカ全土に足りるだけの食料を、そして世界のその他多くの国々に輸出できるだけの食料を生産している。農家に適切な道具(優れた農薬や新しい農業技術など)を提供することで、農家の生産性を大幅に向上させられる。

問題は、この労働と資本の関係がリスクをはらんでいることだ。最も基本的な形においては、働き手が優位である。法制度による外部からの強制がない場合、各勤労者が真面目に仕事をし、利益を公平に分け、お金を持ち逃げしないことを、資本所有者は信頼しなければならない。そもそも信頼についての実験経済学的研究――現在は信頼ゲームと呼ばれる――は、その研究者たちが当初「投資ゲーム」と呼んだものから始まった。

労資関係における信頼の必要性は、歴史上の事例を考慮すれば一層明白になる。中世時代、国家の富は主に貿易によってもたらされた。ヴェネチアの商人たちは、長きにわたる危険な航海によって、または数年かけてシルクロードを旅して交易品を運び、巨万の富を蓄えた。その交易のための資金を賄ったのは、マルコ・ポーロのように実際に旅に出る商人兼冒険家とは違う商人たちだった。[22] 若き冒険家の旅を支援し、商品代と旅費を負担する資金提供者は、その冒険家が必ずお金を持ち帰ると心から信頼しなくてはならなかった。

裁判や契約のおかげで取引相手を全面的に信頼する必要性が減少した現代でも、同じような問題は相変わらず生じている。裁判所はすべての争いの可能性に対処することはできないし、契約はあらゆる不測の事態を含めることはできない。現代経済のほとんどの取引は、投資家と企業の関係を含めて、信頼関係を拠り所にしている。[23]

銀行と信頼

辞書で「信頼（trust）」を引くと、最初に書かれているのは、これまで本書で用いてきた二者間の一般的な信頼についての定義だが、二番目は金融に関する定義で、ある人が他の人のために財産を保有する金融上の取り決め（信託）のこと、とある。「トラスト」という言葉は銀行に関連して使われることが多い。金融関連の用語には信頼を連想させるものがたくさんある。アメリカで刷られた紙幣は、アメリカ政府の「十分な信頼と信用（credit）によって」裏打ちされている。ラテン語のcredereに由来する「信用（credit）」は、文字通り「信頼する」という意味だ。銀行は通常、信託会社として法人化され、他人が保有する資金（たとえば未成年者のために信託銀行に保管されている資金）の受託者（trustee）の役割を担う被信託者（fiduciary）（やはり「信頼する」という意味のラテン語fidereに由来する）として機能するように組織されている。

信頼は銀行の建築にも具現化されている。ニューヨーク市に住んでいると、元々は銀行だったと一目でわかる、やたらと高いアーチ型天井とコンクリートの柱のある、驚くほど立派な薬局に足を踏み入れることがある。多くの銀行がオンライン化されて昔ながらの壮大な建物があとに残されたため、ドラッグストアやアイスクリームショップ、ポップアップ・ストアとして再利用されるようになったのだ。[24]

印象的なファサードと独特の建築様式の古い銀行を、アメリカの多くの町で見かける。あたかも

「あなたのお金は私たちにお任せください」とでも言っているかのようだ。銀行が装飾にかけるお金は、その銀行の財務的支払い能力を示す高価な合図（信頼性を示す行為）の役割を長年果たしていた。たとえ銀行が町の人たちの預金を持って町を出て行く気を起こしたとしても、放棄するには高価すぎるし売るのも難しいほどの、豪華な建物を所有する余裕がある、というメッセージを伝えようとしていたのだ。

経済学とはお金に関わるものだと容易に考えつくように、金融市場や銀行が要はお金に関わるものだと考えることは、さらに容易である。資本家というと、金貨の詰まった巨大な金庫の中を泳ぎ、莫大な手持ち金を一日中数える、ディズニーキャラクターのスクルージ・マクダックのような姿が頭に浮かぶかもしれない。しかし、経済学者は貨幣をシンボルと考える傾向がある。

銀行の主な役割は、私たちのお金を安全に保管することだと考える人もいるし、実際に安全に保管してくれている。だが、銀行の主な仕事は、私たちの余剰資金を有効活用することだと考えたほうがいいかもしれない。月末に貯蓄するお金がある場合、それがいくらであれ、あなたは当面の欲求と必要性を満たすモノやサービスを得るために必要とされる以上の仕事を、その月にしたことになる。そのお金を銀行に預けると、その大部分はそれを生産的に利用する人に貸し出される。借り手はそのお金で大学の学費を払ったり、美容室を開いたりするかもしれない。銀行は私たちのお金を使って価値を生み出しているのだ。その代わり、私たちはその付加価値の一部を利子という形で受け取る。

よってどの月も、私が経済学を教えて生み出した価値のうち、家族が当面必要なものに使わない分は、誰かの教育費や住宅購入費用、中小企業向けローンのために貸し出される。連邦準備制度理事会がアメリカの銀行に対し、預金の三％の準備金（この割合は時々変更されるし、銀行の規模によって異なることがある）を保有するように義務づけた場合、一〇〇ドルの貯蓄は九七ドルのローンを支えることができる。

これには多大な信頼が必要になる。預金者は銀行を信頼して貯蓄を託さなくてはならない。一方で銀行は、どの借り手を信頼すべきか見定めなくてはならない。

一九八二年、マサチューセッツ州グレート・バリントンのフランク・トルトリエッロは、経営するデリカテッセンの移転資金を必要としていた。トルトリエッロは銀行の融資を受けられなかったので、一〇ドルのサンドイッチ引換券を大量に印刷し、それを「デリ・ドル」と名づけた。店舗移転後に、その券で商品を引き換えられるようにしたのだ。彼はこの券を八ドルで売り出した。つまり、顧客が彼に融資してくれるなら、実質的に二ドルの利子をつけることにしたのだ。銀行は彼に資金を出さなかったが、顧客は彼に資金を出した。

普通は、自分の貯蓄をどの借し手に委ねるべきかについては銀行の判断に頼る。しかし、トルトリエッロは、銀行はとくに必要ではなく、ただの仲介役であることを証明した。彼のデリ・ドル構想は実質的に債券の発行に当たるため、連邦証券法に抵触するのだが、証券取引委員会（SEC）は調査を行わないことにした。アメリカの規制では、何の監視もなく企業が資金調達することは通常認められていない。トルトリエッロの巧みな資金調達計画は、開業や事業再開の意思がない詐欺師が簡単に真似ることができるだろう。投資家が未登録事業へ投資することをSECが許可するには、たとえば投資家の年収が二〇万ドル以上、または貯蓄が一〇〇万ドル以上とするなどの投資家を保護する条件を、米国規制当局は設けている[25]。これは、投資に失敗してお金を失っても回復できるほど十分な収入が投資家にあることを確認するためだ。多くの企業がブロックチェーン技術によって銀行や規制当局を回避し、顧客から直接資金を得られる仕組みについては、後ほど触れる。ともあれ、現代の金融システムは一般に、投資を行う人の信頼性を確認し保証するためには、銀行や規制当局などの機関に頼っている。

デリ・ドルが世に出ると、他にも面白いことが起こった。たとえば業者への支払いなど、デリ・ドルが別の用途にも充てられるようになり、なかには教会の募金箱に寄付した人もいたのだ[26]。将来のサンドイッチとの引き換えを約束したこの紙券が、目下の商品やサービスの支払いに使われていたのである。それは言うなれば、「サンドイッチ本位」制の通貨単位だろう。このデリ・ドルを元の貸し手と借り手以外の第三者が再利用するのが、「セカンダリー・マーケット（流通市場）」である。セカンダリー・マーケットの崩壊が大不況の引き金となったので、これについては後述する。

金利と信頼

金融は一般に、投資の世界を株式（エクイティ）と負債（デット）の二つに分類する。株式投資とは、資産の所有を伴い、いくらであれ将来の利益（たとえ損失があっても）の分配にあずかるということだ。負債投資は、最終的に回収できるのは投資元本だけだが、投資額に利子がつく。

巧妙なのは、かなりの程度まで金利が信頼を測る基準となっていることだ。さらに具体的に言えば、金利とは、貸し手の抱く信頼が借り手の推定された信頼性と折り合いがつくところである。

負債の金利は、たいてい次のような二つの数値の合計で測られる。

金利＝基準金利＋スプレッド

「基準金利」は通常、米国債、ロンドン銀行間取引金利（ＬＩＢＯＲ）、または消費者によく知られている、最優遇貸出金利（プライム・レート）のいずれかに関連する金利である。これは資本コスト、または銀行が資金を獲得するために支払わなくてはならない金額を表す。基準金利は、貸し手が借り手を完全に信頼した場合に課す利息と考えることができる。アメリカ政府への融資は完全に安全であると多少なりとも考えられているので、無リスク金利（リスクフリー・レート）と呼ばれることが多い。アメリカ政府が借入れの際に支払う金利は、債務不履行に陥らないと見込まれる借り手への融資の基準を設定する。同様に、プライム・レートとは、銀行がリテール顧客に課す最低金利のことである。要するに、銀行が最も信頼する顧客、つまり借入金を必ず返済することが見込める顧客に課す金利である。それ以外の人に対しては「スプレッド」がある。これは貸し手が負うリスクの高まりを埋め合わせるために、借り手が毎月払う追加利息のことだ。貸し手から見ると、スプレッドは貸し手が負っているリスクを補うものであり、借り手から見れば、貸し手からの信頼が足りないために支払わなければならない余分なコストである。

ここに、信頼の相互作用の本質が完全に露呈されている。ある人が提示された金利を見れば、その借り手が債務不履行に陥る（つまり返済しない）と銀行が確信する、正確な数値的評価がわかるのだ。たとえば、どの年であれ、あなたが債務不履行に陥る可能性が五％あると銀行がみなした場合、そのリスクを補うために、銀行は金利を（およそ）五％余分に課すはずだ。言い換えると、その銀行から借りるためには、あなたが支払わなくてはならないスプレッドは五％ということになる。

銀行があなたを信頼できるとみなすほど、提示される金利は低くなる。信用《クレジット》スコアを見ることで、金利をさらに数学的に解明できる。銀行はあなたの信用度（つまり信頼性）を信用スコアで判断する。このスコアが高いほど、あなたを信頼できると貸し手は考える。要するに、金利が低く設定されるので、あなたは借入や借金返済が楽になり、住宅などの資産投資がしやすくなるということだ。

もちろん、あなたが実際にどの程度信頼できるのかは、完全にはわからない。あなた自身にもわからないだろう。支払い請求をすべて期限内に支払う人は、将来もそうする可能性が高い。いつも支払いが遅れる人は、将来借金を返済する可能性が低くなる。とはいえ、債務不履行に陥る大半の人は、そうなるとは思ってもいなかった。彼らは失業や多額の医療費の負担など、予期せぬ事態により債務不履行に追い込まれたのだ。信用スコアは債務不履行のリスクを推測する一つの方法ではあるが、あくまでも推測でしかない。

信用スコアは、過去の債務の支払いがどの程度きちんと行われていたか、使用するまたはアクセスできるクレジットの種類、どのくらいの期間クレジットがあるかなどの、その人の信用履歴だけに基づくので、さらに不正確になる。年齢、人種、性別などの社会的特性をはじめとする他の情報は、アメリカでは信用度の判断に用いることはできない。

一方、中国は信用スコアを「社会的信用スコア」へと拡大する道を探っている。ビッグデータが登場し監視国家が台頭するということは、かつてないほど多くの情報が収集されているということだ。過去の犯罪歴に関する情報は、信用度の評価に用いられている。では、信号を無視して道路を渡った過去の情報についてはどうか？　失礼な態度は？　養育費の未払いについては？　高校の成績は？　それに、なぜ信用スコアを貸し借りにしか使わないのだろうか？　誰を雇うか、誰にアパートを貸すか、誰を飛行機に搭乗させるのかを決めるために、なぜ使わないのか？　こうした質問にはどれも信頼が関わっている。では、その信頼をなぜ数値化しないのだろうか？　アメリカでは、所有するクレジットカードの枚数で信用スコアが決まることはあっても、出身大学によって信用スコアが決まることはありえないという考えが、一般に受け入れられている。アパートの入居審査に信用スコアが用いられることはあっても、出会い系サイトが信用スコアを使ってあなたがデートできる相手を決めることには不安がある。このスコアに何が含まれるのか、どんな目的に使われるのかをどうやって決めるのか？　こうした疑問に対する答えは、信頼と尊厳の交わるところで見つかる。この問題については第5章で取り上げることにする。(27)

金融危機が明らかにしたこと

過去半世紀で経済において最も重要な事件と思われる、二〇〇八年から〇九年にかけての大不況（グレート・リセッション）は、信頼の崩壊が原因であった。具体的に言えば、金融システムのセカンダリー・マーケット（流通市場）に対する信頼の崩壊が原因であった。先ほど紹介した事例に戻るが、デリカテッセンのオーナーであるフランク・トルトリエッロは、経営するデリカテッセンの移転・拡張の資金に充てるために、顧客向けにデリ・ドルを発行した。これは、資金を必要とする人とその事業に投資する「投資家」との間の取引なので、プライマリー・マーケット（発行市場）であった。この場合、セカンダリー・マーケットは、その投資家の一部の者が所有するデリ・ドルを、トルトリエッロともデリとも無関係の取引のために使い始めたときに生まれた。ニューヨーク証券取引所でウォルマートの株式が売買されるとき、彼らはウォルマートから買っているのではなく、自分と同じような他の投資家から買っているのだ。このように、証券取引所などはセカンダリー・マーケットであり、多くの投資銀行はこの市場で売買して稼いでいる。

二〇〇八年九月一五日、こうした投資銀行の一つであるリーマン・ブラザーズが破産を申請した。「破産」とは、他者への返済義務を不履行とし、もう約束を果たせないと断言することである。投資家はリーマン・ブラザーズを信頼していたが、その信頼は崩れた。同社の倒産はパニックを引き起こし、大不況の幕開けとなった。多くの人が大恐慌に匹敵する経済危機となると恐れた。

経済評論家が何よりも恐れていたのは、コマーシャル・ペーパー市場の崩壊だった。「コマーシャル・ペーパー」とは、優良企業が短期債務のために発行する多額の約束手形のことだ。一五年や三〇年といった長期間で返済する住宅ローンとは異なり、コマーシャル・ペーパーは通常三〇日以内に返済される。消費者は、マネーマーケット・アカウントの一つとしてコマーシャル・ペーパーに出くわすことがあるかもしれない。貯蓄より少し高いリターンを得る方法として銀行が当座預金口座と一緒に提供するが、それが何であるかを知っていても、たいていの消費者はこれに注目したりはしない。また、コマーシャル・ペーパーは一般にリスクが低く、退屈な投資と考えられているため、ウォールストリートでもほとんど注目されることはない。ゼネラル・エレクトリックやエクソンのような企業が一ヵ月後に借金を返済できないと考える人はほとんどいないので、こうした企業の融資返済能力に対する信頼はたいてい高い――つまり、コマーシャル・ペーパーの金利スプレッドは通常ゼロに近くなるのだ[28]。二〇〇八年九月までは、ということだが。

二〇〇八年初頭は、信用履歴に問題がある失業者でも、高い利息を受け入れるならば、ローンを組んで住宅を購入できた。しかし、二〇〇八年末には、世界で最も裕福な企業が、給与支払いのような短期的出費を賄うために償還期限が三〇日間の融資を受けられなくなったのだ。コマーシャル・ペーパーのような市場の崩壊は、経済学者にとって衝撃的な出来事である。経済学の主題とは、稀少な資源を社会がどのように配分するかであり、その配分を扱う最良の方法が市場だと経済学者は考える。市場は、双方がより豊かになる取引を行うときに形成される。そうした取引をする力が経済の全分野で増幅するときに、富が創られ増大する。市場は世界を中世の貧困から救い出した。だが、市場が失敗すれば、その影響は経済全体に波及しかねない。

この市場の崩壊は二つの理由から衝撃的だった。一つは、市場を機能させる信頼が、単なる数字の問題にとどまらないと示されたことだ。銀行は、どんな金利を課すか、どんな金利を受け入れるかを判断する際に数学的方程式に頼る。取引を継続できるようにするこうした方程式は、原則的に、どんなレベルのリスクに対しても有効なはずである。しかし、二〇〇八年九月の数日間、そのモデルを利用していたトレーダーは、そのモデルを信用しなくなった。単にリスクが高くなったというだけでなかった――「未知の未知」という新たな恐怖が生まれたのだ（ラムズフェルド国防長官が、既知の未知と未知の未知があると述べたことはよく知られている。既知の未知とは、確信は持てないが知識に基づき推測できることだ。未知の未知とは、そもそも考えたことさえない類のことだ）。未知の未知があまりに多すぎるために、人々は取引することを嫌がった。彼らは自分たちのモデルを信用しなかった。

この市場の崩壊から得た第二の教訓は、私たちの誰もが信頼の網に組み込まれているということだ。通常、誰かに融資するときには、その相手が返済すると信頼するかどうかを問題にしていた。ところが、この金融危機によって、そうした取引は単独では成り立たないことを思い知らされた。本書では、法の支配の発展についてはすでに検討したが、信頼が伝染することについては後ほど検討する。金融危機はこの両者の重要性を浮き彫りにした。政府が現場で起こったことにどう対応するかだけではなく、倒産がどのようにシステム全体に広がるかについても不透明だった。私があなたの銀行と取引するかどうかを決めるとき、あなたに返済できるお金があるかどうかだけではなく、あなたにお金を貸している人たちがあなたにお金を返せるかどうかも心配した。失敗は伝染する。あなたを信頼するためには、システムを信頼する必要がある。

金融危機は、よく知られるウォールストリートの暴落が庶民の生活《メインストリート》にも押し寄せたときに起こった。金融は長い間、一般の人々の関心をあまり引かない浮き沈みを伴うゲームのように思われていた。金融商品のセカンダリー・マーケットは、一般の人々の生活に直接の影響を与えないように思われた。企業が従業員に給料を出すために、あるいは工場建設のために株式の発行や借り入れを行った場合、その株式や債券の所有権を示す紙切れがその後どうなろうとも、工場で働く人々にはほとんど影響を与えない。大手金融機関の間で行われる売買は活気あふれるトレーディングフロアを生み出すが、経済学者が言うところの「実体経済」とはほとんど無関係である。だがこの金融危機は、そうしたセカンダリー・マーケットがなぜ重要なのかを明らかにした。新規の資金調達や新工場への投資ができるのは、あるいは単に顧客からの入金を待つ間に従業員へ給与を払えるのは、機能的なセカンダリー・マーケットの存在に依拠するからである。企業がそうした負債を他者に転売することができない場合、銀行は企業への融資を渋る。銀行は、資金を必要とする企業に自行の保有資金を投資することもあるが、大概は他者に代わって投資する。あなたの地元の銀行は、あなたが普通預金口座に預けたお金を地元企業に投資する。大手投資銀行は、年金基金のような大口投資家から資金を預かり、資金を必要とするところに提供する。

世間では、金融市場の問題は金融関係者以外には無関係だと思っている人たちもいる。しかし、クレジット市場が凍結し、システムに対する信頼が失われれば、企業は従業員への給与資金を得ることができず、ましてや支店を新設して新たな雇用を生み出すこともできない。確かに、何千年もの間、人々は複雑な金融市場がなくても何とか暮らしてきた。だが、この複雑な市場は、現代人の生活水準を支える大きな要因となっている。

金融危機を引き起こした原因について、経済学者の間ではまだ議論が続いている（金融自由化か、住宅市場のバブルか、行きすぎた金融緩和政策か、それとも過剰な海外投資か、など）[29]。しかし一つはっきりしているのは、私たちはことごとくつながっているということだ。投資をしていれば破産は普通のことである。投資の本質は、起業家が自分ではとれないようなリスクをとれるようにすることにある。今回の金融危機は、そうした倒産の一つがほとんど制御しきれないほど広がったときに起こった。

契約とは何か

あるとき友人から、居住するアパートのペンキ塗りを夏の間に塗装職人に頼んだときの話を聞き、彼の手強い一面を知った。友人はゲーテッドコミュニティ（周囲をゲートとフェンスで囲い、出入口で警備員が監視する住宅地）に住んでいて、アパートの修理に取り組んでいた。友人はその職人の仕事に満足がいかず、やり直しを求めたという。塗装職人はそれを拒み、車で立ち去ろうとした。友人はゲートの警備員に電話をかけ、その塗装職人は金を持ち逃げしようとしているので、敷地から出さないようにと伝えた。塗装職人は戻って友人が満足するようにやり直すことを余儀なくされた。

偶然にも、住宅のペンキ塗りは、信頼の必要性を説明するために経済学の教科書でよく取り上げられる類の取引だ。塗装職人がきちんと仕事をすることだけではなく、家にある物を盗んだりしないことも信頼しなくてはならないからだ。このような取引の成立を可能にするものには、信頼や法の支配、とくに契約法が挙げられる。

私たちが法律に対して抱くイメージは、テレビや映画で見る訴訟当事者によって形成されがちだが、弁護士は多くの時間を契約書の再検討に充てているものだ。[30]「契約」とは、法的強制力のある、二者間の合意にすぎない。この広範な定義は、経済のどの部門であれ、すべての形態の相互作用にほぼ適用される。通常は二つの企業間だが、労働者と企業の場合もある。

典型的な例は、売り手と買い手の間で将来の売買について取り決める場合だ。たとえば、農家が種や道具を購入する資金を調達して、育った作物を収穫し、それを販売したときに返済すると手配するようなときだ。あるいは、住宅の買い主が銀行で住宅ローンを組む前に、住宅の売り主との間で取引の手配をすることもあるかもしれない。以上はどれも、信頼という行為が必要な状況である。また、おそらくは契約によって信頼が保証される状況でもある。

ここで問いたいのは、法的強制力のある契約は信頼に資するのかそれを妨げるのか、信頼は法的契約に資するのか妨げるのか、ということだ。経済用語では、信頼と契約が「補完関係」にある場合は、それぞれが他方をより良くすることを意味する。当事者が互いに信頼し合うならば、契約は有効に働き、強固かつ完備な契約は信頼を高める。一方で、信頼と契約が経済用語で言う「代替関係」にある場合、互いに相反するか、さらには、互いに足を引っ張り合うことになる。契約履行の強制が十分ならば、信頼構築のための投資は不要かもしれないし、信頼が十分に構築されているならば、契約履行の法制度への投資は不要かもしれない。具体的に言えば、買い手と売り手が合意するとき、互いに対する信頼に頼って取引を遂行することができるだろうし、あるいは法的な影響（つまり処罰）を示す法的強制力のある契約に頼って、確実に取引を成立させることもできるだろう。

信頼と契約はどちらも好ましいのだから、両方ともあれば理想的だと思われるかもしれない。ところが、法的拘束力のある契約を結ぶことで、二者間の信頼関係が損なわれるおそれもあるのだ。婚姻契約や婚前契約について考えてみるといい。婚前契約のような法的契約に詳細な内容を明記すれば、時にはパートナーへの信頼を損ないかねないだろう。

このように、信頼と契約履行がどのように相互作用するかという問題が重要なのは、両者とも繁栄と成長に関連しているからだ。この二つが両立すれば、一方を強化すれば他方も強化されるという好循環が生まれて、経済成長にますます寄与することになる。しかし、この二つが対立すれば、社会における信頼を高めると契約が阻まれ、契約履行を高めると信頼が損われるので、社会に対して少しも良い影響を与えない(31)。

契約は信頼を損ねる？

本章で前述した信頼モデルは、信頼という行為は基本的にリスクをとることであると定義した。二者間の契約は、各当事者の義務や、さまざまな不測の事態の結果についての合意である。契約を強固にする二つの特徴として経済学者が着目するのは、「完備性」と「執行力」である。義務や結果に関する詳細をより明示的に示すことができれば、契約はより完備になる。法制度によってしっかりと契約の条件を引き出すことができれば、執行力が高まる。たとえば、条件を明示的に示した契約は、曖昧な契約よりも執行力がある。しかし一方で、有効な強制力は、裁判費用があまりかからないこと、公正な裁判官、それに概ねしっかり機能する法制度などの要因からも生じる。

一般的に、良い契約は共同作業で生じるリスクを減らす。このリスクの低減は、信頼にとって良い面も悪い面もある。良い面とは、契約によって、新しい相手と仕事をすることに伴うリスクを減らせるからだ。新しい人と一緒に仕事をすることに大きな危険が伴うのであれば、新しい関係は築けない。その一方で、強力な契約は、コントロールが強すぎてリスクを奪いすぎる場合、信頼に悪い影響を与える。信頼性を証明する機会がまったくない場合には、関係は成長しない。

アルミン・ファルクとマイケル・コスフェルドが行った巧妙な信頼ゲームの実験は、彼らが「隠れたコントロールコスト」と呼ぶものを特定することで、この緊張関係を実証することができた。古典的な信頼ゲームでは、投資家は被信頼者に投資を行う。この投資によって被信頼者の持っていた価値は三倍になり、被信頼者はその利益を自分と投資家の間で自由に分割できる。この実験を研究室で行う場合、被験者は平均して三分の二ほどを手元に残し、三分の一を投資家に戻す傾向が見られる。被信頼者の行動に何らかの制限を設けたほうが、この相互関係を安全にできるかもしれない。たとえば、被信頼者が利益を自由に分ける代わりに、少なくとも一〇%を投資家に返還することを被信頼者に義務づける。この制限は、投資家と被信頼者の契約条件ともみなせる。

被信頼者はたいてい三分の一を、つまりすでに一〇%以上を投資家に返す傾向があるのだから、一〇%という最低水準を課しても大きな影響はないと思われるかもしれない。これによってリスクがいくらか取り除かれるので、投資家の取り分がゼロになることはない。そうすれば投資が増え、投資家もさらに高いリターンが得られるはずである。ところが、そのまったく逆の結果となることに、ファルクとコスフェルドは気づいた。最低一〇%のリターンを課したところ、被信頼者は制限が設けられる前よりも少ないリターンを投資家に渡すようになった。被信頼者の選択を制限しないほうが、投資家は高いリターンを得られたということだ[32]。

これは一見不可解に思われるかもしれない。被信頼者は三分の一を返すつもりだったのに、制限を設けるとなぜリターンが少なくなるのだろう？　三分の一はすでに一〇％よりも大きいのだから、制限は問題ではないはずだ。それは、制限が信頼の欠如を表すからである。信頼は互恵性を拠り所としており、投資家が被信頼者の選択を制限すると、被信頼者は互恵的な行動を減らして反応する。逆に言えば、投資家が被信頼者に何か親切な行為をすれば、被信頼者もお返しに親切な行為をする。さらに、被信頼者がいくら返すか自由に選択できる場合、その選択は被信頼者の信頼性を示している。契約上のルールによって被信頼者の選択に制限がある場合は、その選択が信頼性によるものなのか、それともルールで課されているからなのかは、はっきりとわからない。そのため、被信頼者は自分の決定を合図として用いることができなくなる。したがって、投資家へのリターンは少なくなる。最後に、投資家が一〇％という最低水準を設定した場合、投資家は被信頼者のリターンにあまり期待していないことを暗黙のうちに表明していることになる。よって、被信頼者はその低い期待に応える（リターンを抑える）のだ。

経済学者はこの考えを広げて、契約は不完備なほうが効果的であるとした[33]。契約に信頼の余地を残すほうが、契約は有効に機能する。こうしたことは、就労者をマイクロマネジメントしたいという管理職の欲求と、権限を委ねて就労者の判断を信頼する管理職の力量との間に緊張があるような職場で見られる[34]。

このように、契約は、ミクロのレベルでは人間関係の信頼を阻害しかねないことがわかった。だが、マクロのレベルで見れば——アメリカの州や郡を比較した場合——信頼と契約は密接に関係していることがわかるはずだ。

法と信頼の相互作用

第2章では、人類の歴史における協力の進化について、また、人間関係と信頼によって協力が実行されていた社会から、市場と法の支配によって協力が調整される社会へと移行したことについて説明した。進化をこのような枠にはめると、社会がどのように統治されるかについて二分されるような印象を与える。すなわち、暴力の独占に支えられた中央集権的な法の支配か、体制内で個人が義務を果たすという個人の相互信頼に支えられた分散的な社会規範か。そもそも、社会はそのどちらか一方に支配されているわけではない。通常はその両方が混在している。

歴史的なデータからは、法の支配と社会的信頼の両方が社会の繁栄に寄与していることがわかる。世界各地の異なる時代の経済規模は、法の支配と社会的信頼の両方と密接な相関関係がある。言うまでもなく、経済規模、法の支配、社会的信頼をすべて測定することは難しいのだが、調査データ、経済データ、専門家の評価などを用いて、私たちはできる限りのことをする[35]。

最近、法の支配と信頼がどのように相互作用するかについてデイヴィッド・ハフマンとともに研究し、論文を共同で執筆した。とくに、社会の繁栄を促進する際に法の支配と信頼は補完関係にあるのか、代替関係にあるのかを問いかけた。主要な証拠の一つとなるのは、図3・1に示すように、歴史を振り返ると、信頼と法の支配には足並みを揃える傾向が見られるということだ。

ハフマンと私は同研究で、法律と信頼の相互作用に働く、二つの競合するゲーム理論的なダイナミ

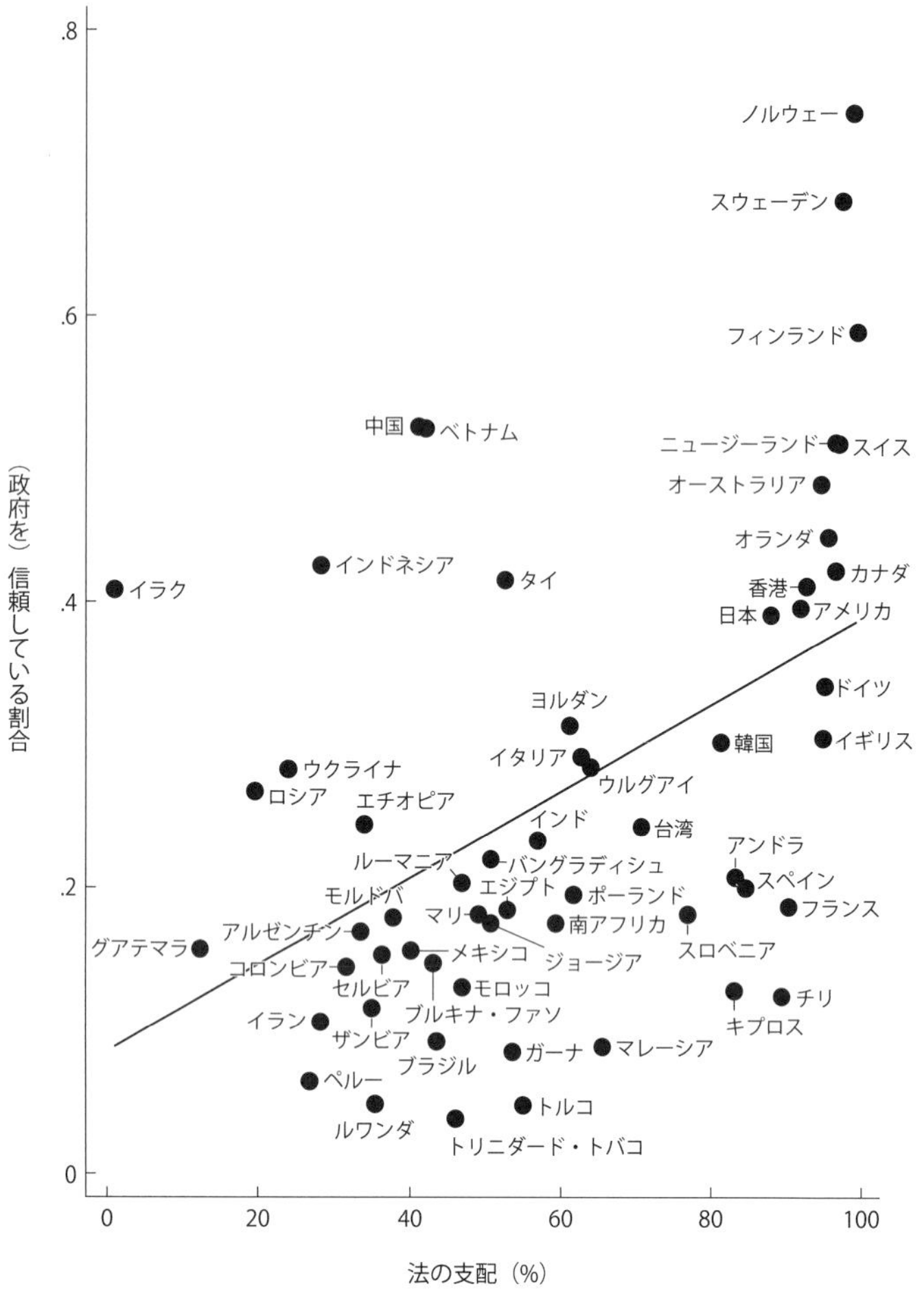

図3.1　政府への信頼と法の支配の関連性

出典：Ho, B., & Huffman, D. (2018). Trust and the law. In *Research Handbook on Behavioral Law and Economics* (Northampton, MA: Edward Elgar), 302.

クスを探った。その一つは、人々が他者への信頼を築けるような基礎的水準の安定は法律がもたらす、というものである。各相互作用、つまり信頼性を示すことで報われた各信頼行為は、時間の経過とともに人々の間にさらなる信頼を築くように働く。相互作用が繰り返されることで互いについて多くの情報を得ると、誰が信頼できるかを以前にも増してわかるようになり、信頼することが容易になる。基準的水準の信頼が確立されると、私たちは安心してリスクをとることができ、さらに交流が深まる。このような循環によって、時間とともにさらなる信頼が育つ。しかし、この好循環が始まるのは、見知らぬ人を信頼できるような方法を見つけ、個人的関係に支配される小さな部族社会を超えた場合に限られる。信頼と法とのこのような補完的関係はマクロデータでも見られ、法の支配が強い国では他者を信頼する傾向もあることがわかる[36]。

とはいえ、信頼と法律の間に働く第二のダイナミクスは、逆に信頼と法が対立する可能性を示唆している。マクロ経済的な証拠（時系列で見た各国の傾向）は信頼と法が歩調を合わせて機能していることを示すが、ミクロ経済学的な証拠（実験室で見られた行動を含めた、個人または企業の行動）は、その逆もありうることを示している[37]。秩序を促進する法律や契約は、信頼の構築を阻害する可能性がある。信頼には、互いが相手に投資するというリスクを負うことが求められ、互いがその関係に進んで投資することが求められる。過度に支配的な契約は、リスクをとる必要性を減らし、信頼構築の機会を制限することになる。

契約を研究する経済学者や法律家は長年、契約は常に不完備であることを目の当たりにしてきた。両当事者が契約に含めなかった、そして将来揉めごとにつながりかねない不測の事態が常に存在するものだ。たとえば、私があなたに対し、次の小麦の収穫を金《きん》で購入することで同意したとする。さまざまな状況下で起こることを特定しようと最善を尽くしても、私たちが考えつかなかったことが必ず起こるものだ。小麦が病気にやられて作物が収穫できなかったら？　金融政策の転換で金《きん》の価値が下がったら？　輸送中の小麦が盗賊に奪われたら？　戦争が起こったら？　さまざまな不測の事態においてどんなことが起きるのかについて、契約は完全に明記することはできず、この契約の不完備性という問題を克服するには当事者が互いに信頼し合う必要があると、かねてより考えられてきた。

だが、最近のゲーム理論家は、契約の不完備性はバグではなく特徴であり、当事者が意図的に契約の一部を曖昧で指定しないままにしておいてもよいと主張する(38)。事細かに規定しさらに正確を期した契約を作成するには、多額の弁護士費用が必要になり、潜在的訴訟のリスクを負うので、高くつく可能性がある。弁護士を介するよりも、信頼と人間関係に頼り、誠意を持って争いを解決するほうが望ましい場合もある。

要するに、当事者が進んでチャンスをつかみ信頼を深めるには安定性が必要とされるように、一息入れられるような、当事者が脆弱であることを許容する余地も必要になるのだ。先に紹介したファルクとコスフェルドの実験では、投資家が被信頼者の選択を制限するルールを設けた場合、信頼に足るとは言えないような行動が見られ、信頼も低下した。

以上から導かれる結論は、ルールや制限を設けることでプリンシパル＝エージェント間の取引は安全になるが、その安全性が信頼を構築する力を阻害するということだ。

信頼と法の支配と経済的繁栄が足並みを揃えて進むことを、私たちは歴史的データから知っている。また、この三者の間に正の相関関係があることにも気づいている。しかし、これまで述べてきたように、相関関係は因果関係ではない。信頼と法の支配と繁栄に関連性があるとはいえ、どれがどれを引き起こしているのか、それとも、まったく別の原因によって引き起こされているのかはわからない。それを解明するために、私たちは通常、仮説を与えてくれる理論に頼るのだ。本項で提示した仮説は次の通りだ。

1. しっかりした契約と法の支配は、他者との関係に乗り出す際の安全性を高めることによって信頼を育む。
2. しっかりした契約と法の支配は、関係の発展を妨げることによって信頼を妨げる。

この二つの相反する仮説は、信頼、法の支配、繁栄の間の明らかな関連性を解釈するための異なる方法を与えてくれる。

ルールが信頼を育むならば、優れたルールのある社会はさらなる信頼を育むと考えられるだろう。もしルールが信頼を妨げるのであれば、両者の間に正の相関関係が見られるのは、ルールが繁栄を育み、さらなる繁栄が信頼を育むからだろう。あるいは、信頼が繁栄を育み、繁栄がルールを育む。相関性と因果性の問題を解決する理想的な方法は、無作為実験を実施することだ。多数の国を選んで、それぞれの国に強い法治か弱い法治を無作為に与え、その後一世紀から二世紀の間は距離を置いて観察し、その国の信頼がどうなるのかを見ればいい。

残念ながら、この計画は少々非現実的である。現実にできる最良の方法は、実験室で信頼と法律をシミュレートして何が起こるかを見守るか、自然実験を探すことだ。今のところ、どうなるのかは私たちにはわからない。

他人と一緒に仕事をするときには、うまくいかないことが多々ある。私たちは、かなわないかもしれない期待を抱く。状況が変化して、関係する仕事の内容も変わるかもしれない。こうしたリスクに対処する方法の一つが契約書の作成である。もう一つは、信頼できる人と一緒に仕事をすることだ。契約書はその作成にも（弁護士費用は高い）、執行にも（裁判費用も高い）費用がかかるので、契約書を使った人間関係の仲裁にはコストがかかる。そのうえ、人間関係に契約を導入すると、その関係の性質が変わってしまう。したがって、契約は私たちの信頼関係のあり方に干渉する可能性がある。婚前契約を導入することで、結婚の意味がどう変わるかを考えてみてほしい。

一方、新しい人と一緒に仕事をすることには常にリスクが伴う。知らない相手と信頼関係を築くのは難しい。契約書があれば、見ず知らずの相手にも賭けやすくなり、人間関係が育まれるかもしれない。婚前契約を例にするなら、もしあなた（あるいはあなたの家族）が、これからする結婚が長続きしないのではと不安に思っているのなら、大丈夫だと確信が持てるまで結婚を遅らせるか、結婚を思いとどまるかもしれない。婚前契約書があれば、二人は互いにリスクがあることを承知して結婚し、婚前契約書を作成しなければ結婚しなかった場合には生まれなかった、強い絆を築けるかもしれない。

なぜ仕事があるのか

経済を構成する基本要素は、労働と資本である。私たちが消費するものはすべて、身につける衣服から、観る映画や、教育を受ける場所まで、誰かが行う仕事（労働）と、その有効性を高めるために使う道具（資本）の組み合わせから生まれる。経済学者は経済を、こうした基本的な構成要素を取り込んで皆が消費する商品やサービスに変換する機械とみなしている。お金と投資について前述した際に、経済がどのように資本と労働を一致させるか（投資）について説明した。ここでは、仕事の本質に注目する。

サンフランシスコの公園の芝生に座って、無料の野外コンサートが始まるのを待ちながら、経済学の教科書に目を通していたときのことだった。ブランケットを敷いて座っていた近くの女性が私をちらりと見て話しかけてきた。「あなた、経済学者ね。経済学者が最近取り組んでいる最大の問題は何かしら？」。そんな大きな哲学的質問に慣れていなかったので——私が日がな一日しているのは数学の方程式を導き出すことだ——口ごもりながら、なぜ仕事があるのかについての問いだと答えた。現代の経済思想の中核をなすのは、市場が経済的相互作用を組織化する最良の方法だという考えだが、企業は市場のようには組織化されておらず、中央計画型の指揮統制の下にある。彼女は考え込んだようにうなずいて、それは実に取り組みがいのある素晴らしい問題だと言った。彼女の夫も経済学者で、まさにこの問いに答えることをライフワークにしてきたということだった。

私たちはこの世に仕事が存在することを当たり前だとみなしているが、少しの間真剣に考えてみると、市場経済に仕事が存在すること自体、いくらか奇妙である。企業は独裁的で階層的な体制で、上層部から命令が下される。大企業の組織は社会主義にたとえてもいいかもしれない。社会主義体制下では、上層部とその下の官僚によって生産が決定される。一方で、理想的な市場は少数の対等な競争相手からなるフラットなシステムである。理想的な資本主義経済では、需要と供給という市場の力によって、何が生産されるかが決まる。

分業

経済学の祖とされるアダム・スミスと、彼が例に挙げたピン工場について考えてみよう（図3・2参照）。スミスの有名な著書『国富論』は、ピンがどのように作られるか考えることから始まっている。

一人が針金を引き伸ばし、二人目がそれをまっすぐにし、三人目の男がそれを切り、四人目がそれを尖らせ、五人目が頭がつくように先端を削る。頭を作るにも、二、三の異なる作業が必要になる。頭をつけることも一つの作業であり、ピンを磨いて光らせることも一つの作業である。ピンを紙に包むことさえ一つの作業となっている。このように、ピンを作るという仕事は、約一八の異なる作業に分けられる[39]。

このような労働者たちは全員同じ会社に雇用され、マネジャーに報告し、マネジャーは幹部に報告し、幹部は最終的にオーナーまたは最高経営責任者（CEO）に報告するものだと、私たちは考える。誰もが命令に忠実に従う、さもなければ職を失う危険にさらされる。各労働者は、会社の規則を守り、時間通りに出勤しなければならない。何をいつやるかを決める自主性は、労働者にはほとんどない、と。

そうではなく、一八の仕事が、一八の異なる独立した請負業者または会社に属していると想像してみるといい。各自に独自のルールとスケジュールがある。曲がった針金を仕入れてまっすぐな針金を売る会社、まっすぐな針金を仕入れて切った針金を売る会社、切った針金を仕入れて先の尖った針金を売る会社などがあるとしよう。こうした集団が皆異なる場所にいるのは不便ではないかと思うだろ

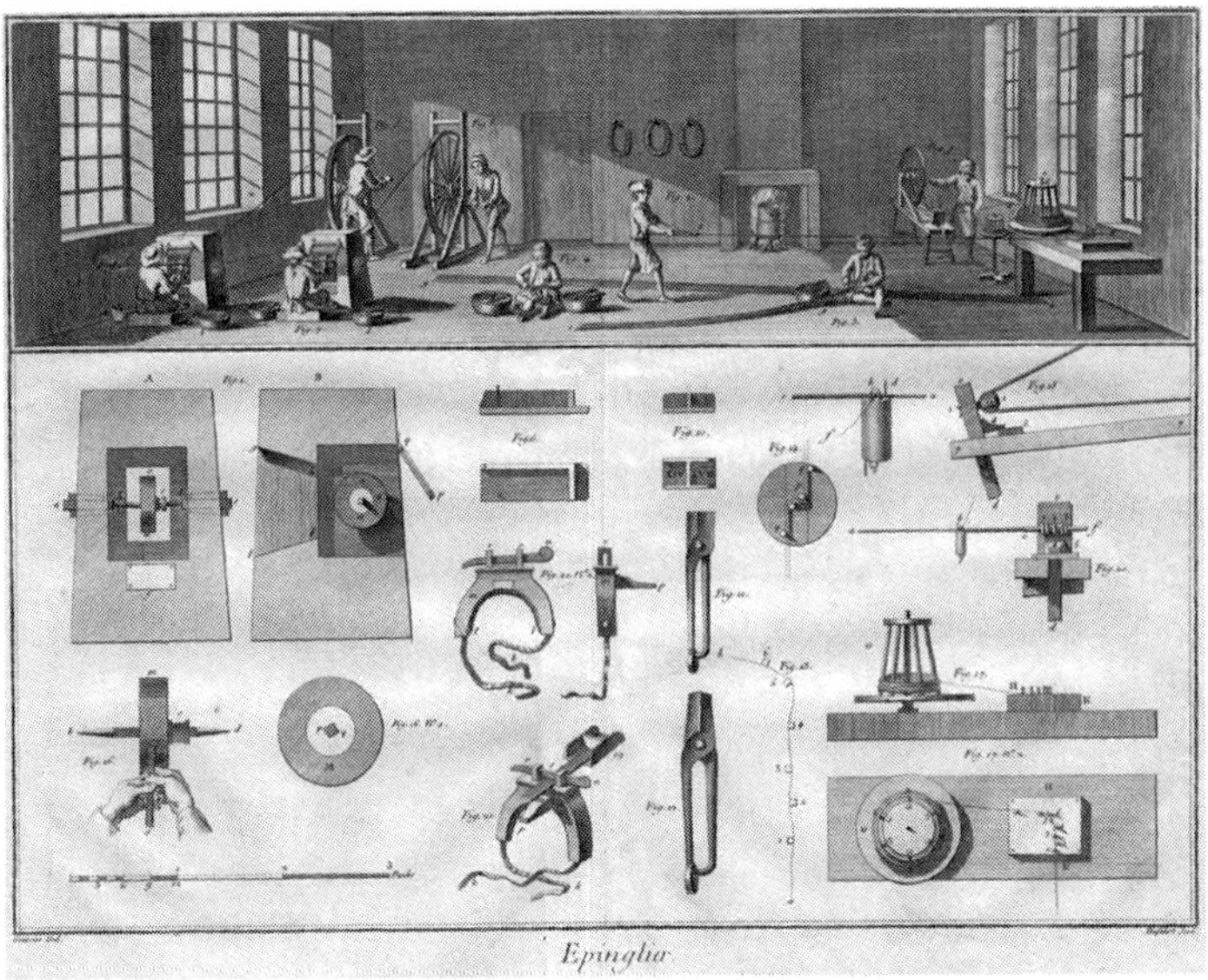

図3.2　ピン工場の工程と器具

アダム・スミスはピン作りを例に、分業によってもたらされる大幅な生産性の向上を説明した。しかし、一本のピンを作るために多くの人を頼ることにも、大きな信頼が必要になる。

出典：An illustration of pin-making from Diderot's *Encyclopédie*, 1762.（Wikimedia Commons）

う。同じ場所にいるほうが合理的なはずだ。異なる会社が同じ工場の中で空間を共有できないはずがない。中世時代の工場には、労働者たちは同じ場所で働きながらも、それぞれが独立した実体として行動し、条件やスケジュールを自由に決めていたところもあったかもしれない。針金を曲げる職人は針金を切る職人の隣で働くかもしれないが、それぞれが単独で仕事をしているような。

現代では、このような取り決めは病院の救急救命室という組織で見られる。医師や看護師は病院に雇われているのではなく、各自が病院と独立契約を結ぶ自営業者である（患者が加入している保険が適用される医師とそうでない医師が同じ病院にいるのは、患者にとっては悪夢である）。これは、ドライバーや清掃員などの労働者を直接雇用せず、独立した請負業者として交渉するウーバーやハンディのような企業でも見られる（このような仕組みは、労働法で保護されない請負業者にとって問題である）。

企業はなぜ存在するのか

仕事と企業がなぜ存在するのかという問題は、ロナルド・コースが取り組んだ難問だった。コースは二〇世紀前半に企業理論に先鞭をつけ、なぜ人は独立した請負業者としてサービスを売るのではなく、自主性を捨てて会社に就職するのかを説明しようとした。コースは「外部性」に関する研究でよく知られている。外部性とは、何らかの取引費用が市場の機能を妨げない限り、市場は最良の結果をもたらすように機能するという考え方だ。たとえば、工場が空気を汚染すると何百万人もの人々に害を与えるので、大気汚染は外部性である。何百万人の人々と工場が大気汚染の被害の補償交渉をするために必要な取引費用は、現実的でない。だから、その外部性を内部化するために、政府による汚染物質の規制が必要であるとする。

コースは企業についても同じ考えを適用した。理想的で摩擦のない市場では、アダム・スミスがピン工場の内部サプライチェーンの一部とみなした一八の工程それぞれのために、材料を購入し生産物を販売して、ピン工場の労働者は理論上、それぞれが会社になれるだろう。だが、企業間のやり取りは、契約交渉や納期遅れの対応、品質への懸念などで、かなり複雑になる可能性がある。もし、針金を研ぐ職人が釣りに行くと言って急に一日休んだら、針金を切る職人には切った針金を買ってくれる人がいない。その職人は売ることも使うこともできずに在庫を抱えることになる。針金を研ぐ職人が研いだ針金を買い入れている、ピンの頭を加工する業者も、仕事の材料がない。加えて、各工程では機械への投資が必要であり、それには彼らが元本を返金することを信頼する投資家が必要になる。結局のところ、大規模な、固定された工場のほうが信頼しやすく、何の成果も出さずに逃げ出す可能性のある独立した請負業者を信頼することは難しい[40]。

コースが提唱してから半世紀をかけて、理論家たちはこうした取引費用がどのように作用するかを明らかにしてきた。このなかにはありふれた費用もある。たとえば、買い手と売り手を見つけるには時間がかかる。価格交渉には時間がかかる。契約や紛争解決に必要な弁護士費用もかかる。だが、生産の細分化にかかるその他費用はさらに構造的であり、信頼の問題に関連する。

この文献では、一九一九年にゼネラル・モーターズ（GM）に買収されたフィッシャー・ボディ社が典型的な事例として取り上げられている。フィッシャー・ボディ社は、馬車産業で働いていた兄弟二人が自動車の車体を製作すればもっと儲かると気づき、一九〇八年に設立した会社だ。同社は、ビュイックやキャデラックなどGMの数々の車種の主要サプライヤーとなった。GMはフィッシャー社に対し、コスト削減のためにGM工場の隣に工場を移転してほしいと求めた。しかし、フィッシャー社はこれを渋った。自社工場を移転すれば、GMとの関係も良くなり、効率も高まり、コストも下がるが、一方で、GM以外の会社への車体販売が難しくなる。GMに依存するようになれば、GMは自分たちに有利な条件で新たな契約を結ぼうとしてくるだろうと、フィッシャーは当然ながら懸念した。フィッシャー社は、他に選択肢がほとんどなければ、新しい条件を飲まざるをえなくなる。両社とも袋小路に陥っていた。

両社の間で合意に達して話がまとまれば、両社に恩恵がある。GMはコスト削減と一貫生産が可能になり、それによって販売台数も増加し、フィッシャー社への発注も増え、フィッシャー社の生産も拡大するだろう。しかし、両社の間に信頼が欠けていたために、話はまとまらなかった。

解決策は簡単だった。GMはフィッシャー兄弟が断れないような提案を示した。兄弟による自社評価額をつきとめて、それよりも(いくらか)高い金額でフィッシャー社を買い取ると申し出たのだ。フィッシャーがGMとの取引に特化して設備投資すれば、さらに価値が上がることを承知していたGMは、熱心に申し出た。フィッシャー社は、自社だけではそのような投資ができなかった。GMはフィッシャーがGM車の生産に特化することを望んだが、それではやはりフィッシャー社がGMに依存することになる。そのような依存状態をGMが利用しないとも限らないと、フィッシャー側は不信感を抱いていた。このフィッシャー・ボディ社の事例は、アルキアンらによって説明され、企業経済理論の基礎研究の一つとなった[41]。

しかし、これが労働者や仕事とどのような関係があるのだろうか? GMがフィッシャーに対し、GMとの関係に投資してもらいたいと考えたように、企業は労働者に、企業との関係に投資してもらいたいと思っている。労働者はある企業で働くために引っ越しをし、その企業のために専門的スキルを身につけることもあるだろう。それは労働者に大きなリスクを課すことになり、企業から搾取を受けやすくなる。労働者の信頼を裏づけるために、企業は勤め口という形で労働者に長期的約束をすることで、その信頼性を証明する。「勤め口」とは、会社に投資しても安全だと労働者を納得させるための約束である。その約束が交わされたならば、長期雇用によって、信頼は時間とともに築かれるようになる。

会社の上下関係

企業というものの特徴の一つは、企業と労働者との長期的、継続的な関係であるが、もう一つの特徴として、階層的な構造が挙げられる。多少なりとも対等な立場でやり取りする、分化されていない多数の買い手と売り手が見られる完全競争市場の理想とは異なり、一般に、企業内のやり取りは本来きわめて階層的である。労働者は企業の階層において自分がどこに位置するかをほぼ常に把握している。誰に報告すべきか、地位であれ年功であれ、誰が自分よりも上位にいるかを把握している。

階層については、長年にわたり数々の理論が形成されてきた。共同研究者たちと行ったある実験では、人々が階層の維持を選ぶのは、それが安定を促進するからであり、対立は代償と痛みを伴うからであることがわかった[42]。組織内に階層が存在するのは、自然界に階層が存在するのと同じ理由である。動物は、支配的立場をめぐって四六時中戦うことを避けるために序列を生み出す。ニワトリの群れで序列が確立されると、群れの中の個々のニワトリたちはその序列を維持するために争うようになる。しかし、争いに明け暮れていると、その群れは捕食者から攻撃を受けやすくなる。私と共同研究者は、階層を維持しようとするこの本能が人間にも備わっていることを明らかにした。私たちはさまざまな文化圏にこの本能があることを立証し、わずか七歳の子どもの中でそれがどう発達していくのかを示した。

階層の第二のモデルは、組織が階層を好むのは昇進のためにトーナメント構造を利用するからだという考えに基づく。企業はたいていピラミッド型の構造をしており、頂点まで昇る機会を得られるのは選ばれた少数の者だけだ。階層の各層はその下の層よりも小さくなる。トーナメント構造では昇進が賞品となる。これがハードワークへと駆り立てる動機となり、企業が才能ある人を識別し報酬を与える方法をもたらす。

階層制に関する第三の理論は、階層は労働者のために存在するというものだ。この分野を研究する経済学者たちがよく語る話に、中世時代、物資を積んだ荷船を川で引く男たちの姿が日常的に見られたという話がある。(43) 船を引くスピードを落とさないように、男たちは一定の間隔で鞭で打たれた。心優しい女性が通りかかり、男たちに情けをかけるよう鞭の男を説得する。その男は彼女に言った。「それは誤解だ。この男たちが私のために働いているのではなく、私が彼らのために働いているのだ。彼らは一緒に船を引く仲間を信頼せず、適切な動機がなければさぼると思っているので、私に鞭を打たせるために金を払って私を雇ったのだ」。この階層の概念では、全員が取り決め通り確実に働くことに誰かが責任を持つために、組織の中で権限が一元化されている。このような説明責任が全員の生産性を向上させ、ひいては労働者の賃金が上がり組織の利益も増えるとされる。

企業内に階層が発達する理由については、もっともな理由が数多くあるが、階層制は問題を引き起こすこともある。階層制が生み出す中央集権的な権限は、労働者の労働意欲を高めたり、対立を解決したりする分には有益である。しかし、労働者から自律性を奪うことによって、組織もまた悪影響を受ける。
だが、中央集権にはトレードオフがある。[44] 部下から自主性を奪うことで、働き手自身が意思決定を行うことが難しくなり、イノベーションにつながるようなステップを踏み出すことが難しくなる。理想を言えば、意思決定の権限は、その選択に必要な最良の情報を持つ者に委ねられるべきである。しかし、そのためには、従業員たちが仕事を避けるためではなく、会社のために自主性を発揮することを経営者が信頼することが必要になる。

このジレンマを象徴する現代の慣行として、アマゾンやソニーなど現代のハイテク企業の間に、従業員に無制限の有給休暇を提供するという動向が見られる。従業員がその特典に対し責任ある使い方をすると企業が十分に信頼している、という考え方だ。共同執筆者であり、私の教え子でもあるジアイー・バオはそうした政策を研究している。[45] バオの研究によれば、このような政策は、優秀な労働者を引き寄せて企業の利益を伸ばす可能性があること、さらに、必要に応じて労働者が自身の生活に気を配れるようにすることで、仕事に励むためのゆとりとエネルギーを労働者に与えるという。会社が従業員に信頼を示すと、従業員はそれに応えて会社のために懸命に働く。一方で、無制限有給休暇という制度によって、信頼できない従業員が何もしないで給料をもらい会社を利用するような事態が生じかねないことも、容易に想像がつく。

現代の職場は、労働者に以前よりも多くの自由を与えると同時に、さらなる支配力を行使している。多くの企業はソフトウェアを使い従業員の一日一日を分単位で監視し、コンピュータ画面のスクリーンショットを撮ったり、携帯電話の全地球測位システム（GPS）アプリを使い従業員の位置情報を追跡したりしている。このような監視は、従業員がフェイスブックやインスタグラムで友人とチャットしていたことや、病欠した日にビーチで過ごしていたことなどをすべて明らかにできる。これは、怠惰な労働者が他の労働者たちの足を引っ張る事態を防げるが、労働者に対する信頼の欠如を示すことにもなる。

制御しすぎる契約は信頼を損なうことについて、先に説明した。被害に遭うのはゴメンだという態度をとることや、従業員に対するリスクを負わないことで、企業は信頼を損なっている。このような管理体制を敷いていては、労働者が信頼性を示すことはできず、企業も労働者をどれほど信頼し評価しているかを示すことはできない。これは労働者が互恵性を示そうとする意欲を挫く。

このような信頼関係が労働市場にどのように当てはまるのかについては、給与支給の仕事と出来高払いの仕事を比較することで、さらに端的に検証できる。給料を支給される労働者は時間に対して給料が支払われ、その生産性にかかわらず収入は同じである。出来高払いの労働者は（衣料製造工場の労働者のように）労働時間ではなく、完成させた製品（たとえば、縫製した衣服ごとに）に賃金が支払われる。ラジアーの研究によれば、フロントガラスの取り付け業者が、時間給から取り付けごとの出来高払いに変更したところ、生産性が四四％上昇し、質の高い労働者が集まり、会社の利益が増加したという[46]。

それでも、現代経済では、出来高払いの仕事よりも、給料や働いた時間に応じて支払われる仕事のほうが広く見られる。なぜだろうか？　そのカギは信頼にある。フロントガラスの修理やシャツの縫製など、成果がはっきりと目に見える仕事では、信頼はそれほど問題にならない。だが、多くの仕事では信頼という要素が必要とされる。

実際、労働経済学では、前述した前近代社会と同じように、労働関係は贈与の交換に基づくと考える研究が増えている。雇用主は雇用と賃金という贈り物を提供し、お返しに、被雇用者は労働という贈り物を提供する。このような労働概念は、労働者が働いてそれに対する報酬を雇用主から受け取るという、労働に対する従来の考え方を覆すものだ。室内実験では、被験者は、雇用主と被雇用者のどちらかの役割に無作為に割り振られた[47]。実験では、「雇用主」は被雇用者の役割を務める他の被験者に「働き口」を提供し、被雇用者は雇用主の下で「仕事」をするために使用するトークンを与えられた。研究者たちは、多くの場合において、最良の雇用関係は、労働者が仕事をしてからそのサービスに出来高払いで支払われる契約よりも、雇用主が従業員に最初に賃金を「贈る」関係であることを突き止めた。被雇用者は、先に賃金が支払われる場合に最も熱心に「働く」。雇用主からの信頼に応えなくてはという義務感を抱くのだ[48]。

ブランドの目的

ウェブで「信頼するブランド」と検索すると、3M、ブラック・アンド・デッカー、ジョンソン・エンド・ジョンソン、ガレージドア・オープナーのジーニー、ベルトッツリ・パスタをはじめとする多くの企業が、このキャッチフレーズを使っているのがわかる。このフレーズは陳腐になりすぎて、ほとんど意味がなくなっている。ブランドに対する信頼構築は現代資本主義の基本的特徴であり、私たちは人生の早い時期からブランドに接している。小さな子ども二人を連れてディズニーランドを訪れたとき、子どもたちが大好きなブランドをディズニーが効果的に独占していることに強い印象を受けた。ディズニーのプリンセスたちやピクサーのキャラクターはもちろん、マーベルのスーパーヒーローや『スター・ウォーズ』もそうだ。長男が幼かった頃、私たち夫婦はこうしたおもちゃの大半を遠ざけていたのだが、長男は学校の友だちから聞いて知った。長男はブランドマーケティングの虜になり、そのこだわりはやがて次男にも受け継がれた。次男が言葉を発するようになったばかりの頃に話した言葉の一つは、「アイアンマン」だった。調査によると、五〇件のブランドのロゴを見せたとき、三、四歳の子どもでも、そのなかの三八%のロゴと関連する商品を認識し、理解できたという結果が出た(49)。

だが、ブランディングの総体的な目的は信頼関係を築くことだ。村が小さく、市場でのやり取りがたいていは個人的に知っている人たちと行われていた頃は、地元の商人や職人と直に信頼関係を築いていた。大量生産で効率化が進むと、全国チェーンや顔の見えない国際的コングロマリットからどんどん購入するようになり、誰を信頼したらいいのか見分ける別の方法が必要になってきた。こうしてブランドが誕生した。

現代の消費文化は、私たちが消費するブランドと私たちのアイデンティティを、近年ますます結びつけるようになっている。私たちが何を買い何を消費するかという決断は、自分が自分について気づいていているよりも多くのことを伝える。ブランドは、企業との信頼関係の構築に役立つだけではなく、消費者がまだ知り合っていない、同じ考えや好みの人々との信頼関係を築くことも可能にする。

したがって、ブランドの目的は二つある。同一組織に関わる個人の集合のバラバラの評判を、共有された集合的な評判に置き換えること、そして消費者が自分のアイデンティティを示して、信頼できる他者を見つけられるようにすることである。

評判を記憶させる役割としてのブランド

経済学者にとって、ブランドの目的は情報の問題を解決することだ。よく知られているように、ノーベル賞を受賞したジョージ・アカロフは論文「レモン市場」で、品質に関する不確実性が市場を崩壊させる可能性があることを示した。[*2] 少し乗っただけなのに、なぜ新車の価値は急に下がるのだろうか？　それは、新車に何か問題があるからこそ、その新車は売りに出されるのだろうと私たちが考えるからだ。すぐに値段が下がるということは、高品質な中古車を売る必要がある人はそれを売りたがらなくなり、市場に出回る商品の質が低下するということになるので、問題は悪化する。これが悪循環を引き起こし、市場の崩壊を招く。手に入る商品の品質についてほんの少し不信感が生じるだけで、最高品質の商品を所有する人が市場から撤退することになる。

ブランドはこの不確実性の問題を解決するために生まれた。人間には、約一五〇人の人間の信頼性を把握できる生物学的メカニズムが備わっている――いわゆるダンバー数のことだ。現代経済はこのメカニズムを用いて、これを二百ほどのブランドの信頼へと向けた。自宅から何百キロも離れた見知らぬ土地で車を運転しているときに、マクドナルドやスターバックスを見つけて、店内に入れば何があるのかわかっているというのは、安心感がある[50]。

ブランドは、多くの人々を取り込み――マクドナルドには全世界で一九〇万人の従業員がいる――その人たちにブランドとの関わりを通して一つの評判を共有させるという芸当をやってのける。これは、一人の行動がすべての人に対する信頼に影響を与えるということでもある。マクドナルドの従業員は良質のサービスを提供することで、ブランドの評判の信頼性に貢献するのだ。

本書の前半で、共通の価値観と慣行を持つ人々の集団が一つの評判を共有できるようにすることで、宗教は信頼を高められると説明した。企業は、信者の評判を保つために宗教で使われる仕組みと同じ仕組みをいくつも使って、そのブランドを維持している。

企業ブランドは、そのブランド価値を全従業員に浸透させるように働きかける。私が大卒後に最初に就職したのは、投資銀行のモルガン・スタンレーだった。そこではルービックキューブに似た机上用玩具が配られたのだが、キューブの各面に企業価値が書かれていた。「革新……誠実……価値……チームワーク……」。その玩具には、同社の礎となる文言を作成したブランドコンサルタント費用について説明する手紙が添えられていた。この玩具は皮肉屋の同僚たちから散々バカにされたが、私はこのアイデアに興味を引かれた。企業はいかにして、そしてなぜ、従業員の企業文化にこれほどの投資をするのか？

それは、責任の分散化が進む大規模な組織では、一個人が自分では何の努力もせずに、他の人たちの努力にただ乗りしようとする誘惑的に駆られるからであり、実際にそうすることが容易《たやす》いからである。宗教と同様に、集団の評判を落とした者は破門（解雇）されることがある。したがって、企業は（宗教がするように）規範や期待を植えつけるために儀式や物語を取り入れる。

企業文化の重要性は、一人の従業員の行動が原因で会社全体がターゲットになる訴訟にも見て取れる。ウォルマートのような企業が従業員一人による悪行のために訴えられることを、私はかつて奇妙に思っていた。なぜ、たった一人の行動のために二三〇万人の組織が責められるのか？　しかし、企業文化というレンズを通して見ると、その責任の共有は一層納得がいく。私たちはウォルマート全体を信頼するからこそ、ウォルマートで働く個人を信頼するのだ。それはつまり、私たちがウォルマートで働く個人の行動の責任をウォルマート全体に押しつけることも意味する。

アイデンティティを識別する機能としてのブランド

ブランドは、私たちがどの製品や企業を信頼したらいいのかを判断する助けになるだけではない。仲間のなかで誰が信頼できるかを、消費するブランドに基づいて識別するうえでも役立つ。ただし、これはブランドが果たす役割のなかでもあまりよく理解されていない。実は、ブランドは部族を見分ける手助けをするのだ。今の時代におけるその意味は、かつての狩猟採集民族や現代の宗教団体にとっての意味とは多少異なるものの、その論理はほとんど同じだ。

意外に思われるかもしれないが、経済学者たちは今なお広告の目的について議論している。消費者に情報を知らせるために広告が役立つかもしれないと信じている者もいるが、多くの人は、広告に本当に説得力があるのか懐疑的である。[51] 市場には製品がゴマンとあるので、新製品が出たことを知らせるという点で広告は役立つだろう。では、誰もがすでに知っているコカ・コーラのようなブランドのために、なぜさらに多くの広告が必要となるのだろうか?

一説によると、消費者が商品やサービスを購入したことに満足感を味わえるようにするために、広告は存在するのだという。アイフォンを購入した人は、アップル製品の素晴らしい広告を見ると、自分が購入したことに満足し、その後も忠実な顧客でいる可能性が高まる。[52]

経済学者の間で人気のあるもう一つの見解は（他の人たちにはおそらく非常識に聞こえるだろうが）、広告は単に「お金を燃やす」ために存在するというものだ。ドットコムバブルの絶頂期に出されたある求人サイトの有名な広告には、百ドル紙幣を燃やすサルが描かれていた。高収益の企業だけが広告に浪費する資金があるというのが、「広告はサルがお金を燃やすようなもの」説である。スーパーボウルがテレビ放映されるとき、三〇秒の時間枠のコマーシャルに百万ドル以上も支払う企業がある。高い費用がかかっていることを知らせる、この種の広告の最たるものだろう。雄のクジャクは長い尾羽のせいで動作がぎこちなくなり、攻撃されやすくなるのに、なぜ豪華な長い尾羽があるのか、その理由をご存じだろうか？　長ければ長いほど生存には不利になるはずだが、そのようなハンディキャップにも負けない、強いクジャクしか生き残れないからだ。だから、雌のクジャクはその派手な羽をたまらなく魅力的に感じる。同様に、三〇秒の愉快なコマーシャルに百万ドルをかけるほどおいしいチップスをドリトスが販売していると分かれば、視聴者がそのチップスを魅力的に思ってくれるだろうと、ドリトスを販売する企業は期待しているのだ。

私の研究に関連の深い広告モデルからは、製品が連想させるアイデンティティの形成に広告が一役買うことがわかる。アップルが「Think Different」というブランド・アイデンティティを、「クレイジーな人たち。はみ出し者。反抗者。厄介者。四角い穴に打ち込まれた丸い杭」と関連づけたことはよく知られている。アップル製品を所有すればそのような人たちの一員になれると、彼らは顧客に信じさせたいのだ。アップル製品を買うとき、どんなものを買うかではなく――あなたが誰であるか、他人があなたをどんな人だと認識するかを買っているのだ。

消費が自己イメージを形成するという考え方は、経済学の分野では昔からあり、一九世紀末のソースティン・ヴェブレンにまで遡る。ヴェブレンの『有閑階級の理論』（村井章子訳、筑摩書房、二〇一六年）は、「顕示的消費」の欲求について説明している。つまり、私たちは限られた財源のなかで少なくとも可能な限り金持ちのように見えてふるまえるような服を（やがて車や芝生も）選ぶというのだ。この考え方からすると、誰もが実際よりも金持ちに見えるように努力していることになる。稀少な資源をめぐる競争では、より多くの資源を持つ人と付き合いたいと思うというものだ。金持ちに見えると、結婚やビジネスでより望ましいパートナーを引き寄せられるからだ。

この図式だと、服のスタイルでも赤ん坊の名前でも、流行はエリートから生まれるということになる。金持ちがつま先のとがった靴を履いたり、子どもにエイデンという名前をつけ始めると、およそ一〇年後には誰もがそうするようになる。(53) 共同執筆者であるヨナ・バーガー、ヨゲシュ・ジョシと私は、最近発表した論文で、なぜ多くのトレンドが「トップ」からではなく、貧困層や社会から疎外されたグループ、たとえば有色人種の若者、ゲイ、トランスジェンダーのコミュニティから生まれるのかを問いかけた。(54) 一つには、私たちがもはや富裕層や権力者ではなく、自分たちのコミュニティと同一視されることを望んでいるからだ。アイデンティティは一〇〇万ものサブカルチャーに分裂しており、私たちはもはやエリートだけではなく、自分の部族とも同一に扱われることを望まないのだ。

何千年にもわたる生物学的プログラムによって、私たちは自分の部族と結びつくように教え込まれてきたが、どの部族に属するかについて、現代はより多くの選択肢がある。私たちが購入する商品には、いまだにお金と関連づけられるものもある。市場にある何千もの商品やサービスのなかで、その人が経済的に恵まれているどうかを予測する最たるものは、どうやらアイフォンを所有しているかどうかということらしい。(55) たいていのスマートフォンユーザーはアンドロイドを使っているが、相手からのメッセージが「青い吹き出し」で表示されると、相手はアンドロイドではなくアイフォンを使っていることがわかる。アメリカのアイフォンユーザーにとって、相手から青い吹き出しのメッセージを受け取ることは、往々にして衝撃的である。これは、アップルのブランディングが功を奏したのだ。アップルは自由な精神の持ち主、クリエイティブな人と結びつけられる。そして、そのような人たちと同一視されたい、そのアイデンティティを共有する人と付き合いたいと、私たちは思うのだ。

当然ながら、子どもにつける名前から、着ている服、使っている石鹸の香りや香水、持ち歩くハンドバッグや乗っている車など、人の行動や所有品すべてが、その人についての情報を伝えている。私たちの経験も同様だ。出身大学はスクールシャツやスクールリングでわかるし、休暇でどこに行ったのかはソーシャルメディアやクリスマスカードで共有される。観る映画やテレビ番組は共有されたアイデンティティに訴えかけ、どんなメディアを嗜好するかは、いわゆる井戸端会議（最近ではスラックやソーシャルメディアが多い）で明らかになる。購入時に自分はこういう人間だと意図的に見せびらかすつもりはなくても、あらゆる消費の選択によって、他人はそれを認識するようになる[56]。

けれども、映画やアイフォンやハンドバッグが信頼とどんな関係があるのだろうか？　それは、私たちが好んで消費するものは、私たちの周りの人たちによって方向づけられ、同じような嗜好を持つ人たちには、他の点でも類似性が見られるからだ。笑いが信頼を育むのは、ユーモアのセンスは価値観や規範も共有していることを示唆するためだと前述した。現在、共有されているのはジョークだけではなく、メディアやファッションの嗜好などにも及んでおり、こうした手がかりは、信頼できる人を見定めるために一役買うことになる[57]。

信頼の未来形――シェアリングエコノミーとブロックチェーン

二〇一三年七月二三日、連邦当局はシルクロードというウェブサイトを閉鎖した。このサイトは、いわゆる闇サイトにあった巨大なオンライン百貨店であり、アマゾンで靴下を注文するのと同じくらい簡単に違法薬物やその他違法なサービスの取引ができた。このウェブサイトでは、運営されていた二年の間に、一五万人の買い手と四〇〇〇人の売り手の間で一二億ドルの取引が行われた。ウェブサイト創設者のロス・ウルブリヒト（映画『プリンセス・ブライド・ストーリー』の登場人物にちなんで「ドレッド・パイレーツ・ロバート」という通称で知られる）は、その間におよそ一億ドルを稼いだ。

ウルブリヒトは、自由市場が支配するリバタリアンのユートピアをオンラインで作るというビジョンを、マニフェストに記した。彼が思い描いたのは、匿名の買い手と売り手との間で取引が行われ、政府の規制や、現代経済の標準的仕組みを支配する良識的規範に縛られない、需要と供給の法則にのみ従う市場だった。スーパーマーケットに卵やシリアルを買いに行くときに現代経済に生きる人々が遭遇する資本主義は、ウルブリヒトが提唱したリバタリアンのユートピアとはまったく異なる(58)。

アダム・スミス以降の大方の経済学において理想の姿とされたのは、多数の匿名の買い手と売り手が摩擦のない市場で途切れることなく取引する市場だった。だが、現代経済が発展した期間の大半において、取引は匿名で行われるのではなく、（最初は）直接会って、（後に）ブランドを信頼することで行われていた。こうした取引は、契約や裁判所、規制当局によって保護されていた。シルクロードのサイトは、そうしたものがなくても、政府の介入や社会的規範などがなくても市場が機能することは可能だと示そうとしていた。

ウルブリヒトの市場が成功したことで、それが可能であることが示された。摩擦のない理想的な市場を作ることに関しては、全面的に成功したわけではなかった。ウルブリヒトのサイトは、エスクローや評判システムなど、イーベイのようなオンラインサイトが従来の市場から取り入れて改造した手口の多くを採用していたのだ。だが、ウェブサイト管理者が利用できるツールだけでこれほどの成功を収めたという事実は、驚くべきことである。

人間の認知能力の限界から、一度に把握できるのは二〇〇人程度であることについては、先に述べた。つまり、先史時代の人間のコミュニティは、小規模な集団に限られていたということになる。そして、有史時代の大半は、知り合いや同じ信仰を持つ人と、あるいは国家の法的庇護の下で取引を行ったということだ。二一世紀で最も重大なイノベーションの一つは、過去二〇〇〇年以上にわたり信頼と協力を維持するために役立ってきた法的・道徳的束縛がなくても、市場が機能する可能性があると示すことである。

だが、インターネットは、市場における信頼の役割を根本的に変えるようになった強力なイノベーションを生み出した。そのイノベーションは非常に有効なので、シルクロードで違法薬物を売るような犯罪者でさえも、ある程度効率良く売買ができた。今日《こんにち》、その信頼は絶大なので、私たちは見知らぬ人を車に乗せ（ウーバー）、家に住まわせ（エアビーアンドビー）、レストランやその他サービスを選ぶ際に参考にする（イェルプ）ようになった。

この新しいシェアリングエコノミーは、次の二つの大きな考え方と関連する。

1. 買い手がオンラインで匿名の売り手を信頼できるのは、オンラインシステムが（中世フランスの商習慣法のように）情報の拡散に長けているからだ。この場合、システムは売り手の評判を広め、評判は信頼の基礎となる。
2. 評判が共有されやすくなるため、企業が信頼問題を解決する必要性は小さくなる。結果として、企業は分解することになり、従来の大規模なコングロマリットはプラットフォームに取って代わられつつある。

現在、ハイテク業界で最大の話題はブロックチェーンだ。ブロックチェーンについての盛り上がりは異常なほどで、ロングアイランド・アイスティーという会社は、主力商品がアイスティーのままなのに、ロング・ブロックチェーン・コーポレーションへと社名を変更したほどだ。同社は単に、ブロックチェーン関連の投機の熱狂ぶりに乗じようとしたのだ。ブロックチェーンは、根本的に、信頼をアルゴリズムに置き換えることを見込んでいる。

シェアリングエコノミーとプラットフォーム

あなたが卑怯な人なのかどうか、ネットでは誰もわからない。そのため、オンラインでの評判を確立するシステムが必要になる。これに向けた最初の、そして最も単純なステップは、買い手と売り手の各自の評判を数値化することだった。イーベイやその他プラットフォームを使った実験では、レピュテーション・システムによって見知らぬ者同士が取引できるようになること、高評価は高価格と高収益につながること、低い評価を受けた者は市場から追い出されることが証明された。

こうしたオンラインのレビュー・システムは外の世界にも波及し、イェルプのようなサイトでは独立系レストランがチェーン店のシェアを奪った。また、顧客の苦情がツイッターやオンライン・アプリに投稿されることで、消費者が不快な体験をしたときに店側が対応する可能性が高まった。ユーザーコメントをより適切に要約するサービス、評価を要請するための新たなプロセス、ユーザーの好みの違いを考慮に入れたカスタマイズされた評価など、ネットでの信頼に関する革新は続いている。

このようなオンラインの評判システムは、銀行やクレジットカードのような現代の市場制度の発展を一足飛びにすることを可能にするので、発展途上国でさらに大きな影響を持つ可能性がある。電話決済はアメリカやヨーロッパよりもアフリカや中国で一早く軌道に乗り、それによりエスクローやオンラインの評判システムといったデジタル機能が、アメリカなどよりも早く広まった。

オンライン経済の大半は――消費者に販売する製品を大企業が製造または購入するという点で――いくらかオフライン経済と似ているが、前者の主な特徴は、大企業の多くが買い手と売り手を結びつけて中間業者としてふるまうが、自ら製品を作っていないということだ。その典型的なプラットフォームが、イーベイのようなオンラインのオークションサイトである。アマゾンは、本を仕入れて消費者に販売する従来型の企業としてスタートしたが、今ではイーベイのように、他企業が消費者に販売するためのポータルサイトの役割も果たすようになり、売上の半分以上が後者で発生している(59)。

グーグルやフェイスブック（現メタ）のような企業にとって、売買の部分はあまり注意を引かないが、グーグルの検索エンジンは主に検索者とウェブサイトの情報とを結びつける手段であり、フェイスブックは人と人とを結びつける。両社とも、消費者の注目を広告主に売って利益を得ている。最近、いわゆる「シェアリングエコノミー」ではさらに「純粋な」プラットフォームが増えている。ウーバーなどの企業は、タクシーを呼びたい消費者と、乗車サービスを提供したい個人ドライバーとを結びつける。エアビーアンドビーは同じように、宿泊場所を探している人を、提供したい人に結びつける。プロスパーのような企業は、お金を貸したい人と借りたい人を結びつけ、いわば個人を銀行に変えている。ドアダッシュやグラブハブのような企業は、レストランと料理のデリバリーを頼みたい人とを結びつける。
買い手と売り手をつなぐこのような企業は、経済学者からは「プラットフォーム」と呼ばれており、市場を構築する新しい（新しめの）方法となっている。[60] 経済学のきわめて重大な概念のいくつかは、市場構築のさまざまな方法を中心にまとめられている。アダム・スミスの市場資本主義における「見えざる手」のビジョンには、「完全競争」のシステムでの何百万人もの個人の買い手と売り手の相互作用が含まれる。カール・マルクスの資本主義のビジョンは力の集約であり、ヨーゼフ・シュンペーターは、市場はその傾向として自然と独占へと向かい、一企業が市場の特定分野を支配すると主張した。

プラットフォームは、この二つのハイブリッドである。プラットフォームの目標は、ある特定の分野のワンストップ・ショップ、つまり一箇所で必要なものが全部買える場になることだ。ウーバーは、消費者がタクシーが必要なときに訪れる唯一の場所になりたいと考えている。彼らの目標は独占企業になることだ。[61] だが、ウーバーは一方で売り手を、スミスの完全競争のビジョンに似たものに、つまり差別化されていない製品である何百万もの交換可能な提供者に、細分化している。

この細分化の利点については現在も議論が続いている。ウーバーのドライバーは、自分たちは独立した請負業者ではなくウーバーの従業員とみなされるべきだとして、訴訟を起こした。同様の訴訟は、ハンディやエアビーアンドビーなど多くのプラットフォームで進行中である。また、企業はどの程度のアウトソーシングが許されるかという議論も起きている。アップルのような大企業はかつて自社で清掃員を雇っていた。現在は別会社に清掃作業を委託している。かつて、関係は継続的な信頼関係に基づいたものだったのに対し、新しいシステムは市場の関係に基づいている。

細分化の利点は企業が専門化できることだ。アップルなら、自分たちのコア・コンピタンスは、コンピュータや電話のハードウェア作りがどこよりも得意なことだと言うだろう。同社が清掃作業の習得に時間を費やすことはないだろう。そのような事業を別のところに任せることで、アップルは自分たちが得意なことに集中できる。また、清掃業者が自分たちの業務を改善する機会が生み出される。

だが、この細分化には、雇用者と従業員の長期的な関係を、短期的な市場の関係に置き換えるという代償が伴う。継続的な関係に投資する人が必要だったときに大企業は発展した。記者のニール・アーウィンは最近、かつての巨大企業コダックとアップルなどの現代企業とを対比する記事を書いた[62]。コダックの清掃員には比較的高い賃金が支払われ、社内で教育や昇進の機会が与えられていた。企業が自社の運転手や清掃員を雇う場合、その関係の性質から、それは両者にとって長期的な投資につながる。労働者は会社に投資し、会社は労働者に投資する。これのマイナス面は、投資するようになると、離れがたくなることだ。これにより体制の柔軟性が失われていく。時間がたつにつれて、長期労働者は替えのきかない存在になるかもしれない。そのため、長期労働者は小さな独占企業のような存在になる。プラットフォーム・エコノミーはこの関係をがらりと変えて、企業と労働者の関係に競争を復活させる。こうしたプラットフォームの本質は、労働者とその仕事の関係の性質を変えることにある。労働者を細分化することで、労働者を交換可能な存在にするのだ。

信頼関係の方程式のなかで、これまで取り上げなかった重要事項の一つに、その関係が壊れた場合の対応がある。ゲーム理論ではこれを「外部オプション」と呼ぶ。ビジネススクールの交渉の授業では、ＢＡＴＮＡと呼ばれる。たとえば、上司が昇給を認めてくれないなら、ＢＡＴＮＡを行使して別の会社に行く。あるいは、この自動車ディーラーで納得のいく取引ができなければ、ＢＡＴＮＡを行使して別のディーラーへ行く。他人のＢＡＴＮＡを判断できれば、ビジネスでは有益なスキルになる。給与交渉や車の売買でどこまで押し出せるかを知るために役立つだろう。

とはいえ、条件の良いＢＡＴＮＡは信頼に微妙な影響を与える。関係に対して良い代替案があるということは、関係当事者たちが自らの価値、つまり自らの信頼性を示すために一層努力しなくてはならないことを意味する。その一方で、条件の良い代替案があるということは、関係が壊れやすくなることを意味する。その関係への信頼が損なわれるような悪いことが起これば、一方または両方の当事者が別の関係に目を向けやすくなる（第5章で、問題発生時に謝罪が関係修復で果たす役割について、またウーバーのプラットフォームを用いた実験で判明した、プラットフォーム・エコノミーにおける謝罪の働きについて述べる）。

言い換えれば、代替案が多すぎると、その関係を打ち切って別の関係を選ぶことが容易になるので、信頼に悪影響を与えるおそれがあるのだ。同時に、代替案が少なすぎる場合も信頼に悪影響を与える。相手が他に選択肢がないとわかっていれば、その関係に投資する必要がないからだ。プラットフォームはこの両極端な状況をうまく利用している。ウーバーのプラットフォームを利用するドライバーを選択する場合のように、ある種の相互作用では、プラットフォームが実に多くの代替案を生み出すことで、サービスのコストが抑えられている。消費者がプラットフォームを選択するようなその他の相互作用については、プラットフォームは市場を独占しようとする。

インターネット商取引は、摩擦のない市場についての数々の理想主義とともに始まった。競争はクリックするだけでこと足り、消費者には無限の選択がある。それは、ある程度実現している。しかし、簡単に買い物ができることと、ワンストップ・ショッピングの利便性との間には、常に押したり引いたりが展開されてきた。初期のオンライン商取引は、アマゾンのような少数の巨大企業に支配されていたが、現在のインターネットには、多数の小口の買い手と売り手とを結びつけるプラットフォームがどんどん増えている。

ウーバーや、アップルのアップストア、エアビーアンドビーのようなプラットフォームは、何百万人もの買い手と何百万人もの売り手をつないでいる。しかし、プラットフォーム間の競争はどの分野でも比較的少ない。こうしたプラットフォームは、売り手間の競争を促進することがうまい。しかし、プラットフォーム間の競争はどの分野でも比較的少ない。空港まで送ってくれる運転手を探す場合、ウーバーは数分であなたのもとに行ける何十人もの運転手を見つけてくれるだろう。しかし、ウーバー以外の運転手を探したい場合、選択肢はかなり限られる。リフト（Lyft）があるかもしれないが、それ以外はあまりない。プラットフォームは、あなたをそのシステムに縛りつけるシステムを構築する。すると、プラットフォームは独占的な力を持つようになる。そのような力を持つと、プラットフォームではイノベーションを起こす必要性や、サービスの向上に継続的に投資する必要性が低くなる。

プラットフォームが自らの独占力を生み出すために利用する技術として、前述した評判システムがある。あなたがあるプラットフォームで良い評判を確立し、信頼を築き上げたなら、買い手も売り手もあなたから別のところに乗り換える可能性は低くなる。

プラットフォームの力の集中には、良い面も悪い面もある。車や携帯電話などに関するサービスを一箇所ですませられるのは、消費者にとって便利である。私の友人や家族は皆アイフォンのユーザーなので、私がアンドロイドに変えたら、いろいろと厄介なことが出てきた。一つのシステムに縛られることで、そのシステムとの信頼関係を築く機会が増える。そして大企業にはイノベーションに投資するリソースがある。しかし一方で、同じシステムに縛られることにより、自己満足が生じる。顧客には他に行くところがないというのに、なぜ顧客との関係に投資するのか？

したがって、現在の経済は一種のパラドックスを提示する。つまり、企業が大きくなりすぎて、一つのブランドが一つの分野全体を支配することが懸念されるのと同時に、企業が小さくなりすぎて、かつて企業が自社で賄っていたこと（清掃サービスなど）を契約や市場に頼ることが懸念されているのだ。このバランスを適正にすることは、一九九〇年代のマイクロソフトに対する反トラスト法訴訟以降、経済学者によって積極的に研究された分野であった。そして久しぶりに、大統領候補やその他公職就任希望者が選挙演説で独占を持ち出すなど、反トラスト規制が再び政治的言説で取り上げられるようになった。

信頼における革命としてのブロックチェーン

シェアリングエコノミーが、信頼に関する二一世紀最初の大きなパラダイムシフトであるとすれば、次のパラダイムシフトはブロックチェーンだろう。いろいろ取り沙汰されたブロックチェーンをめぐる話題のなかで、ブロックチェーンが信頼のあり方における革命だということは、忘れられているかもしれない。ブロックチェーンの主なアプリケーションには、違法取引に使われ、シルクロードのウェブサイトで使用されていたデジタル通貨であるビットコインがあった。何しろ、ビットコインが最もよく使われたのは（二〇一八年に行われた全取引の半分を占める）、不法行為だった。[63]

信頼のイノベーションの最初の適用が金銭に関するものであっても、驚くには値しない。本章は貨幣に関する話で口火を切った。貨幣は現代市場経済の基本的構成要素の最たるものであり、その構成要素は信頼の上に成り立っているからだ。ビットコインを最初のデジタル通貨と言う人も多いが、それはあまり適切ではない。米ドルを含む現代のたいていの通貨は主にデジタルだ。経済学者は経済における物理的な通貨（ドル紙幣や硬貨）をM0と呼んでおり、これは、流通している通貨を示す指標M2の約二〇％を占めるにすぎない[64]。残りはデジタルで、国内外の銀行のコンピュータ・データベースに記録されている。たとえば、私がクレジットカードを使って四ドルのコーヒーを買うと、そのお金はキーボード操作によって銀行間で移動し、実際の紙幣が手渡されることはない。銀行は私の口座から四ドルを引き、コーヒーショップの口座に四ドルを追加するだけだ。アメリカやその他先進国では何年も前に、紙幣の袋を移動させなくてもすむようになった。ビットコインも同じような仕組みだ。違うのは、このような取引を銀行のデータベースに保存するのではなく、ブロックチェーンに取引を保存するように、サトシ・ナカモトがビットコインを設計したことだ。

ブロックチェーンの情報は、一つの事業者が管理する一台のコンピュータ・サーバーに取引リストを保存するのではなく、世界中に散在する多数のコンピュータ（ビットコインの場合は数百万台）に分散されている。それは、銀行に口座を持つようなものだが、何百万回もコピーされる。取引が完了すると、そのビットコインの口座は数百万台のコンピュータで更新され、そのうちの過半数のコンピュータの許可を得なければ変更ができない。一人の人間が銀行のコンピュータに侵入して他人の当座預金の残高を変更できるのに対し、ブロックチェーンに干渉するために必要な数百万台のコンピュータに侵入できるような人間は、まずいないだろう。

ビットコインの解決するもの

つまり、ブロックチェーンの核心は信頼の問題を解決することなので、ブロックチェーンがどのような問題の解決に役立つのか、少しの間考えてみる価値がある。現在、貨幣の発行は政府の権限下にあるのは当然だと思われている。けれども、昔からそうだったわけではない。かつては、誰でも金を採掘して貨幣にすることができたが、政府はすぐに金の供給を独占する措置を講じた。しかし、原則的に金の採掘は誰でも可能だった。貨幣が「銀行券（banknote）」とも呼ばれるのは、本来、流通していた紙幣は主に銀行が提供していたからだ。紙幣は金と交換可能であり、発券銀行の評判に裏づけられていた。これは建国初期のアメリカでは普通のことで、現在でも、香港では民間銀行が発行した紙幣が広く使われている。一般に、お金を刷る権限が政府と結びつくようになったのは、欲深い政府が自らの目的のために造幣の権限を欲したからだが、一方で、政府が最も信頼の置ける存在となったからでもある。どんな銀行も債務不履行に陥る可能性があるが、長期的に見れば国家政府のほうが頼りがいがあり、信頼できる傾向があった。

近年、新種の通貨の提唱者たちは、数学的アルゴリズムという技術で、信頼の問題を解決したと主張している。貨幣の主な特徴、つまり貨幣に価値を与えるものは、稀少性である。金の稀少性は、世界中の金現物の量が少ないことで保たれる。不換紙幣の稀少性は、紙幣を刷る際に緊縮財政と適切な判断という評判を守るように努める政府によって、さらに言えば、その責任を与えられた、干渉を受けない中央銀行によって保たれている。だが、貨幣を発行する役割のある政府の信頼性を促進する制度があるというのに、その制度はやはり人間によって運営されており、人間は誤りを犯すことがある。

ビットコインや多くの新暗号通貨は、この問題を解決することを目的としている。この問題を解決するために、ビットコインや暗号通貨は、他人や制度への信頼によって維持される通貨ではなく、暗号技術によってその価値が保護され、アルゴリズムへの信頼を拠り所とする通貨となっている。ビットコインは台帳に基づいているが、それはデータベース、あるいは単なるスプレッドシートと考えてもいい。銀行が全顧客のリストとその口座残高を把握しているように、ヤップ島民がどの石貨が誰のものか把握していたように、前近代の部族が自分たちの貸借りを把握していたように、ビットコインの台帳は各ユーザーが何ビットコインを保有しているかを把握している。

たとえば私がビットコインで何かを買いたいとき、私は台帳に対し、私の口座から一ビットコインを減らし、他の人の口座に一ビットコインを増やすことを承認する。これは、私が誰かに小切手を切ると、銀行がその人にお金を振り込むやり方と同じである。もちろん、不正目的で台帳に手を出してほしくはないはずだ。銀行が口座残高を正しく管理すると信頼されているのは、銀行の評判がかかっているからだ。銀行が伝統的に高級で見栄えのする建物に投資してきたのは、建物のような動かないものに資産を使うことで、預金者の金を奪って夜逃げするような組織ではないと伝えていたからだ。現代社会では、政府、法執行機関および法の支配が、銀行が契約を守ることを保証している。

ビットコインの場合は異なる。ビットコインは、サトシ・ナカモトという名義で活動する、正体不明の人物またはグループによって創設された。ナカモトは、暗号技術の専門家で、ハッカーのコミュニティで人気があるとされている。そのような経歴の人物は普通なら信頼を生み出すことはないかもしれないが、ナカモトは通貨を実現する技術(彼らが開発した技術)に信頼を組み入れる方法を見つけ出したのだ――それがつまりブロックチェーンだ。銀行(中央銀行を含む)が中央のサーバーに情報を保管し、サーバーへのアクセスを制御する人物によって改竄される可能性があるのに対し、ビットコインは世界中に分散するコンピュータに少しずつ台帳を保管する。一人の人間だけが台帳へのアクセスを制御するわけではないので、虚偽の取引を入力することは困難である。

ビットコインは基本的に、私たちが毎日使うドルやユーロのような日常通貨と同じように機能する。ただし、中央銀行の評判や地域の法執行機関の記録是正の効率性に信頼が置かれるのではなく、アルゴリズムに信頼が置かれている。初期の暗号通貨は、暗号通貨を扱うアプリケーション・システムのミスのためにすでに何度かハッキングされているので、アルゴリズムに不信感を抱くのは当然である。何百万ドルものビットコインやイーサ（別の暗号通貨）が盗まれたのだ。また、アルゴリズムの実行には小国一国で使われる計算能力が必要になるので、ビットコインの持続可能性に懐疑的になるのも無理はない。ただ、他の暗号通貨はもっと効率的に動作するように設計されている。

私たちの多くは（ともあれ先進国では）銀行を信頼しているだろう。したがって、ビットコインやその他の暗号通貨を使う利点は定かではない。ビットコインは、銀行または地域の法執行機関を信用していない場合に役立つ。政府や制度が不安定な国に住んでいる場合も、役立つかもしれない――あるいは、犯罪者が不正に得たお金の保管や送信をしたくても従来の銀行を利用できない場合に役立つかもしれない。ビットコインの主な用途のなかには、闇サイトでのドラッグやその他違法な商品やサービスの購入が含まれる。

ビットコインの擁護者は、信頼の失敗に対処するという、この通貨の設計に見られるもう一つの特徴を指摘する。ビットコインの発行枚数には上限が設けられたのだ。インフレやハイパーインフレが通貨価値に与える脅威は、本項の一貫したテーマだった。金の価値はその採掘が難しいことで守られているが、ビットコインは不換紙幣と同様に、実のところコンピュータ上のいくつかの1と0にすぎない。私たちは、中央銀行が流通する通貨量を管理することを信頼している。ビットコインはアルゴリズムに頼っている。

通常、需要に応じるためには貨幣の供給を増やさなくはならない。多くの取引に通貨が使われるようになると、ますます多くの通貨が必要になるが、通貨の量が急激に増えるとインフレになり、その価値が失われる。ビットコインはデジタルなので、このような問題は発生しない。取引の数が増えたら、価格を小刻みに上げるだけでいい。たとえば、現在ハンバーガーの値段は〇・〇〇一ビットコインほどだ。これは普通の通貨では難しいだろう。ハンバーガーが〇・〇〇一セントだとしたら、一〇〇〇分の一ドルの新通貨を作る必要がある。

さらに、ビットコインを発明した人物は、このシステムを稼働させるためにコンピュータのデータ処理能力を供給している人々に対し、その埋め合わせとしてビットコインを授けるシステムを設計した。ビットコインの取引は、安全性を確保するために膨大な計算処理能力を必要とするので、こうした計算処理用にコンピュータを提供した人たちに、ビットコインを報酬として与える仕組みがある。

だが、ビットコインの新規発行が需要に追いつかず、通貨の価値が高騰することもある（「デフレーション」と一〇〇〇分の一ビットコインのハンバーガーを生み出す）。また、市場がビットコインへの信用を失い、ビットコインの価値が急落することもある（「インフレーション」と高額なランチを生み出す）。連邦準備制度理事会（ＦＲＢ）は、通貨の供給を需要と一致させ、価格を安定させようと尽力する。ビットコインには同等の規制当局がなく、価格が常時調整されるため、ビットコインの保有にはリスクと不確実性がある。

そのため、ビットコインの価値は年によって、月によって大きく変動しており、ビットコインの将来はまだわからない。しかし、ビットコインを支える技術は、アルゴリズムが信頼の代用となりうる領域で別の事柄への応用も可能である。また、ビットコインの仕組みは、ヤップの巨大な石貨のように、普段当たり前だと思っている貨幣システムの内部構造を明らかにしてくれる。

現在の貨幣制度は多くの信頼を拠り所とする。直接的には、銀行があなたの預金を正しく管理することを信頼する必要がある。さらに、FRBのような中央銀行が、貨幣の総供給量を適切に管理することを信頼する必要がある。ビットコインは、あなたの情報を百万台のコンピュータにコピーすることで、銀行を信頼する必要性を回避する。また、ビットコインは、安定した予測可能な速度でビットコインを新規放出する固定アルゴリズムを用いることで、FRBのような中央銀行を信頼する必要性を回避している。

そのため、銀行やFRBに不信感を抱く人々にとっては、ビットコインは実に理にかなったものなのだ。制度に対するこの種の不信感はアメリカ史に深く根ざしているので、ビットコインが未来の通貨だと強く信じるハクティビスト〔政治的・社会的な主張を実現させるため、コンピュータへのハッキングを利用する行為をハクティビズムといい、そのような行為に及ぶ人物や集団はハクティビストと呼ばれる〕のコミュニティがあることは理解できる。一九九九年に出版されたニール・スティーヴンスンの小説『クリプトノミコン』には、暗号技術を用いてドイツの暗号を解読することによって第二次世界大戦に勝利したことが描かれており、(ビットコインのような)暗号通貨と(ブロックチェーンのような)情報共有の確固たる手段が、世界を独裁政治から救うことができたと描かれている。

専制的な、あるいは不安定な政権下で暮らす人々や、違法活動する犯罪者が、金融システムに不信感を抱くのは当然だと言える。しかし、アメリカのように安定した現代的な経済圏に暮らす人々は、銀行やＦＲＢへの信頼度がかなり高いことがデータから見て取れる。先に投資の話のところで説明したように、金利を見れば、市場の人々が貸し手をどれほど信頼しているのか、直に観察できる。金利が低いほど、信頼度は高い。二一世紀に入ってからというもの、国民はアメリカ政府に対して、低すぎるのではないかとＦＲＢが心配するほどの低金利で貸し出しを行ってきた。言い換えれば、ＦＲＢのおかげでアメリカ政府は非常に信頼できる存在となり、国民はほぼ無償で政府に資金を貸し出すこともいとわなくなった。大半の商業銀行も同様である。

これは犯罪者には当てはまらない。彼らは信頼できる金融機関を見つけることに苦労する。犯罪者は、他に大金を取引する手段がないため、麻薬や武器などの違法取引の支払いに、盗品の美術品を使うことが多い[65]。ビットコインは彼らにとって大いなる恩恵なのだ。

また、ビットコインの当初のユーザー基盤は違法行為に加担する人々だったが、中央政府や銀行制度が信頼できない国では、ビットコインの合法的な用途が見込める。このような国々では米ドルが広く使われているが、ビットコインはそれに代わる有効手段となるかもしれない。

ＦＲＢは経済成長に合わせて通貨供給量を増やすことをしないという考えから、ＦＲＢに不信感を抱く人たちもいる。この点に関しては、ビットコインは定率でしか成長しないので、好景気や不景気の浮き沈みに（あまり）合わせることができず、ほとんど役に立たない。

ブロックチェーンは信頼できるか？

最後に、ブロックチェーンはアルゴリズムによってセキュリティが確保されているのだから、銀行の人間よりも信頼できるという考え方は、アルゴリズムに大きな信頼を置けるような印象を私たちに与える。理論上は、このようなアルゴリズムを操作することはきわめて困難だが、コンピュータ・コードの脆弱性によってソフトウェアがよくハッキングされることは、周知の事実である。ビットコインと、それに次いでよく知られる競合相手のイーサリアムに対するハッキングはすでに数件発生して世間の注目を集め、数億米ドル相当の暗号通貨が盗難または紛失に遭った[66]。ソフトウェアが改良されて理論上は安全性が高まっているはずだが、多くの人はこの複雑なソフトウェアが再びハッキングされないことを信じるよりも、銀行を信頼する傾向があるように思う。

したがって、ブロックチェーンを使用して大量のデータを保管する場合にかかる高コストを正当化することは、難しいと思われる。銀行がすべてのデータをたった一台（あるいはバックアップのために数台）のコンピュータ・サーバーに保存しているのに対し、ブロックチェーンは数百万台のコンピュータにデータを保存している。データを分散させるためには、膨大なエネルギーを使う。そのエネルギーの一部は、ブロックチェーンの各サーバーが自らの信頼性を示すために無意味な計算をしていることで消費される。信頼性を示すには多大な犠牲が伴うという、本書で説明した信頼モデルを思い出してほしい。無意味な計算問題を解くことは、この種の犠牲の好例だが、こうした計算にはエネルギーが必要であり、そのエネルギーは気候変動の一因となる。エネルギーはいろいろなことに必要とされる。それが重要な仕事ならばエネルギーが消費されても問題はないと言えるが、今のところ、銀行のコンピュータはブロックチェーンと同じ仕事をはるかに少ない資源で行える。

すでにお察しのように、私はビットコインについて、さらに言えばブロックチェーンについて少々懐疑的なのだ。ブロックチェーンは可能性を秘めているとはいえ、まだ解決すべき問題が数多くあると思う。ブロックチェーンが解決しようとしている主な問題は、信頼の問題であり、ここまで読めばわかってもらえると思うが、信頼は人類が何千年にもわたって発展させてきた、支えるべき制度なのである。私たちは、互いを信頼することがかなり得意になってきている。

だが、私はどんなときも未来に対して楽観的だ。ビットコインにあまり可能性を感じないとはいえ、ブロックチェーン技術には他に役立つ用途があるかもしれないだろう。近年、企業が新規事業の投資資金調達のために暗号通貨を発行する、イニシャル・コイン・オファリング（ＩＣＯ）で、大量の通貨が発行されている。前に紹介したデリ・ドルのように、こうした企業は仮想コインを発行して資金を集め、後で投資家に還元すると約束しているのだ。しかし、これは新たな問題の解決にはなっていない。同じような目的で株式や債券を企業が発行することが、すでに認められているからだ。ＩＣＯは、企業がさらに低コストで資金調達することを可能にするだけだ。しかも、このコスト削減の大半は、消費者保護を目的とするＳＥＣの規制をＩＣＯが回避することから生じる。不要な規制ならば回避せざるをえないだろうが、多くの規制は有益である。ＩＣＯのおかげで企業は安価に資金調達できるが、その代償として消費者の保護が疎かになる。ＳＥＣはすでにＩＣＯの取り締まりに着手している。

とはいえ、政府が正しいことをすると市民が信頼できない場合には、重要かつ有益な利用方法がブロックチェーンにはある。たとえば、抑圧的な政権の市民がソーシャルネットワークを開発したくても、政府の監視が懸念される場合、ブロックチェーンは彼らのデータの安全な避難所を提供できるだろう。企業はプライバシーを保証しようとするだろうが、最先端の暗号化を施し、できる限りの対策を講じた企業でも、政府の召喚には応じざるをえない。データをブロックチェーンに記録することで、データを保護するアルゴリズムが（多少は）透明化されるはずだ。

また選挙も、ハッキングで大きな利益を得ることが考えられる分野である。たとえ非常に安定した民主主義国家であっても、選挙結果を左右するコンピュータにアクセスできる人々に不信感を抱くことがあるかもしれない。ある種の分散型のブロックチェーンは、アルゴリズムそのものが信頼できる限り、この分野でも役立つだろう。バグのないアルゴリズムは決してハッキングできないことが証明されているが、技術が進歩しているとはいえ、完璧を期することは難しい。おそらく、コンピュータサイエンスが向上すれば、アルゴリズムに対する信頼も向上するかもしれない。ブロックチェーンは信頼経済の次の段階であり、私たちはいずれアルゴリズムに全面的に信頼を置くようになるだろう。しかし、人間同士の信頼も同様に進歩して、アルゴリズムと張り合うかもしれない。

インターネット商取引や、プラットフォーム・エコノミー、ブロックチェーンなど、近年のイノベーションは、テクノロジーと信頼の関係を変化させている。プラットフォームもブロックチェーンも、相手の信頼性を確認するための計算上のショートカットを提供しているのだが、両者とも、新しいテクノロジーを信頼する必要がある。それでも、やはりそれは私が本書で描いている物語とほぼ合致する。テクノロジーの発達により、私たちの信頼の輪は肉親や部族から、さらに大きなグローバルなコミュニティへとどんどん広がったのだ。

ところが、こうして数千年にわたり信頼を拡大してきたというのに、最近になってこの流れをせき止める現象が生じている。互いへの信頼が大きくなる一方で、専門家や組織への信頼が揺らぎ始めているのだ。政治家、科学者、医師、経済学者に対する信頼の低下は、ここ数十年の間によく知られるようになった。次の章では、このような信頼の低下が起こった理由を探り、信頼の低下に技術革新が果たす役割についても検証する。

第4章　専門家を信頼する

現代文明にとって最大の試練は、一五〇人程度の小さな部族や共同体で発達した生物学的・文化的本能を、何十億人ものグローバル・コミュニティに果たして適応させられるのか、ということかもしれない。私たちは人類史上初めて、使い方を誤れば、人類だけではなく地球全体に壊滅的影響を及ぼしかねない技術を手に入れた。このような課題に対処するには、全人類が協力して取り組む必要があり、そのためには地球規模での信頼関係が必要になる。

私が本書を執筆した理由の一つは、人類文明における信頼の物語が私に希望を与えてくれるからだ。人間は信頼するように生まれついているが、少数の人しか信頼しないという本能も持ち合わせていた。何世紀もかけて本能や道具、制度を発達させ、信頼の輪を何百万にも広げるに至った——コンピュータ画面でクリックするだけで、地球の裏側にいる匿名の売り手がおもちゃや小物を郵送してくれると信じており、それがいかに奇妙なことか、今ではほとんど気づかないほどだ。輸送網がそのおもちゃを数日で届けることを信頼し、銀行がその支払いを処理することを信頼している。そのおもちゃの品質が良く、無害で安全であると信頼している。そして、以上のすべては、（契約や規制を執行する）法の支配に対する信頼、ブランドに対する信頼、オンラインの評判システムに対する信頼、こうしたすべての取引を規制する市場に対する信頼の組み合わせによって可能になる。

歴史を振り返ると、私たちは食べ物（および医療、あらゆる種類の道具やテクノロジー）の生産をどんどん上達させてきたように、信頼の生産もどんどん上達させてきたことがわかる。だが、私がこのプロジェクトに取り組むなかで、もう一つのパターンが浮き彫りになってきた。それは、専門知識に対する不信感の増大だ。互いを信頼するようになったかもしれないが、専門家を信頼しなくなっているようなのだ。

だが、データからはさらに複雑なストーリーが浮かび上がる。ピュー・リサーチ・センターは一九七〇年代以降、アメリカ人を対象に、諸機関を運営する人々にどれほどの信頼を寄せているか質問してきた。一九七三年から二〇一八年にかけて、メディアに大きな信頼を寄せていると答えた人の割合は、二〇％超から一三％に低下し、医療に対する信頼は約六〇％から三七％に低下した。連邦政府への信頼は一九六〇年代初頭の約八〇％から二〇一八年の二〇％未満にまで低下したが、政府への信頼度は上がり下がりが激しく、一九七〇年代には三〇％程度、一九九〇年代には二〇％未満、その間に回復した時期も何度かあった。

その一方で、一部の機関への信頼は高まっている。軍への信頼は一九七〇年代には四〇％に満たなかったのに、二〇一八年には六〇％まで上昇し、同時期の科学界への信頼は四〇％から四四％の間で、比較的安定して推移している（図４・１を参照）[1]。

本章では、次に示すように、専門家への信頼が損なわれている例について考察を加える。

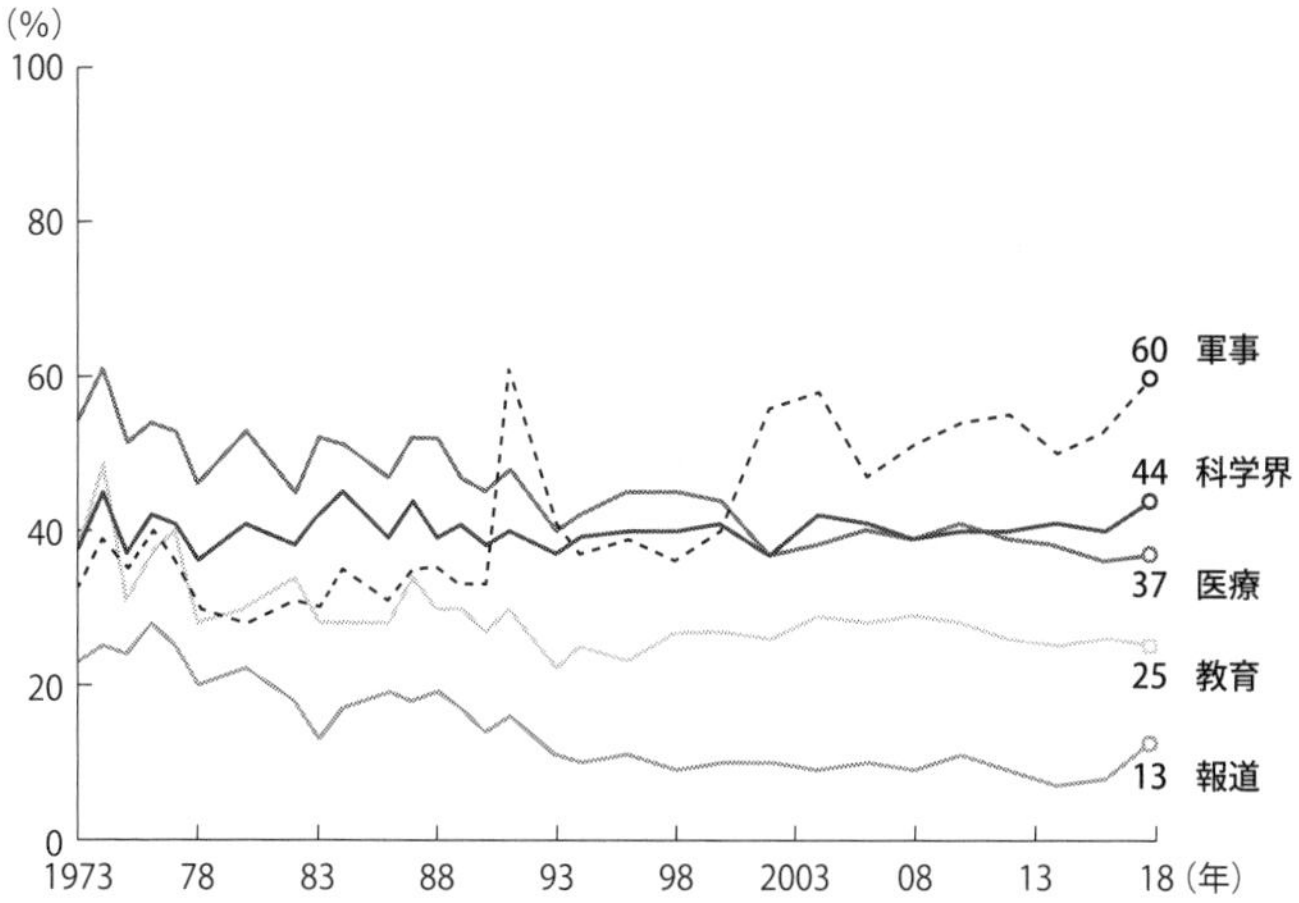

図4.1　特定の機関の運営者に大きな信頼を寄せていると回答した成人の割合

注：軍指導者層への信頼が高まり、その他一部の機関への信頼は低下している。
出典：Pew Research Center (2019)

・科学者たちが気候変動には以前にも増して確実な科学的根拠があると主張するのに対して、多くのアメリカ人は依然として気候変動の科学に疑念を抱いている。
・政治家に対する信頼は（これまで決して高いとは言えなかったが）最低水準にまで落ち込んでいる。
・医療に対する信頼は、先進国でも途上国でも低下している。
・自分の意見と異なるとみなしたものは、すべてフェイクニュースであるかのように、多くのアメリカ人がふるまっている。

以上について、以降の項で掘り下げていく。私たちは、これが一時的な逸脱なのか（歴史の流れのなかで数十年は一瞬でしかない）、そうではないとしたら、どんな結果をもたらすのか、それを避けることができるのかについて知りたいと思う。これが体系的変化の一部なのか、それとも各機関への信頼がそれぞれ特異な理由で低下しているのかについて、知りたいと思っている。世界最大の問題を解決するためには、これまで以上の協力が必要であり、その協力にはさらに大きな信頼が必要となる。

専門家への信頼が危機に瀕している理由については、いくつか共通のテーマが浮かび上がる。

1．私たちはかつてないほど多くの選択肢を持てるようになった。選択肢が増えたということは、セカンドオピニオンを探すことが容易になったということであり、今の人間関係に投資しようというインセンティブが低下している。

2．初期の部族主義や宗教の起源に遡ると、大半の信頼は他者への恐怖に由来していた。世界が一つになるにつれ、他者への恐怖は目立たなくなり、その結果、局地的な信頼を育むための共通の敵を失った。

3．情報を入手し、教育を受けられる機会が増えたために、自分の認識を過信し、専門家の認識よりも自分の認識のほうを高く評価するようになっているのかもしれない。科学に対する誤った認識は、教育水準の高い人ほど、またインターネットで情報を得る時間が長い人ほど高まるという調査結果もある。その過信によって両極化が進んでいく。インターネットによって〝自分の部族〟を見つける手段が増え、自分とは異なる人との交流を強いられずに、同じような人と結びつけるようになる。

どうしたらいいのかという答えを示すことはできないのだが、このような異なる機関にまたがる話題（具体的には政治、メディア、医療、科学、とくに気候科学）を検証していくことにする。二〇一六年以降、一時的とはいえ信頼の低下が反転したようで、メディアに対する信頼が著しく上昇しただけではなく、多くの主要機関に対する信頼も上昇したことにも注目すべきだろう。これが動向の変化なのか、単なる逸脱なのかを判断するのは時期尚早だが、楽観的な展開であることに間違いない。このような信頼に関する最近の動向を完全には説明できないにしても、こうした機関で信頼がどう機能するかを理解することは、この問題に対処する際に必要な第一歩である。

政治家は信頼できるか

最近、選挙がポピュリストのデマゴーグ、フェイクニュース、外国の干渉に影響されるという、民主主義の運命についての悲惨な警告が、ニュースの見出しにあふれている。アメリカで政府に対する信頼が低下していることは、複数の調査でよく知られている（図4・2参照）。

もちろん、こうした懸念はどれも新しいものではない。ミュージカル『ハミルトン』を観れば、一八世紀にもセックス・スキャンダルやフェイクニュース、選挙での民衆扇動の影響力があったことがわかる。アレクサンダー・ハミルトンがジョージ・ワシントンのために草稿を書いた「告別の辞」のなかで、ハミルトンは外国との複雑な関係について警告した。彼はフランスによるアメリカ政治への介入を懸念し、「外国の影響は、共和国政府にとって最も有害な敵の一つである（…）外国の影響を招く無数の方法として、そのような結びつきは大いに警戒すべきである。（…）国内派閥に干渉し、

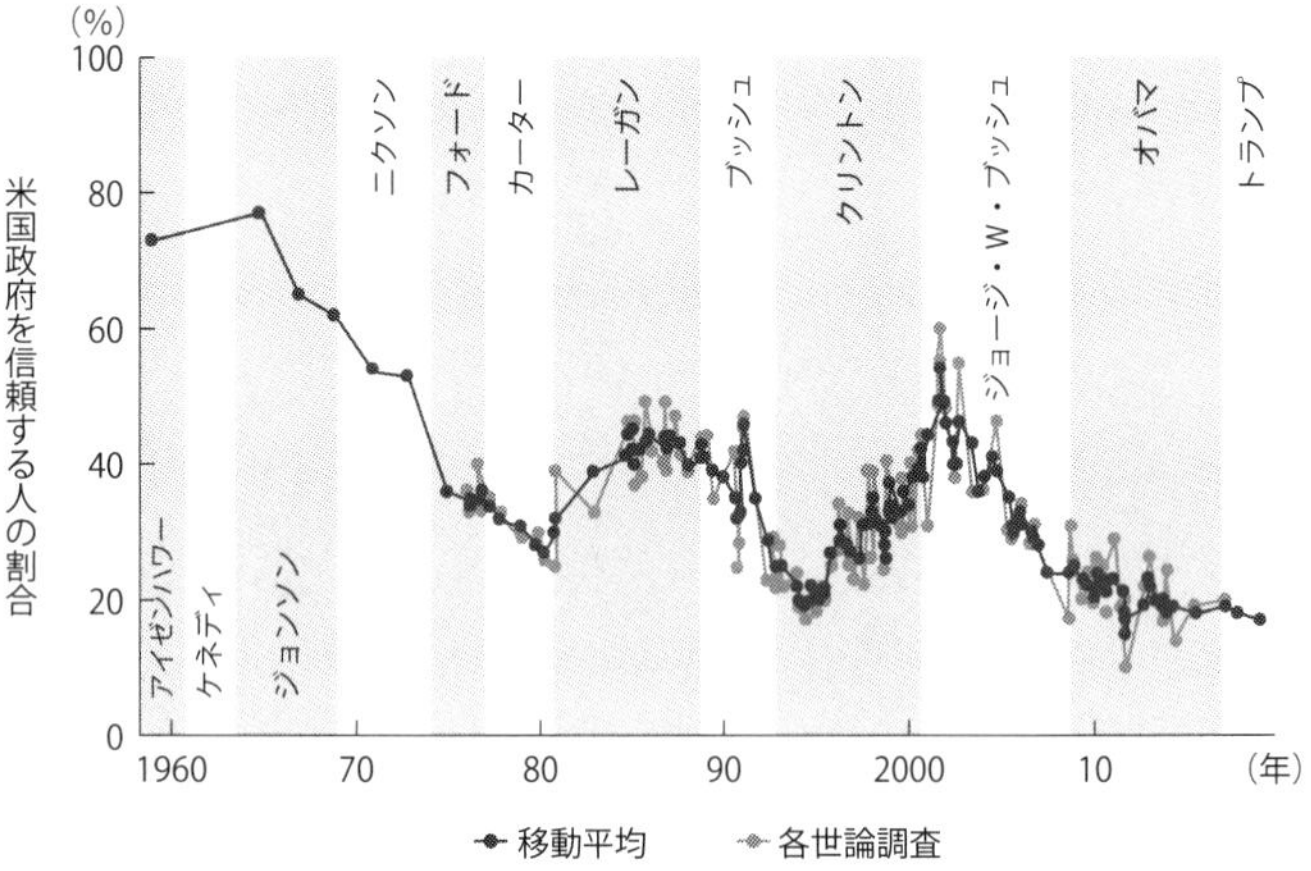

図4.2　政府に対する国民の信頼(1958–2019年)

出典：Pew Research Center (2019). *Public Trust in Government: 1958–2019*. April 11.

誘惑を仕掛け、世論を惑わす機会が、彼らには十分にある」と警鐘を鳴らした[2]。

政府に対する信頼が古くからの懸念事項であるという事実を踏まえて、合衆国憲法の起草においては信頼に多大な注意が払われた。批准から二世紀半を経た現在でも、憲法が永続的役割を担っていることについては前述した。本項では、憲法が有権者と有権者に選ばれた人々の間でどのように権力を配分しているかに注目する。共和制民主主義は、有権者と選挙で選ばれた指導者から成るものだとみなされることが多いが、言うまでもなく、この二つの分類でさえ、さらに入り組んでいる。アメリカ合衆国建国初期の数十年間は、大半の人に選挙権がなかった（当時の選挙権は、財産を所有する二一歳以上の主に白人男性に限られていた）。同様に、政府高官の多くは選挙で選ばれたわけではなかった。最高裁判所の判事は終身制だった（現在も同様である）。

上院議員は知事によって任命されていた。連邦政府の官僚の大半は大統領によって任命されていた（これも現在と同様である）。

民主主義を支える制度

民主主義の核心に関わる問題に、有権者と選出された統治者との間の権力配分がある。権力の集中に対して不信感を抱く者は多い。二〇世紀初頭の進歩主義運動は、合衆国憲法に基づく共和制寄りの制度から、直接民主制寄りの制度への移行を大きく推進させた。当初、上院議員は知事が任命し、大統領は委員会によって選出されていた（委員会とはすなわち、選挙人団のこと。しかし当時の州の大統領選挙人には、明確にあるいは暗黙のうちに、州全体の一般投票の結果を反映した投票をすることは求められていなかった）。進歩主義運動は両者の選出方法に変化をもたらし、現在、上院議員は直接選挙で選ばれ、選挙人団は市民の投票に反応するようになった。この運動の遺産として、有権者が直接政策を決定する「イニシアチブおよびレファレンダム」（発議権と国民投票）と呼ばれる直接民主制度がある。このような直接民主制の権力行使は、現在でもカリフォルニア州などで大きな役割を果たしている。

しかし、どの程度の直接民主制が社会にとって健全なのだろうか？　最近行われた全米科学財団の調査では、大多数の民主党支持者が、太陽が地球の周りを回っていると回答するか、地球が太陽の周りを回っていることは知っていても、それが一年かかることは知らないと回答した。同じ調査で、共和党支持者の大多数は進化論を信じないと答えた。[3] 有権者がどこまで政策決定に対して発言権を持つべきなのか、疑問に思わざるをえないだろう……。

ともかく、私見で恐縮だが、この調査を実施した人々には同情する。民主党支持者の大半が「太陽は地球の周りを回っている」と答えた調査結果は、彼らが科学について驚くほど無知であることを意味すると、とらえるべきではないだろう。単に、無作為の電話調査に対していいかげんに答えただけかもしれないのだ。また、二〇一五年に行われた実験によると、「失業率はオバマ政権下とブッシュ政権下では、どちらが高かったか？」というような、事実に関するが党派性を帯びた質問で世論調査を行うと、当然ながら回答者は党派心に基づいた返答をする。[4]ところが、同じ質問を投げかけた場合でも、その質問に正解したら数ドルの報酬を払うと伝えると、そのバイアスはなくなるという。これは、人の党派的忠誠心はそれほど強くないという可能性を示唆する。しかしながら、私たちが世の中について信じていることは、直接観察したからではなく、たいていは信頼する人たちから学んだからだという意味において、大方の物事について私たちの知識がきわめて浅いことは一般的に事実であると、私は思う。

有権者が自分の価値観に基づいて投票することは理にかなっているだろう。たとえば、資金を貧困対策と気候変動対策との間でどう割り振るか、公民権などの道徳的問題にどう対処するかなど、何を優先すべきかについて有権者の意見に対応する民主主義を、私たちは必要とする。しかし、ある小さな町が「円周率は三である」という法律を制定するなど、科学で答えられるような問題を立法化しようするときは、問題があるだろう。

政策に関して正しい選択をするためにどれほどの情報が必要なのかを最もよく示す問題は、日常的に使いながら深く考えることのない二つの商品、トウモロコシとガソリンに見られる。私が次の話をするとほぼ全員が驚く。アメリカで生産されるトウモロコシの約半数はエタノール（要するにコーンからできたウォッカ）の生産へと投入され、ガソリンに混合される。私たちが車に入れるガソリンの約一〇％はトウモロコシから作られている。

トウモロコシのエタノールをガソリンに使用することに対し、もしあなたが少しでも意見をお持ちなら、それはポップカルチャーに由来するのかもしれない。たとえば、アーロン・ソーキンが手掛けたテレビドラマ『ザ・ホワイトハウス』では丸々一話を使って、政治家がエタノールの原料としてトウモロコシを支持するのは、単に大統領選挙でアイオワ州が重要だという理由で、エタノール政策でアイオワ州のトウモロコシ農家の歓心を買おうとしているだけだという内容が描かれた。この話題が上ったとしたら、私の知るほとんどの人はエタノール補助金が馬鹿げていると考え、おそらく補助金の廃止に賛成するだろう。私も以前はそう思っていた。もっとも、トウモロコシの補助金は、選挙で選出された議員の間で幅広く超党派の支持を得ている、数少ない政策の一つだ。

私はかつて、ホワイトハウスの経済諮問委員会のためにエネルギー経済問題に関する提言をとりまとめていた。その当時連邦議会にかけられていたエタノール法案を作成し助言することが、私の仕事だった。当時、アメリカのエタノール政策について、私はおそらく誰よりも詳しかった。その良し悪しについての自説は毎日のように変わった。

エタノール政策を真に理解するためには、メチル・ターシャリー・ブチル・エーテル（ＭＴＢＥ）流出液に見つかった発癌性物質を懸念した訴訟により、ガソリン中の酸素添加剤として、ＭＴＢＥに代わりエタノールが使われるようになった経緯と理由を理解する必要があった。エタノールの関税が、アメリカの貿易交渉の重要な交渉材料であることを、私は米国通商代表から聞いて知った。エタノールはガソリンの三分の二の燃費であるが、有効なオクタン価が高いことを科学文献で知った。また、エタノールはエンジンの腐食を促進するが、現代の基準で生産された自動車には影響がないこと、エタノールはパイプラインの腐食を促進し、トラックでの輸送が必要とされる場合もあることも知った。

エタノールが気候変動に与える影響は不明である。何十件もの研究のメタ分析によると、その影響は時間とともに技術的に改善されてきたという。エタノールは農家の経済に影響を与えるが、メキシコのトルティーヤの価格をエタノール政策のせいにする見出しが報道で見られたものの、トウモロコシ価格への影響はかなり小さい。パーム油の需要が増えたために、米国法のバイオ燃料条項が、インドネシアで広範な森林破壊を招くことになった――この森林破壊は、温室効果ガスの近年最大の排出増をもたらした[5]。要するに、私がエタノール政策の裏表を理解するには数ヵ月から数年を要し、その間に新しい事実に直面するたびに私の意見は揺らいだ。市販されるガソリンにトウモロコシのエタノールを一〇%含有することを義務づける政策の是非に対し、有権者に意見を持つよう期待するなど、私に言わせればまともなこととは思えない。

私は、民主主義を機能させるためには教育が重要であり、有権者を教育することによって、政治家の責任を問う判断ができるようになると考えていた。しかし、エタノールについて十分な情報を得て意思決定するためには、必要な情報を集めるだけで、膨大な時間がかかった。その日その日で判断せねばならないことが無数にあるなかで、誰もがこの問題について学ぶよう期待するのは、完全に非現実的である。だから専門家がいるのだ。自動車の修理方法を誰もが知っていて当然だとは思わないはずだ。大半の人は自分の車を整備士のところに持っていく。代議制民主主義では、自分たちの指導者を選ぶ。

それなのに、私たちはいまだに、たとえばトウモロコシ由来のエタノール支持といった立場に基づいて、候補者を判断することが求められている。少なくとも、『ザ・ホワイトハウス』のエピソードが書かれた当時は、この話題は大統領選挙戦でよく取り上げられ、アイオワ党員集会の指名争いの勝敗を左右した可能性がある。『ニューヨーク・タイムズ』紙の記者は最近、二〇二〇年の大統領選挙は、彼が取材したなかでエタノールが討論の主題にならなかった最初の選挙だったと述べている[6]。私は大学院時代、選挙日の前には博士課程の学生たちと集まり、ネイティブ・アメリカンのカジノ税や、財産税の税率、公共交通機関の補助金といった数々の問題の住民投票について議論したものだ。彼らは世界有数の研究大学で最高の教育を受けていた者ばかりだったが、その住民投票の詳しい説明を読むのがやっとで、熟考し十分な情報を得たうえで意見を述べることなど到底できなかった。無理もない話だ。私たちは忙しかったのだ。私たちは皆忙しいのだ。このように複雑な判断をせねばならないというのに、どうしたら自分を有権者として信頼できるのだろうか？

幸いにも、希望はある。有権者に政策決定を求めるのは無駄かもしれないが、少なくとも、どの代表が信頼に足るのかを判断するという、妥当な役目は果たせるだろう。大統領選の討論会後、コメンテーターは候補者のボディランゲージや表情、他人の話を遮ったり顔をひきつらせたりしたこと、言葉の使い方などを何時間もかけて分析して説明する。

意識の高い評論家たちはよく、メディアがそうした細部にこだわることに不満を抱き、選挙は争点に基づいて判断されるべきだと主張する。確かに、妊娠中絶や銃の所持など、有権者が自分の選択と一致する候補者を選べるほど論点が明確な政策もあるが、大半の問題においては、候補者が支持する特定の政策ではなく、どの候補者が自分と近い価値観を共有するかに注目することのほうが、有権者にとっては重要である。政策の細部はそれほど問題ではなく、大きな選挙では問題にすべきではない。政治家が言った予算や補助金の額や、発言が常に正確かどうかが重要視されすぎる。トウモロコシのエタノールの問題もそうだが、政治的立場に通じる微妙な点まで、有権者は完全に咀嚼する時間はない。中絶や銃の所持に関する政策論争でも、身元調査や精神衛生条項、医療上の例外などの微妙な点が議論される。多くの有権者は、その詳細を完全に理解するために何時間も（あるいは何年も）費やしたりはしないだろう。むしろ、自分と同じ価値観を抱き、十分な情報があれば自分がする選択と同じ選択をすると思われる候補者を見きわめることが、有権者にとっては合理的である。ゲーム理論や経済学の用語で言えば、有権者は「選好の一致する」候補者を選ぶべきだということになる。本書の言葉を用いるなら、有権者は「信頼」できる候補者を選ぶべきである。

幸いなことに、これまでの章で詳しく説明したように、数千年にわたる生物学的進化・文化進化により、私たちは誰を信頼すべきかを判断する本能とシステムを獲得してきた。だが残念なことに、抜け目ないマーケティング担当者や政治コンサルタントが、こうした信頼の本能を自分たちの目的のために悪用することがある。

これに関して、政治家候補の「薄いスライス《シンスライス》」という興味深い実験がある。[7] 他州の（つまり、よく知らない）知事選で競合する候補者二人の姿を映した、一〇秒間の無声ビデオを見せられた被験者は、どちらが実際に勝つか驚くほどの正確さで予測できる。要するに、候補者の外見や身振り、動作を見るだけで、有権者がどちらの候補者を選んだのか予測できるのだ。これには二通りの解釈がある。楽観的な解釈をすれば、どちらの候補者が信頼できるのか判断するのに一〇秒しかかからず、有権者はその一〇秒で得た情報を用いて判断する、ということになる。逆の解釈をすれば、政治家は自らを信頼できる人物に見せるためならできることは何でもするし、有権者はその外見に騙される、ということになる。いずれにせよ、こうした非言語的な手がかりは、政策決定を行う人物を選ぶときに重要な役割を果たしているのだ。

個人的には、信頼できる人物に見えるかどうかで候補者を選ぶのは良いことだと思う。社会政策に関連する事実（たとえば、ロナルド・レーガンとビル・クリントンでは、どちらの政権時にインフレ率が高かったか）を思い出すように言われたとき、党派的なバイアスによって答えが方向づけられる傾向がある。[8] 民主党支持者の被験者は、政策Xが民主党議員によって導入されたと言われると、その政策を支持する。まったく同じ政策が共和党によって導入されたと聞かされると、民主党支持者の被験者はその政策に反対する。[9] かつて、誰を信じるかを決めるために宗教を利用したように、現在、私たちは支持政党を利用しているのだ。私たち有権者が、政策判断にとくに長けているとは思わない。代表者の選び方が上手になることを期待しよう。

その一方で、たとえ民主的に選ばれた指導者であっても、意思決定の権限をすべて指導者に委ねることが危険であるのは、誰もが認めるところだろう。問題は、政策決定に関して、いつリーダーを信頼すべきなのか、いつ有権者を信頼すべきなのか、ということだ。

政治家と官僚

卒業後何年か経ってからかつての教え子に会い、私の授業で学んだことを今でも覚えていると聞くと、教師としては嬉しいものだ。私が政治学を学んだなかで最も印象に残っているのは、民主主義の強さを示す最も重要な指標は、人々が投票で決める事柄ではなく、投票することを許されない事柄であるということだ。アメリカで投票に付されない事柄の数は、考えてみると驚くほどある。最も注目すべきは最高裁判事で、ひとたび任命されると、責任を問われる機会が（あったとしても）ほとんどないまま、終身務めることになる。同様に、連邦準備制度理事会の理事も一四年の任期で任命され(大統領の任期を超える)、同程度の独立性を与えられている。

政策形成のために与えられるこうした広範な自律性は、非常に大きなものだけではなく、小さなものにも見られる。議会が作成する法律が政策の大枠を形成し、最高裁判所の判決が注目される一方で、政府の機能の多くは、目立たないところで働いている──たとえば、小さな訴訟において、自分たちが書いたものの影響について直接責任を問われることがほとんどない、低給の官僚が作成した何千ページもの規定などで。一部の規定には異議が唱えられ、終身雇用の最高裁判事の前で議論されることもあるが、ごく一部を除いて、ほとんどの規定は大多数の有権者に注目されることはない。もしかしたら、それはすべて、まさにあるべき姿なのかもしれない。

私が好きなゲーム理論のモデルに、ノーベル賞受賞者であるエリック・マスキンとジャン・ティロールによる単純なモデルがある。二人とも高度な数学的モデリング技術で知られているが、私が一番好きな彼らの論文は、高校で習うごく簡単な代数を用いて、誰に政策決定を任せるべきかという重要な問いを提起するものだ。有権者か、選挙で選ばれた議員か、それとも選挙で選ばれていない官僚や裁判官か? その答えは、問題となる政策問題の種類によって異なることが判明した。

マスキンとティロールのモデルは、有権者と公職者に注目した単純なゲームを提示する。次に、ある政策の選択について、その政策が有権者によって直接決定された場合、選挙で選ばれた政府公職者によって決定された場合、あるいは選挙で選ばれていない公職者によって決定された場合に何が起こるかを問う。社会が取り組まなくてはならない政策は、誰が(いくら)税金を払う必要があるのか、何が規制の対象となるのか、どの社会プログラムに資金を提供するかなど、多岐にわたる。政府が決定する必要がある政策は多くの側面で異なるが、マスキンとティロールはそのうちの三点だけに注目する。

1．有権者が問題をどの程度理解しているか（これは、問題に対する有権者の精通度と問題の技術的複雑さに依存する）
2．ゲームに参加している公職者が、公共の利益に貢献することと比較して、権力を持つことに相対的にどれほど価値を置いているか
3．公職者がした選択の是非を有権者が知るまでにどれくらいの時間がかかるか

たとえば妊娠中絶のような問題の場合、有権者は、中絶禁止がどのようなものかといった、中絶政策の詳細に比較的通じており、中絶が禁止された場合にどうなるのか予測しやすい。これに対して、エタノール政策の選択肢には、多くの有権者にとって不明瞭な技術的複雑さがあるので、エタノール政策の結果を予測することは難しくなる（気候変動への影響は何十年も不明のままの可能性がある）[10]。

本書の表現を用いるなら、政策の意思決定とは、私たちが頼れる、信頼の置ける被信頼者を見つけることが必要とされる、信頼の行為である。これは、多大なリスクを伴う信頼の行為である。政策立案者の選択は人々の生活に大きな影響を与える可能性があるが、政策の選択を有権者が評価することはなかなか難しいからだ。最終的に、政府の目的は国民に奉仕することなので、国民は、特定の公職者に自分たちに代わり選択する力を与えるとき、リスクを負っている。政府公職者は有権者のために良い決断をすることで、その信頼に値すると証明できる。だが時には公職者が、より詳細な情報を持

っているため、国民が嫌がる選択をせざるをえないこともある。もっとも、公職者が国民に人気のある選択しかしないのであれば、公職者を置く必要はない。直接民主制を導入したほうがいい。

このモデルでは、公職者は誠実なときもあれば、打算的なときもあると仮定している。政治家の場合、打算的な政治家は自分の権力、つまり自分のキャリアと再選しか頭にない。誠実な政治家は、ただ最善を尽くしたいと思っている。人間を単純に分類できないが、政治家はその時々に応じて、利己的な選択をすることもあれば、公共の利益に資する選択をすることもあるのは事実である。

この格好の例は、スティーヴン・レヴィットによって示された、政治家は選挙の直前に多くの警官を街頭に配置するという現象だ(11)。街頭に多くの警官がいると、市民は安全だと感じ、現職政治家に票を入れるので、再戦される可能性が高くなることをレヴィットは発見した。警察官を増やすために金を使う場合、市民の利益を最優先しているときもあるが、再選を目指すための策略のこともある。問題は、有権者にとっては、その時々でどちらの動機が働いているのかを見きわめるのが難しいことだ。

このモデルのなかで説明責任のない公職者（最高裁判事など）は、打算的であれ誠実であれ、自分の意向に基づき行動するだけだろう。再選を目指す公職者は、信頼に足ることを政策決定で示したいはずだ。これは良し悪しである。打算的な政治家は曲がりなりにもある程度は国民のニーズに応えるようになる一方で、誠実な政治家は、国民に迎合したい気持ちにさせられる。選挙で選ばれた誠実な公職者は、最善の行動が何かを承知していても、それが市民の間で不人気であれば、その行動をとらないかもしれない。彼らは、再選を果たして将来にもっと多くのことを実行するためには、短期的に有権者に迎合して、有権者の信頼を築くべきだと判断することだろう。迎合が好ましくないのであれば、選挙で選ばれるわけではない公職者を任命するほうがいいだろう。だが、有権者が比較的詳細な情報を持ち合わせている場合や、政治家に規律が必要な場合は、選挙で選ばれる公職者にそうした決定をさせるべきだろう。

経済学と同様に、有権者、政治家、官僚のなかで誰を信頼するかは、トレードオフの問題である。正しい政策を実行するには、政策についての正しい情報と、適切な意図（誠実で、打算的ではない）の二つが必要である。指導者は有権者よりも精度の高い情報を持っているはずだが、誤った意図を持つことはありえる。選挙で選ばれた指導者たちは、私たちが評価する以上に立派な意図を持っていると私は思う。『スター・ウォーズ』のパルパティーン銀河元老院議員がダークサイドへの道を歩むというよりは、映画『スミス都へ行く』のスミスがワシントンへ行くようなものだ。貿易関税に関する調査からは、政治家の多くは、自らに犠牲を強いてでも有権者の最善の利益になる政策選択をするということが示された[12]。だが、政治家が時には有権者の利益よりも自己利益による選択をしていることは疑いようがない。したがって、有権者に意思決定の権限を持たせ、十分な情報を持たないままで有権者に選択させるリスクを負いたくなるかもしれない。あるいは、説明責任のない公職者（裁判官や官僚）に意思決定の権限を与え、少なくとも彼らの小さな領域内で打算的な独裁者が生まれるリスクを冒したくなるかもしれない。

公職者にとっては、正しいことをするためには、有権者よりも多くの情報を持つだけではなく、有権者の大多数の利益と少数派の利益のバランスをとる必要もある。迎合的な公職者は、たとえ少数派が負担するコストが多数派の利益を上回ったとしても、多数派の利益を優先する。

マスキンとティロールは、自分たちのモデルによって生じる影響を、次のように簡潔にまとめている。

（1）説明責任には二つの潜在的利点がある。それにより、有権者は利害が一致していないように見える公職者を排除できるようになるが、利害が一致していない公職者に、あたかも一致しているかのように行動するインセンティブを与える（将来を考慮した、あるいは部分的迎合の効果によって）。（2）だが説明責任は、公職者が有権者に迎合し、少数派の利害を見過ごすように働く可能性がある。（3）非説明責任は、（a）有権者が最適行動についての情報を十分に得られない、（b）決定の関連情報の取得にコストがかかる、（c）決定の質に関するフィードバックが遅い場合に、最も望ましい。したがって、専門的な決定はとくに、裁判官や指名された官僚に割り当てるのが最適かもしれない。（4）最重要決定は、説明責任のない公職者ではなく、選挙で選ばれた公職者が行うべきである（もっとも、これについては、直接民主制のほうが代表民主制よりも有利かもしれない）。（5）説明責任のない公職者の自由裁量権は、説明責任のある公職者の自由裁量権よりも制限されるべきである。（6）多数派の選好が少数派に大きな負の外部性を与える可能性がきわめて高い場合、非説明責任が望ましい。しかし、この場合、代表民主制は直接民主制よりも優れており、負の外部性がある程度見込まれるのであれば、両極端の中間で望ましい妥協点を構成する可能性がある[13]。

以上を総合して、マスキンとティロールは次のような権力分立を提案する。

・直接民主制は、有権者に十分な情報がある場合に最適である。価値観に関する問題や、政策の結果が明らかなその他の政策の問題については、国民投票を行うべきである。

・過誤がきわめて深刻な影響をもたらすおそれのある問題は、大統領や議員など、選挙で選ばれた公職者が決定すべきである。
・少数派の利益を保護する必要がある場合は、説明責任のない公職者に頼るべきだ。これは大概、最高裁判所やその他司法官吏の役割である。しかし、説明責任のない公職者の権限が及ぶ範囲を制限することも必要である（それは、彼らが民主的に説明責任を果たせないからにほかならない）。

民主主義は難しい。政策決定には膨大な専門知識が必要になる。有権者がそのような専門知識を得られないわけではないが、有権者にそれを期待するのは合理的ではないのだ。アダム・スミスは、資本主義の核心は分業だと述べた[14]。菓子職人にケーキを焼いてもらったり、専門の技術者に車の修理を依頼したりするのと同じように、専門家に政策決定を任せることは理にかなっている。しかし、権力は腐敗するため、誰が信頼できるのかを知る必要がある。では、政策決定を任せるとき、誰が信頼できるだろうか？　有権者か、選挙で選ばれた議員か、あるいは説明責任のない公職者だろうか。議員や公職者は有権者よりも専門知識はあるが、必ずしも有権者の利益のために行動してくれるとは限らない。それどころか、公職者にインセンティブを与えるように考案された説明責任制度は、それが迎合を引き起こせば、裏目に出ることも多い。結果として、民主主義で誰に意思決定を委ねるべきかは問題次第であり、問題によって異なることになる。憲法は、この三者の間の意思決定権の配分を十二分に意図して考案されている。

メディアをめぐる問題

最近、巷で話される事実や真実や知識について、不安があふれている。ワクチンや進化論、気候変動について信じられているようなことについて、大勢の人が心配している。私たちが信じていることの多くは、報道記事に由来する。ローマ教皇がトランプを支持したとか、ヒラリー・クリントンが経営するピザ屋に児童の性的搾取の人身売買組織があったなどのフェイク情報は、二〇一六年の大統領選の最中に広く流布された。バズフィードの分析によると、二〇一六年の選挙についてフェイスブックで最も人気のあった上位二〇件のフェイクニュースは、公式ウェブサイトのニュースのなかで最も人気のあった一件を除いたすべてのニュースよりも、多くのエンゲージメントを得たという[15]。

言うまでもなく、この現象は新しいものではない。二〇〇七年に行われたラスムセン・レポート社の世論調査では、民主党支持者の三五%が、ジョージ・W・ブッシュ大統領は9・11のテロが起こることを事前に知っていたのに何もしなかったと信じていることがわかった。さらに遡れば、最近ミュージカル『ハミルトン』を観た人なら知っているように、ハミルトンの政治的キャリアは、メディアにリークされたフェイク情報を含むセックス・スキャンダルによって終わりを迎えた。また、多くの人が信じるようになった虚偽は、政治に関するものだけではない。最近、地球が平らだと信じる人々のコミュニティを追ったドキュメンタリー番組が放送された[16]。私は自身の研究で、人がサメに襲われる事件に関して、メディア報道と実際の事件数との間に相関関係がないことを調査したことがある[17]。サメの襲撃に対して世間の人々が抱く恐怖は、メディアで目にする報道の数に左右されるが、サメに襲われたという事件の報道は、実際のサメの脅威ではなく、ニュースで流れている別の出来事に左右されるのである。

では、メディアで見る報道が必ずしも信頼できないならば、何を信じたらいいのだろうか？　ヴァッサー大学は「源をたどること」を信条の一つとしているが、すべての情報源にアクセスすることはできない。少し考えてみるだけで、私たちが周囲の世界について信じていることのほぼすべては、信頼できる誰かから教わったことがもとになっているとわかる。誰かとはたいていは教師や記者だが、牧師や親のこともある。個人的経験や直に観察したことから特定の信念を持つようになったとしても、すべての知識は得られない。自分の感覚や内省さえも、必ずしも信頼できないことがわかるだろう。

メディアの偏向

私たちが知っていることの多くは、ニュースメディアが情報源となっている。ニュースの経済学における先駆的研究では、新聞やその他報道機関が情報の見せ方をどのように歪めているかについて調べている。

私が面白いと思う事例は、イギリスの報道における二人のプリンセスの扱われ方だ。キャサリン妃とメーガン妃は、別々の時期にアボカドが好きだと話したのだが、同じ新聞がそれをまったく違った形で取り上げた[18]。

キャサリンとウィリアム：ウィリアム王子はリボンで包まれた緑色の果物を小さな男の子から手渡された。少年の母親も妊娠中で、つわりで苦しんでいるという。(…)「王子は［キャサリン妃に］

渡してみるよと伝えた――それから［少年の］お母さんによろしくと言った。」（『エクスプレス』、二〇一七年九月一四日号）

メーガン：妊娠中のサセックス公爵夫人、いわゆる「アボカドトーストの達人」は、水不足や違法な森林伐採、あらゆる環境破壊に関連する果物をぺろりとたいらげる。（『エクスプレス』、二〇一九年一月二三日号）

メディア偏向の研究が難しいのは、誰もが自らの視点を偏りのない真実だと思っているからだ。自分と同じ見解のニュースソースは偏っておらず、他の人たちが真実を歪めていると考えがちだ。よって、研究者のバイアスから逃れることは難しい。しかし、グロースクローズとミリョによる[19]、そして後にゲンツコウとシャピロによる先駆的なテクスト分析技術が、統計モデルを用いて新聞が使用する言葉と政治家が使う言葉を比較することで、この問題の克服に貢献した。これは、各新聞と最もよく似ている政治家を探し出すという考え方だった。国会議員の政治的偏向は、その投票履歴を見れば簡単に測れる。連邦議会議事録はすべてデジタル化されており、ダウンロードが可能なので、機械学習技術を用いて、各新聞に最も近い議員を探し出すことができるし、彼らの投票履歴を用いて各紙の政治的傾向を分類することもできる。たとえばゲンツコウとシャピロは、二〇〇五年の連邦議会議事録を調べて、最も「共和党的な」フレーズが「テロとの戦い」や「相続税」などで、最も「民主党的な」フレーズが「遺産税」や「税制上の優遇措置」などであることを突き止めた。このようにして、二人は各新聞社のメディア偏向度を作成した。

ゲンツコウとシャピロはこのメディア偏向度を用いて、新聞が社主（リベラルからは保守的だと思われることが多い）の政治的偏向を反映しているか、スタッフ・ライター（保守派からはリベラルだと思われることが多い）の偏向を反映しているかなど、メディアの偏向に関する数々の仮説を検証した。すると、このよく知られた二つの説のどちらにも、ほとんど根拠がないことが判明した。むしろ、新聞は読者の偏見に応えていることがわかった。新聞の政治的傾向は、その新聞が拠点を置く都市の政治的傾向と一致するようなのだ。新聞社は新聞を売るというビジネスを営んでいるのであり、消費者は自分の政治的嗜好に沿った新聞を買う傾向が強いのである。

市場に新聞社が一社しかなければ、その新聞は中央値をターゲットにしがちになる。市場に複数の新聞社があれば、各新聞社は異なる消費者層を対象にできるように、市場をセグメント化する。その論理は簡単だ。人々は自分がもともと抱いている信念を確固たるものにするニュースを好むからだ。したがって、そのような信念に迎合するほうが、新聞はたくさん売れるのだ。

自分の信念に迎合する新聞を買いがちな理由の一つに、信念に反する情報に不信感を引き起こす心理的バイアスが挙げられる。一九七九年にスタンフォードで行われた有名な実験で、ロード、ロス、レッパーの三人は学生に対し、二つの研究を提示して検討を加えるように伝えた。その研究は捏造されたものだったが、学生たちはそのことを知らなかった。研究の一つは、死刑が犯罪抑止に有効だという考えを支持したもので、もう一つはそれとは反対の証拠を示したものだった。

研究A

・クローナーとフィリップス（一九七七年）は、死刑制度導入の前後一年間の殺人発生率を一四州で比較した。一四州のうち一一州で、死刑制度導入後の殺人発生率が低下した。この研究は、死刑による抑止効果を裏づけるものだ。

研究B

・パーマーとクランドール（一九七七年）は、異なる死刑法制を採用している近隣州一〇組における殺人発生率を比較した。一〇組のうち八組で、殺人事件発生率は死刑制度のある州のほうが高かった。この研究は、死刑の抑止効果に反するものだ。

ロードたちは次に、どちらの研究に説得力があるかと学生たちに尋ねた。すると、死刑賛成派の学生は研究Aのほうが説得力があると感じ、死刑反対派の学生は研究Bのほうを選んだ。次に、単語を一つだけ変えて二つの研究の結論を反対にし、別の学生たちに見せた。

研究C

・クローナーとフィリップス（一九七七年）は、死刑制度導入の前後一年間の殺人発生率を一四州で比較した。一四州のうち一一州で、死刑制度導入後の殺人発生率が低下した。この研究は、死刑による抑止効果に反するものだ。

研究D

・パーマーとクランドール（一九七七年）は、異なる死刑法制を採用している近隣州一〇組における殺人発生率を比較した。一〇組のうち八組で、殺人事件発生率は死刑制度のある州のほうが高かった。この研究は、死刑の抑止効果を裏づけるものだ。

研究Cでは死刑に抑止効果がないとされ、研究Dでは抑止効果を裏づけるとした以外は、前回とまったく同じ内容だった。今回、死刑賛成派の学生は研究Dのほうが説得力があるとし、死刑反対派の学生は研究Cのほうが説得力があると答えた。

ここから得られる結論はというと、人は自分がもともと抱いている信念を確認する研究を信頼する、ということだ。心理学者はこれを「確証バイアス」と呼ぶが、この問題を研究している経済学者は、既知の事項を確認するニュースや情報源により信頼を置くことは、潜在的にきわめて合理的であると指摘する。経済学者たちは、ニュースの消費者がどれが信頼できるニュースソースだとどのように判断するかというモデルを開発した。消費者は正確なニュースを提供する報道機関を見つけようとしている。自分の世界観が正しいと誰もが信じているので、人は自分がすでに信じていることを確認するニュースソースを信頼する傾向がある。たとえば、私が「2＋2＝4」だと信じているなら、「2＋2＝5」と報じる新聞を信用しないだろう。結果として、新聞は読者が聞きたいことに偏向した報道をするインセンティブを与えられるのだ。

こうした偏向は、次のようにまったく同じ事実をあからさまに歪めることによって反映されることもある。

スミス氏は世論調査で四％を上回る差をつけて勝っている！！！

これに対し、

スミス氏は世論調査で四％しか上回っていない！！！

あるいは、報道するニュースを選んで、都合よく選り好みすることができる。毎日、新聞一紙に収まりきらないほどのニュースが起こる。新聞の仕事は、『ニューヨーク・タイムズ』紙の標語にあるように、「印刷に値する」ものを決めることだ。その選択は偏る可能性があり（実際にそうであることが証明されている）、視聴者や読者が知りたくないニュースを意図的に除く報道機関もある。[20]

私自身はメディア報道について、競争が報道にどのような影響を与えるか、具体的には、どのようなインセンティブが働いて、報道機関が最新ニュース《ブレーキングニュース》に必要なリソースを投入せず、他社の報道を真似するのかという仕組みを研究している。[21] これに関して、誰かがその仕事をするのを待てば、ほんのわずかなコストで追随できるのに、新聞社はなぜ調査報道（「ブレーキングニュース」につながる可能性がある）にかなりのリソースを費やすのか、先行研究でもはっきりしなかった。また、期待に反した報道をすると、読者に不信感を抱かれるリスクがあるため（ブレーキングニュースはそうなる可能性が高い）、追随するほうが安全な選択でもある。だが、読者も一番乗りに価値を置いており、調査報道やブレーキングニュースにリソースを充てる人たちは基本的に、信頼性を示すための費用として充てているのだと、私たちは仮説を立てている。信頼は大きな犠牲を伴う謝罪によって回復し、痛みを伴う入会儀式によって築かれるように、ブレーキングニュースは真実へのコミットメントを表明するものなので、ブレーキングニュースを流す報道機関はより信頼性があるとみなされるのである。

このような状況は、自分の意見に自信を強めるような話題が溢れているソーシャルメディアのスピードによって、拡大される。私たちは、情報が増えれば真実に近づくはずだと本能的に感じる。私たちの理論モデルでは、情報が増えれば正確さは高まるしかない（あるいは少なくとも害はない[22]）。

しかし、情報が系統的に偏っていると、情報の増加による有用性が損なわれる。統計分析では、推定量が一貫しているかどうか、つまり、同じソースからさらなるデータを収集することが最終的に真実にたどり着くかどうかについて議論する。一貫性のない推定量では、データを集めても偏った見方につながる。ソーシャルメディアから入ってくる情報の多くが統計的に一貫性がないのは、真実の探索を最適化する方法ではなく、クリック数や読者数を増やすように最適化された方法でフィルタリングされているからだ[23]。ソーシャルメディアの登場前から、マーケティング研究者は、人々が共有する情報の種類を調べてきた。メールやリンクなどで最も読まれた『ニューヨーク・タイムズ』の記事や都市伝説の広がりなど、さまざまなデータを使って、私たちが共有するストーリーが事実に照らして決して正確だとは言えないこと、さらに、それは事実に即した正確さに平均的に達するストーリーのランダムな集合ではなく、畏怖や不安を引き起こすストーリーに有利に働くように系統的に偏向があることを、彼らは突き止めた[24]。

他人の噂話から世界を学ぶことは、狩猟採集民族の贈与経済から行われてきたが、私たちはこれまでずっと、メディア組織のような専門家に事実とフィクションの選別も頼ってきた。ゲーム理論家たちは、多種多様な報道機関にアクセスすることで、どの評論家を信頼したらよいか選択肢が増えるなか、専門家への信頼に何が起こったのかと問いかけている。こうしたモデルが指摘する一つの帰結は、イデオロギーの純粋性の高まりである[25]。

ポリティカル・コレクトネスとイデオロギー

ここまで、人々がニュースに対して偏向した認識を抱くのは、個人的・制度的な理由があると述べてきた。ニュースソースの信頼性に細心の注意を払っていても、メディアは私たちのバイアスに合わせた報道をして信頼を得ようとするので、その注意自体が、メディアによるさらに信頼を欠く行為へとつながる可能性がある。

本章で後述するが、フェイクニュースの蔓延は重大な影響をもたらす。ワクチンや気候変動に関する誤った情報は、公衆衛生に影響を与え、公共政策への支持を歪める。しかし、この項では、誤った情報や偏向したニュースがもたらす別の影響について説明する。アメリカや多くの先進国では、党派的な嫌悪感が高まっており、互いへの信頼が損なわれている。

政治的信念に対する過信が極端なイデオロギー的視点につながることが、研究で示されている。ピュー・リサーチ・センターの調査によると、アメリカ人に対し、他政党の党員にどの程度親しみを感じるか、〇から一〇〇までの数字で表してもらったところ、一九七〇年代には五〇近くあったのに、二〇一六年には三〇を下回るまでに低下した[26]。

私たちはますます多くのニュースに接するようになり過信を抱くと同時に、各政党のイデオロギーの純粋性も高まっている。かつては、民主党の中絶反対派や共和党の環境保護派（環境保護庁は、共和党のニクソン政権時代に設立されたことに留意されたい）、共和党の銃規制賛成派は珍しくなかった。政治家は、所属政党の方針とは必ずしも一致しない、多様な政治的立場をとっていた。政治学者のキース・クレービエルが議会の投票データを統計的に分析したところ、政治家はたいてい党の指示ではなく、各自の政策的立場に従って投票していたことがわかり、一九九三年にクレービエルが「政党はどこだ?」と問いかけたほどだ[27]。

現在、政党はますます分極化しており、民主党員になるには中絶の権利擁護派で銃規制を支持しなくてはならず、共和党員になるには中絶反対派で銃規制に反対しなくてはならない[28]。自分のバイアスに合致するニュースだけを信じ込ませようとする力と同じものが、自分の信念に合致する人だけを信頼するように推し進める力にもなっている。

私がゲーム理論家を研究するきっかけとなった数理モデルは、スティーヴン・モリスが開発したポリティカル・コレクトネスのモデルだった。モリスのモデルは、人は互いに学び合うものであり、社会集団の中で他人の役に立ちたいという純粋な欲求がたいていの人にある、という考えに基づいている。そのため、信頼されて他人から助言を求められる人になりたいと思うのだ。だが、悪意があるか価値観が異なるせいで、信頼すべきではない悪質な助言をする人もいる。同時に、私たちが必要とする助言には、こちらが聞きたかったことを裏づけるものもあるが、こちらの意向に反する助言が必要な場合もある。信頼できる人からの助言であれば、その助言は有益だが、価値観の異なる人からの助言であれば、無視するのが一番である[29]。このモリスのモデルは、心底助けたいと思う人から信頼されたければ、その人との間に信頼を築くために、重要度の低い問題では真実を無視して相手が聞きたいことだけを伝えるべきだということを示唆する——そうすれば、重要な問題では、相手に本当のことを話し、相手にとって必要な助言ができる、ということになる。

このモデルは、ソーシャルメディアが登場する前の時代に、それどころか、インターネットがほとんどなかった時代に開発されたものだが、主要なパラメーターが進化するにつれてポリティカル・コレクトネスがどのように進化するかについての洞察をもたらす。私たちの社会的なつながりが世間から見えるようになり、信頼性を証明しなくてはならない身近な機会が増えた現代において、このモデルはポリティカル・コレクトネスが増加することを予測する。自分の意見に自信を深めることは、同じ影響をもたらすことになる。ソーシャルメディアは、既存の信念を強めるように意図されたストーリーに私たちをさらす一方なので、私たちはますます自信がつく。自分の信念に自信がつけば、その信念と矛盾することを言う人を信用しにくくなる。それが、同調へと駆り立てる。誤りとみなされることを言えば、間違った価値観を持つ信頼できない人物とレッテルを貼られる。すると、「正しいこと」しか言わないという気持ちが一層強くなるのだ。

だが、ソーシャルメディアは、もっぱら偏見を強めるような情報に人々をさらす傾向を強める一方で、ソーシャルメディアのプラットフォームをコントロールする人々には、人々が目にする話のキュレーションを改善するために技術を変える力がある。これは、ソーシャルメディアがニュースの主要な情報源（ピュー・リサーチ・センターによれば、一八歳から二九歳までの人にとって）となっている現在において、とくに重要である。(30) ツイッターやフェイスブックのようなプラットフォームは設立以来ほとんど、広告収入を増やすために、利用者がそのサイトにかける時間を最大化するアルゴリズムを使用してきた。だが、近年は世論の圧力を受けて、こうした企業は相互の信頼を築き、フェイクニュースを抑制するなど、別の目的のためにアルゴリズムの使用を検討する必要に迫られている。

フェイスブックやその他プラットフォームは、利用者がニュースフィードで目にする記事のニュースソースの信頼性評価を表示する実験を行っている。これにより、プラットフォームはニュースソースの信頼性を判断し、報道機関が読者に迎合しようとして仕掛ける駆け引きを回避できるようになる。当然、これはメタ問題を引き起こす。それは、フェイスブックが信頼性の評価に使用しているアルゴリズムを人々が信頼するように求めるからだ[31]。

ネットワークの構造がフェイクニュースと正確なニュースの拡散にどのような影響を与えるかを示す研究がある[32]。これは具体的には、MITの研究者たちが、親しい友人か疎遠な友人の情報をフィードでもっと見るべきかどうかについて尋ねたものだ。このような研究は、プライバシーの問題を考えればとくに重要である。ワッツアップ（WhatsApp）のようなプラットフォームは、すべての送信を暗号化しており、どのようなメッセージが送信されたかをプラットフォームが知ることはできない。そのため、もしワッツアップ（現在はフェイスブックが所有）が送信される情報の信頼性を評価し、フェイクニュースと本物のニュースを選別し、フェイクニュースを取り除こうと思っても、それは不可能だろう。ところが、研究者たちはネットワークの構造――あなたとつながり、コミュニケーションをとる人々の網――を変えるだけで、偽情報や危険な情報の拡散を抑制しながら、メディア消費を多様化できることを発見したのだ。

良くも悪くも、ソーシャルメディアは人々が触れるニュースや情報のキュレーションを変えた。これがいかに悪影響を及ぼすか、私たちは目の当たりにしてきた。同じような偏向情報に繰り返し触れていると、党派的な偏見を過信し、同意しない人を信用しなくなる。ソーシャルメディアがエコーチェンバーとなり、考えが伝染病のように広がっていく可能性がある。情報拡散のモデルから、自分ではその考えが誤っていると判断しても、他に一人か二人が支持したというだけでそれを広めるという行為は、その人にとって理にかなっていることがわかる。人は集団に従うために自分の意見を抑え込むのだ[33]。

だが、ソーシャルメディアは、私たちの目に入る情報をデザイナーや規制当局がコントロールしやすくできる。私たちは、以前は噂話を通して世界について学んでいたが、今ではアルゴリズムを通じて学ぶ。噂話をアルゴリズムでキュレーションすれば悪影響を及ぼすかもしれないが、それはニュースを広めて、目にするニュースへの信頼を高める、優れたシステムを構築する機会も生み出す。

医療を信頼することはなぜ重要か

私たちの生活のなかで最も信頼する必要がある専門家は、おそらく医師だろう。口コミサイトのイェルプのレビューが不正確で、食事をしたレストランが期待外れだったとしても、それほど大きな問題ではない。シャーロック・ホームズの有名なセリフのように、地球が太陽の周りを回っていると(その反対ではなく)知っていることは、人生において重要ではないだろうから、そのことを忘れても、答えを間違ってもかまわない。驚くべきことに、政治に関するフェイクニュースでさえ、投票にほとんど影響を与えない[34]。だが、医者を信頼しなかったり、医者から間違った助言を受けたりすると、文字通り命にかかわるだろう。

医療の専門家を信用しないことには関しては、当然それなりの理由がある。第一に、医学は(その他科学と同様に)いまだ発展途上である。食べても安全なものとそうでないものの情報は常時変わっていく。卵を食べると死ぬ、卵は病気を遠ざける。脂肪は身体に悪い、脂肪は身体に良い。コーヒーは健康に悪い、コーヒーは健康に良い等々。ジョン・イオアニディスと共同執筆者たちは、ワイン、トマト、紅茶、卵、コーヒーなどの日常的な食品を選び、それぞれについて、寿命を縮めるとする数十件の研究、寿命を延ばすとする数十件の研究を見つけ出した[35]。

本項では、医師とその他医療従事者への信頼が心配の原因になるという、医療の特徴とその歴史について考察する。また、医療制度への信頼が重要であることを示す経済的な証拠も提示する。私が「原因」という言葉を使い、「関係がある」のような弱めの表現を用いていないことに留意してほしい。これまで通り、相関関係は因果関係ではないことを念頭に置く必要がある。それに、因果関係が逆になっている可能性もある。信頼がより良好な結果を引き起こすのではなく、健康な患者のほうが医師とその他医療従事者をより信頼するという可能性があるのだ。だが、経済学者たちはこうした関連性を慎重に解き明かし、健康状態の変化を引き起こしたのは信頼の変化であり、その逆ではないと主張している。本章の冒頭で、医療従事者に大きな信頼を寄せている人は、一九六六年には七三％だったが、現在では三四％まで減少していると指摘した。(36) 研究者たちは、質の高い医療提供における信頼の重要性を明らかにしているが、なぜ信頼が低下しているのか、それに対して何をすべきなのかという問いに対しては、ほとんど答えることができない。

医療に対する信頼が重要な理由

なぜ信頼が重要なのだろうか？　一つには、医療に関する決断を下す際に、私たちには信じられないほどの自主性があるからだ。医師が薬を処方したり、食事や運動療法を指示したりする場合、それを実行に移すかどうかは私たち次第なのだ。私たちは、薬を入手し、処方箋通りに服用または使用しなくてはならない。健康的な食事を作り、運動のためにジムに通わなくてはならない。ところが、推定によると、私たちは処方された薬剤の五〇から七五％分しか使っていないとされる。もし、患者が医学的助言をきちんと守れば、アメリカの医療制度は年間一〇〇〇億ドルから三〇〇〇億ドル（医療費の三から一〇％）を節約できると見積もられている[37]。

そのうえ、医師の忠告が気に入らなければ、何人でも別の医師に診てもらうことができる。一般に、セカンド・オピニオンを求めるのは望ましいことだ。通常は、より多くの情報を得ることで、より正確な情報を得ることができ、より良い決断が下せる。入手した情報や情報の処理方法に系統的な偏りがある場合、情報が増えると悪影響を及ぼすおそれがある。これを医学的文脈に当てはめると、最良の情報を提供する医師ではなく、患者である自分たちが聞きたいことを言ってくれる医師を、患者が探し求める可能性がある、ということになる。その究極の事例が、望むものを何でも（少なくとも避妊や勃起不全に関して）処方してくれる医師をマッチングする、新しいタイプのウェブ・プラットフォームだ。ユーザーが薬を選ぶと、それを処方する医者を探してくれる[38]。

今の時代、患者は、インターネット、ウェブMD、フェイスブックのグループやチャットボード、ツイッター、インスタグラムなどで、さまざまな選択肢や意見を入手できる。統計やデータに基づいて選択したり、合理的な方法であらゆる情報を集めたりするのではなく、私たちは自分が最も納得できるストーリーに引かれる傾向がある。自分の希望を裏づけるか、不安を和らげてくれる意見に引き寄せられるのだ。

オピオイドの蔓延は、患者の求めに応じる医師を探せるようになったこと、そしてこれに対応して、医師が患者の求めに応じようとすることが一因だと指摘されている[39]。薬物の過剰摂取はここ数十年で倍以上に増え、薬物の過剰摂取による事故は五〇歳未満の死因のトップを占めている[40]。依存症の人は最終的には違法薬物に走るかもしれないが、オピオイド依存症の多くは鎮痛剤の過剰処方から依存が始まった。

ワクチン接種の場合は、基本的にまだ発症していない病気の治療なので、信頼がさらに重要になる。自分自身の健康が危険にさらされ、病気が身近に迫っている場合は、時に患者自身の偏見が妨げになることがあっても、患者は最善の治療を受けたいと思う。ワクチン接種を適切に受けることは、回避しようとする病気が潜在的帰結にすぎず、ワクチン接種の恩恵が必ずしも接種者だけではなく他の人たちにも及ぶことが多いので、さらに難しくなる。ワクチン接種プログラムの重要性の一つは、ある集団で十分な人数がワクチンを接種すると、その集団は「集団免疫」を獲得できることだ。集団免疫とは、集団の中で十分な人数が免疫を持つことで、ワクチンを接種できない人、たとえば赤ん坊や重病人などが、感染者に出会う可能性が低くなり守られる状態を言う。したがってワクチンは、全員(またはほぼ全員)が推奨される接種スケジュールを遵守する場合に、最大の効果を発揮する。そのためにはワクチンの安全性や有効性だけはなく、接種を実施する政府の意図も信頼しなくてはならない。

集団ワクチン接種は、あらゆる公共政策の中で大成功を収めた政策の一つで、毎年二〇〇万から三〇〇万人の命を救っている[41]。しかし、地域社会でのワクチン接種プログラムは、不信感を持たれることが非常に多い。ワクチン接種の草分けは人痘接種で、天然痘に感染した人の膿を取り出し、感染していない人の皮膚を引っ掻いてそこに膿を塗りつけるという方法だった。人痘接種が最初に行われたのはアジアで、一八世紀の英国貴族メアリー・ウォートリー・モンタギューによって西洋に持ち込まれた。モンタギューは、人痘接種が一般的に行われていたトルコからイギリスに帰国した際、この方法を英国市民に呼びかけた。しかし、彼女と息子はこの方法で人痘を接種したものの――確かに、犠牲を伴いながら信頼性を示す方法だ――他の人たちに試してもらうことはできなかった[42]。

最近アメリカでは再び麻疹が流行している。麻疹は、死に至る可能性があり非常に感染力が強いが、完全に予防できる病気だ。ワクチンと自閉症との間の実際には存在しない関連性を恐れて（理由はいくつもあるがこれが一番大きい）、自分の子どもに麻疹のワクチンを受けさせない親がいるのだ（ワクチンと自閉症との間には何の関係もないと科学者は確信を抱いているが、一九九八年に医学誌『ランセット』で取り上げられたある研究が、その考えを世に出してしまい、その後撤回されたものの、いまだに出回っている）。この問題の一環として、ワクチン接種計画の成功が挙げられる。ここ数十年の間、麻疹の症例は非常に少なくなっており、保護者がワクチン接種の恩恵を実感することが難しいのだ。とりわけ、社会全体で不信感が高まりつつあるなかではなおさらだろう。

残念ながら、アメリカでの麻疹の再流行は、医療不信が伝染病の影響を悪化させる多くの事例の一つにすぎない。南アフリカのタボ・ムベキ大統領は、ヒト免疫不全ウイルス（HIV）がエイズを引き起こすことに疑問を投げかけ、同国での予防活動に支障をきたしたことは広く知られている。近年コンゴ民主共和国で発生したエボラ出血熱の大流行では、公衆衛生当局の意図が信頼されなかったせいで、治療が遅れた(43)。

悲しいことに、公衆衛生当局に対するこのような不信感には根拠のある場合がある。一九七〇年代のインドで、強制不妊計画が実施され、これが、公衆衛生のワクチン・プログラムへの不信感を植え付ける一因となり、その不信感は今日に至るまで払拭されていない(44)。最近では、中央情報局（CIA）が、国際テロリストで9・11テロの首謀者であるオサマ・ビンラディンを、ワクチン接種計画の実施と偽りパキスタンで追跡することに成功した。CIAの諜報員が、B型肝炎ワクチンを配布する保健所職員だと騙り、パキスタンの家庭を訪問して住民から血液サンプルを採取した。その真の目的は、ビンラディンの親族をDNA鑑定で特定することだった。その影響もあって、それまでパキスタンで減少していたポリオの発生率は二〇一七年に増加し始めた[45]。

医学は単純な説明を受け付けない分野だ。痛み、病気、薬、治療に対する身体の反応は人それぞれである。診断は不確実であり、その効果が保証されているわけではない。他人の行為がどのような影響を及ぼすかわからないとき、それはまさに信頼が必要とされるような状況にほかならない。

私の元同僚であるロバート・H・フランクは、心停止に関連する危険因子がまったくなかったのだが、心臓発作に襲われて生命の危険にさらされた。彼は一命をとりとめ、幸運に関する本の執筆に取り掛かった。そのきっかけとなったのは、心臓発作で死ぬ可能性が最も高いのは、危険因子がない人たちだと知ったことだった[46]。健康的な行動をとれば、最初の心臓発作を避ける確率は高くなるが、最初の心臓発作を起こすと、危険因子が最も少ない人の死亡確率が最も高くなる。それは、健康な人が心臓発作を起こすのはおそらく人生の後半にあたるからだろう。しかし、彼が本を書く動機となったのは、健康に気を配るために何をしようとも、人の生死には運が大きな役割を果たすという考えだった。信頼の経済モデルでは、信頼の必要性とリスクは正比例する。健康問題で信頼が非常に重要になるのは、この分野は不確実性がきわめて高く、その影響が生死に関わる可能性があるからだ。

その不確実性こそが、偏見が不信の種を蒔く余地を生み出し、何がいけなかったのかについて物語を語り、説明を捏造する余地を生み出すのだ。信頼とは信念であり、健康について形成される信念は、健康に対して大きな影響を与えることが判明している。最近の研究から、私たちの健康の驚くほど大部分は心の中で発生することも明らかになった。痛みの感じ方、プラセボへの反応、その他現象がそれに当てはまるだろう[47]。

氷水の入ったバケツに自分の手をできるだけ長く入れておくように指示された実験では、二・五ドルの高価な錠剤を与えられた場合は、一〇セントの錠剤を与えられた場合よりも長く、比較的苦痛を感じずに手を入れていられるという結果が出た[48]。どちらの錠剤も同じもので、砂糖で作られていた（それどころか、私の共同執筆者による別の研究では、被験者がお金のことを考えるだけで、氷水の中により長く手を入れていられたという結果が示された）[49]。プラセボは、病気の症状の治療に驚くほど効果がある。プラセボを与えると患者の症状が改善するだけではなく、測定可能な生理学的・化学的変化を実際に身体に引き起こすのだ[50]。

ハーバード大学の最近の研究では、医師と患者が強い信頼関係を築いている限り、患者がただの砂糖からできた錠剤であることを知っていても、プラセボが効くことが示された。この研究では、過敏性腸症候群のような消耗性疾患の治療にもプラセボは効き目があることがわかった――しかも、患者はその薬がプラセボであることを知っていた[51]。研究者たちは、患者と医師の強いつながりこそがプラセボ効果をもたらすと主張した。医師があなたに話しかけ、砂糖からできた錠剤を与える以外何もしなくても、医師を信頼することで病状が改善される可能性がある。

失われた信頼を回復する

信頼は健康にとって非常に重要であるので、信頼が失われている場合は信頼を回復することがとくに重要になる。医療に対する一般的な不信は、その他分野に対する不信と同じ経緯をたどっているが、医療の場合は医療に特有の不信の理由があり、それに対処する必要がある。

多くの医療従事者は、同じ症状を示す異なる人々に対して異なる治療法を処方することがあると、調査で明らかにされている。詐欺容疑で捜査を受けている歯科医が、患者の九割に根管治療を施し、人工歯冠を被せていたというとんでもない例もある。一般的な歯科医がこのような処置を施すのは、患者の三から七％である[52]。この例は極端だが、医療従事者を対象にした大規模な分析によると、全米で同様のばらつきが見られ、同じ患者でも、診察を受ける医師によって、まったく違う医療上の提言を受けることもあるという[53]。

私の知るなかで個人的に相当なリソースが投入された実験の一つに、ある研究者グループが同じ試験患者を一八〇人の歯科医に診せるというものがある。患者は同一人物であり、一般的に見て健康な歯を持っていたことを考えると、同じ治療が勧められるものだと思うだろう。ところが、二八％の歯科医が、患者にとって必要のない治療を勧め、歯科医の予約患者が少ない場合や患者が低所得者の場合に、過剰な治療が行われていることがわかった[54]（元同僚のヘンリー・シュナイダーは、自動車整備士を対象に同様の研究を行い、同程度の信頼性の低さを得る結果となった[55]）。

信頼に対する裏切りが深刻すぎるために、数十年たってもその被害が続いていることがある。医療における信頼の問題で繰り返し取り上げられるのは、「タスキギーによる黒人男性に対する無治療状態の梅毒研究」である。これは、一九三二年から七二年にかけてアメリカ政府が行った研究で、一九四七年にはペニシリンで梅毒を治療できることが医学界でわかっていたにもかかわらず、研究に参加する前に梅毒にかかっていた黒人男性患者三九九人を、治療せずに何十年も放置したのだ。医学の進歩のためには医学実験が必要だとはいえ、この研究はインフォームドコンセントの原則に反しており、治療法が見つかっていたのに治療を施さなかったのだ。二〇一六年に行われた研究によると、実験の詳細が明らかになった一九七二年以降、医療に対する黒人の不信感が著しく高まったという。この不信感により、黒人の患者が医学的助言に従わなかったり、予防治療を十分に受けなかったりしたことから、高齢の黒人男性の平均寿命が一・四年縮むという結果を招いた[56]。

ダンバー数が部族から宗教、そして国民国家へと信頼関係が進化した一つの帰結として、私たちの制度は時に外集団を犠牲にして内集団の信頼を生み出した。類似性は価値観の共有を意味するので、人は、自分と類似する人に信頼を寄せる傾向が強く見られる。そして、集団規範を強制するために、内集団から排除されるという脅威を利用する。最近の実験では、黒人の患者は、黒人医師よりも白人医師に治療されるほうが、健康状態が悪化するという結果が出た。この場合、白人医師の提供した治療が拙劣だったのではなく（その証拠もあるが[57]）、黒人患者は信頼できない医師の助言に従わない傾向があったことが原因だった。とはいえ、この問題の解決策は、黒人患者を黒人医師に割り当てることではなく、私たちが人種に関係なく信頼関係を築けるようになることだ[58]。

信頼の低下と信頼の重要性を踏まえて、このような問題に対し何ができるだろうか？　私は研究で、信頼を回復するためにささやかながらも謝罪が果たす役割について調べている。私の執筆した論文のうち二本は、医療過誤訴訟における信頼の効果を検証したものだ。医療では、ミスと悪化に関して悪循環がある。患者を対象にした調査では、患者が医師を訴えた理由として最も多いのが怒りだが、その怒りは、もしかすると医師からの謝罪によって和らげられたかもしれない。患者は医師から謝罪を受けていなかった。だが、医師は多くの場合、はっきりとであれ暗にであれ、非を認めれば訴えられる可能性が高まることを恐れ、謝罪を躊躇する。それが患者の怒りを増幅させ、ひいては訴訟の脅威を高めるのだ。

この問題に対処するため、三六州（二〇〇九年の調査時点で）が、医療事故に対して法廷で謝罪が証拠として用いられることを禁止する法律を制定した。この着想は好評を博したので、二〇〇五年にはヒラリー・クリントンとバラク・オバマという二人の上院議員一年生が、連邦謝罪法の成立を目指したほどだ――だが、残念ながら、当時の二人にそれを実現させるほどの影響力がなかった[59]。

謝罪の奨励は良いアイデアに思われるが、裏目に出ることもある。行為は、それに要したコストと比例する信頼性をシグナルとして示す。医師が謝罪する際に直面するコストの一つに、訴訟という暗黙の脅威がある。謝罪に関する法律は、医師が直面するコストを削減し、謝罪の価値を下げる。このような法律によって患者への謝罪が一般的になったとしても、これが果たして医師と患者との関係改善に役立つのだろうかと思われるかもしれない。

私の研究からは、謝罪が確かに関係を改善することがわかっている。連邦政府が管理する医療過誤訴訟のデータベースを分析することにより、私と共同執筆者のエレイン・リウは、謝罪によって和解が一九から二〇％早まり、訴訟費用が数万ドル減ることを見つけ出した（正確な金額は被害の程度による）。

一般的に言えば、最近、医療現場における信頼のカギは透明性にあると主張する人が多い。たとえば、オバマ政権下で成立した医療保険制度改革法のサンシャイン条項では、製薬会社から受け取った報酬を医師がさらに開示することが義務づけられた。不信は情報がないところで生じる。謝罪に関するその他の研究によると、医療において謝罪が重要である大きな理由は、謝罪は、医師と患者との間にコミュニケーションのチャネルを開くからだ。患者は暗闇に取り残されたように感じることが多い。謝罪は、両者が互いの理解に役立つ会話の端緒となる。人は情報を否定されると、最悪の事態を想定しがちになる。

謝罪は個人の信頼回復には効果があるようだが、医療制度全体の信頼を回復するためにはどうしたらよいのだろうか？　不信感は不確実性のなかで生じるのだから、さらなる情報を得ることが修復につながるかもしれない。

私のお気に入りの本の一つに、やはり経済学者であるエミリー・オスターが妊娠について書いた『お医者さんは教えてくれない妊娠・出産の常識ウソ・ホント』（土方奈美訳、東洋経済新報社、二〇一四年）がある。この本は患者と医療従事者の間に、これまでとは異なる種類の関係を築くように提唱する。彼女は妊婦に重点を置いているが、同書はさらに広範なヘルスケアに対する教訓を含んでいると思う（その次に出版された『米国最強経済学者にして2児の母が読み解く子どもの育て方ベスト』（堀内久美子訳、サンマーク出版、二〇二一年）は、幼児の育児に対して同様の提唱をしている）。妊娠中だった彼女は、妊娠にまつわる注意事項の多くが、情報に基づいた選択ではなく、ルールとして伝えられていることに気づいた。コーヒーはダメ。アルコールはダメ。魚はダメ。ハムやソーセージなどの加工肉はダメ。彼女は自著で、こうした推奨事項の根拠となるデータを示し、妊婦に自分で決めさせるようにした。このアプローチに対して反対の声も上がったが、これは一種の透明性と開放性であり、利点も見込めるだろう。このように開放的で患者中心のアプローチを好む医師は増えているようだ。けれども、意思決定の権限を患者に委ねすぎることにも弊害はある。私たちが医師に診てもらうのには理由がある。健康や医療について医師のほうが多くを知っているからだ。意思決定権をすべて患者に渡すことは解決策にならない。最善の医療判断を共同で行えるように、コミュニケーションを円滑にし、患者と医師の関係を強化する方法を患者が見つけることが、解決策には必要になる。

科学のどこを信じるべきか

信用できない科学の話は巷にあふれている。そのなかには、特定のアジェンダを支援するために活動家が都合よく選んで後押ししたものもある。たとえば、オーガニック食品は健康に良い（非オーガニック食品よりも健康的ということはない）、遺伝子組み換え食品の危険性を懸念する（危険ではない）、気候変動を否定する（現実である）、ワクチンが自閉症を引き起こす（引き起こさない）、などが挙げられる。[60]

科学界が間違っていたこともあった。たとえば、低脂肪の食事は健康に良い（カロリーが重要であり、脂肪よりも炭水化物のほうが問題かもしれない）、コレステロールの多い食事は血中コレステロール値を上昇させる（そんなことはない）などである。[61]

科学的事実についても多くの誤解があるので、自分の知識に対する信頼を疑ってみるのもいいだろう。私たちは、以前から抱いているナラティブ（企業は悪である、など）と一致するというだけの理由で、物事を信じることがある。たとえばシリコンを使った豊胸手術は生理食塩水を使うよりも危険である（そんなことはない）[62]、などがそうだ。また、一日にコップ八杯の水を飲むべきだ（その必要はない）など、母親から聞いた偽りの科学を信じてしまうこともある。[63]

私たちが科学に不信感を抱く理由はいくつもある。それは、もっぱら科学が難しいからだ。世界には、自分では決して知り得ないことがたくさんある。

本書の読者諸氏は純粋に科学に関心を抱いているのだと思うが、自分が信じていることを棚卸ししてみると、真実だと思っていたことの多くが真実ではないことに気づくのではないだろうか（先に挙げた例のなかで驚いたものがあっただろうか？　私の言うことを単純に信じる必要はないが、驚いたものがあれば、注にある文献を参考にしてほしい。とくに科学的研究に関しては、読んだものすべてを疑ってもいいし、疑うべきである）。

真実ではない科学的な主張、あるいは科学的に聞こえる主張を信じやすいのは、科学に対する不信感は通常私たちの日常生活にほとんど影響を与えないからだ。そのうえ、世界の仕組みのほとんどはまったく未知である。答えられない疑問が実際にあることさえ、科学は示唆している。

科学に対する信頼

科学に対する信頼は、医療やメディアに対する信頼とは異なり、過去数十年で低下したわけではないが、調査対象のアメリカ人のうち、科学界に「大きな信頼を寄せている」のはわずか四四％だった。科学は思っていたよりも信頼できないことを科学自身が発見したことで、不信感はいくらか正当化されるかもしれない。科学のニュースをよくご覧になる方はおそらく、近年出現したいわゆる「再現性の危機」に関する記事を読まれたことがあるだろう。多くの科学的研究（最も厳密な方法を採用する最高権威の学術誌に発表されたものでさえ）が再現不可能であることを、私たちは認識しつつある。数々の著名な研究グループが、心理学や経済学、医学など、ある年に特定の分野で数多く引用された研究を取り上げ、別の研究者たちにその研究結果を再現させるように手配する。そうした再現の試みの多くが失敗に終わっているのだ。心理学では三分の二、実験経済学では三分の一、医学では四分の三以上が失敗している[64]。

そのうえ、このプロジェクトは最も定評ある雑誌に掲載された非常に引用数の多い研究に限定されている。私は研究者なので、毎日のように聞いたことのない雑誌からスパムメールが来る。そのような雑誌の名称は、「編集者」が本物の雑誌名から単語を寄せ集めているので、本物のような印象を与える。たとえば、経済学で最も権威のある雑誌のうち二誌は、『クオータリー・ジャーナル・オブ・エコノミクス（*Quarterly Journal of Economics*）』と『アメリカン・エコノミック・レビュー（*American Economic Review*）』である。本物かと見紛う雑誌は、『クオータリー・エコノミック・ジャーナル（*Quarterly Economic Journal*）』や『アメリカン・レビュー・オブ・エコノミクス（*American Review of Economics*）』のような名前を使う。こうした雑誌は料金を払えば本当にどんなものでも発表する。多くの研究が、信用できない論文を何十もの雑誌に意図的に送っており、そうした論文にはまさしく戯言でしかないものもあるが、そのほぼすべてが雑誌での発表を受理されている。自分たちが聞きたいことが書かれている研究を探している無防備な一般人に対して、こうした雑誌は、どんな主張をも後押しする、立派に聞こえる証拠を提供することができる。

多くの科学的研究が再現されなくても、それは本質的に科学に問題があることを意味してはいない。こうして科学は進歩していくのだ。科学のナラティブは往々にして単純な進歩のストーリーを語るが、実際の科学研究は、停止しては再開し、行き詰まりと再評価、試行錯誤、二歩進んで一歩下がる、といった形で進む。今までもずっとそうだった。もちろん、もっとうまく進めることができるだろうし、再現率と信頼性を高めるために、重要で興味深い改革が何点か提案されている(65)。しかし、確実性を期したいというもっともな欲求と、知識を用いて前進する必要性との間には、バランスがなければならない。末期患者の多くは、効き目がないかもしれなくても、命が助かる可能性のある治験薬を手に入れることを心から望んでいる。

この問題は科学ジャーナリズムによって悪化しがちだ。見出しは注目を集める必要があるので、不確実性や微妙な違いが入り込む余地はほとんどない。研究者自身は、研究結果に対する疑問や不確実性を学術誌の論文にすべて盛り込んだかもしれないが、一般の人々に伝えられるときにはその部分のメッセージは失われる。

仮に再現性の危機がなかったとしても、科学を理解することは困難であり、必ずしも時間をかけて理解する価値があるとは限らないという問題もある。たとえば私には、ブランコに乗っている子どもの動きによって、ブランコと子どもはどのように行ったり来たりするのかといった基礎科学については、今でもちんぷんかんぷんだ。実を言うと、私はヨットが風を受けて帆走する仕組みを知らないまま、成長して大人になった。そのため、世間一般の人たちは、簡単なパターンに従い、楽しい驚きのある、あるいは既成の偏見に迎合した、世界の仕組みを単純化しすぎるストーリーに引き寄せられるのだ(66)。

一流雑誌に掲載された研究も含めて、なぜこれほど多くの科学的結果が不確かであることがわかっているのかについては、多くの理由がある。第一に、学術雑誌は、驚くような内容でももっともらしいと思えることを好んで掲載する傾向がある。第二に、「机の引き出し効果」がある——出版のバイアスのために、二つの事柄(たとえばコーヒーと癌)の間に関係を見いだせない多くの有効な研究は掲載されず、机の引き出しに入れられたままになるのである。したがって、コーヒーが癌を引き起こすとする発表済みの研究が五件あっても、そうではないとする机の引き出しに入れられたままの(つまり掲載されていない)研究が五〇件あるかもしれないのだ。第三に、相関関係は因果関係ではない。

相関関係と因果関係の違いを明らかにすることが、過去二〇年間の経済研究における原動力となっている。統計からは、二つの事柄に相関関係があるということしかわからない。コーヒーの消費と癌の高い発症率には関連性があるのかもしれないが、相関関係を見つける場合には、常に四つの可能性を考慮に入れる必要がある。

・コーヒーが癌を引き起こしたのかもしれない。
・癌になりやすい体質のせいでコーヒーを飲みたくなる可能性。
・居住都市などの第三の要因が、コーヒーの消費と癌の発症をもたらしたのかもしれない。
・その相関関係は誤りかもしれない。

第四に、統計の性質上、偽の相関関係や偽陽性になることがある。科学研究で慣例となっているP値〇・〇五を用いると、統計テストを二〇回行うごとにそのうちの一回（程度の差こそあれ）が偽陽性となるのだ。[67] 一つの研究に何十もの統計テストが含まれることが多いため、どのような論文にも偽陽性が含まれる可能性がある。そして、学術誌は肯定的な結果のみを掲載する傾向があるので、学術誌に掲載される研究が偽陽性を含む可能性は高くなる。

最後に、偽陽性の問題と関連して、研究には多額の費用がかかること、また、実験室で（たとえばわずか二二匹のサルを使って行われるような研究が多すぎる、という問題がある。観測数が少なければ、信頼できる結論を得ることは難しくなる。とくに「ノイズのある」環境では、必要な観察数が甚だ多くなることがある。私が行ったある研究には一五〇万人を超える被験者がいたが、何とかデータのパターンを特定することができただけだった。

ここで重視すべき点は、誤った結果が公表されるに至る要因は制度的なものであり、関係者が不適切な動機を抱いているわけではないということである。研究費の支援を受けている科学者の動機に疑問を呈することは、今では当たり前のことになっているが、私がこれまでに会ったほぼすべての科学者は、少なくとも私の目には、皆例外なく誠実に研究活動をしているように見えた。

科学者の意図を疑いがちになるのも、科学的探求を妨げる制度的問題である。たとえば、本章の「ポリティカル・コレクトネスとイデオロギー」の項で取り上げた、ポリティカル・コレクトネスに関する論文として影響力のあるモリスの論文(68)は、ここでも適用される。モリスのモデルは、ポリティカル・コレクトネスに反対する一つの論拠を示している。ある種の思想は有害な人々と結びついているので、善良な人々が有害な人々の好む真実を発見した場合、彼らにはその発見を隠そうとする誘因がある。自分たちにとって重要な問題に対して将来影響力を持つために、善人としての評判を維持したいと思うからだ。これでは、社会が生み出す知識は、科学的知見の内容を、誰を信頼すべきか決めるために利用しなかった世界よりも、減ることになるだろう。これは従来の意味でのポリティカル・コレクトネスだけではなく、コミュニティで受容されていることに従い、科学を都合よく選択して発表するという慣行にも当てはまる。たとえば、気候変動はそれほどひどくならない、あるいはタバコは健康にそれほど有害ではないことを示唆する発見をした科学者は、気候変動否定論者やタバコ産業の手先とのレッテルを貼られることを恐れて、その研究発表に躊躇するかもしれないのだ。

モリスが明らかにした評判についてのこうした懸念は、さらなる画一化を生み出す傾向がある。再現性の危機から、生み出される科学の多くが（少なくとも最初は）間違っていることを私たちは知っている。したがって、科学研究の内部から聞こえてくる声を拡大することは、通常の経路を通っていない多様な情報源を重視し（第2章の仕事に関するスコット・ペイジの議論を参照）、反対意見を受け入れるためには有効である。

科学者が、自分たちが発表するものを検閲する理由は他にもある。モリスのモデルにあるようなファースト・ベストの世界では、科学者全員が研究結果をすべて公表すれば、私たちはさらに幸せになれるだろう。だが、経済学ではよく、容易に修正できない非効率性の見られるセカンド・ベストの世界ではどうすべきかを問う。もし情報が誤って利用されることがあるとしたら？　情報が誤用されないように制度を正すべきだが、それまでは、自分たちがどんな情報を生み出しているのか検閲すべきかもしれない。また、集団の知恵を信頼することが妥当な場合もある。誰もが思っていることと反対の結果を私が得たとしても、それは単に自分が間違っているからかもしれない。理想的な世界では、科学者は発見した情報をすべて公表し、どの研究を信頼するかはコミュニティに任せるだろう。しかし、自分が信じたい科学研究を選り好みする世界では、公表されるものに慎重になるほうがよいかもしれない。

根本的な不可知性

数学で最も美しいとされる三つの定理は、いずれも二〇世紀前半に発見された。この三つの定理は、宇宙が根本的に常に謎であり続けることを示している。これらの定理は抽象的すぎて実用的な意味はないかもしれないが、私たちが知っていることには限界があり、この世界には根本的な不確実性があることを思い出させる、有益な役割を果たしていると私は考える。その不確実性に、私たちは信頼の必要性を見出すのだ。

クルト・ゲーデルは、数学の完全性という問題に取り組んだ数学者だ。彼は数学の体系が健全であるかどうかを知りたいと思った。皆数学を学んできたが、私たちが学んだことは正しいのだろうか？正しいとは思うが、それを証明できるのだろうか？　ゲーデルはその証明に着手した。ところが、ゲーデルが証明したのは、どんな算術体系も根本的に不完全であるということだった——人が考えうるいかなる算術体系においても、証明できない真の命題が存在することを証明したのだ。さらに、どの算術体系も決してそれ自身の内部整合性を証明することはできないとし、基本的な算術でさえ不完全であるなら、完全な数学の体系を見い出す望みはほとんどなく、ましてやすべての知識を見出すことなどできはしないとした(69)。

同じようにして、コンピュータ科学の父と呼ばれるアラン・チューリングは、コンピュータが決して解くことのできない計算上の問題が常に存在することを示した。[*1] また経済学の分野では、ケネス・アローが民主主義的であるいかなる投票制度にも何らかの根本的な欠陥があることを示した。[*2]

繰り返すが、実際問題として、この三つの定理はあまり重要ではないと言えるだろう。算術は私たちが必要とするものすべてに役立つ。コンピュータは役立つ。民主主義とて多少は役立つ。

現代の民主主義の欠陥は、アローが取り組んだ票の数え方という機械的な問題とは無関係であることが多い。現代民主主義は規範の遵守と信頼の上に成り立っており、実際の票の数え方そのものは二の次にすぎない。

それでもなお、この三つの定理は、宇宙が今も、そしてこれからも神秘であることを思い出させてくれる美しい定理だと思う。決して知りえない真理が存在する。そして、これは私たちが確実だと思っていることに対して謙虚であるべきだということを、思い出させてくれる。私たちが信頼する知識について、注意深くあるべきだということを思い出させてくれるのだ。

究極の信頼ゲーム――気候変動

国連は一九九五年から毎年、世界の指導者たちが気候変動について議論する会議を開催している。この会議は締約国会議（ＣＯＰ）の名称で知られており、幸運にも、私は市民のオブザーバーとして、またコーネル大学の代表団の一員として、コペンハーゲンで開催されたＣＯＰ15に出席した。その混沌ぶりに圧倒されると同時に、そこで何かが成し遂げられることに驚きを覚えた。

一二〇人の国家元首と何千人もの交渉担当者に加えて、何万人もの記者、研究者、活動家、学者、官僚、その他政府職員がいた。何しろ人が多くて、コンベンションセンターの入り口でセキュリティーチェックを受けるまで、五時間以上並ぶこともあった。ノーベル平和賞受賞者のレイマ・ボウィによる小規模なセッションに参加し、アメリカの狭いオフィススペースを歩き回っているときにカリフォルニア州知事のアーノルド・シュワルツェネッガーとすれ違い、学術セミナーで自分の研究について論じ、デズモンド・ツツ司教が率いる集会に参加し、グーグルマップを使って世界を救おうとするグーグルのエンジニアたちとおしゃべりし、会議テーブルでは、アメリカの交渉担当官から説明を受けている宇宙人の格好をした活動家が、隣の席に座っていた。

一番強い印象を受けたのは交渉そのものだった。この会議の目的は決議を起草すること、すなわち、理想としては世界中の国が署名できる文書を作成することだった。コンベンションセンターのあちこちに設けられた急ごしらえの印刷所で、本一冊分ほどある決議文が大量に印刷され、交渉担当者はその内容をめぐり議論を重ねた。最終日の夜には、最終的な詰めを行おうとする一〇〇〇人の交渉担当者が大会議場に集まった。私はできるだけ長く滞在し、真夜中過ぎに空港に向かい飛行機に乗り込んだ。交渉担当者はまだ仕事を続けていた。

最大の驚きは、ここで見聞きしたことが学生時代に勉強した政治交渉の数学的ゲーム理論モデルとは、まったく違うように見えることだった。経済学やゲーム理論における前提は、私たちが重視するのは、コストと利益によって測られる、ゲームの結果のみである。環境の場合、誰もがクリーンな環境という利益を享受できるようにするために、誰がそのコストを負担するか（税金の歪みや化石燃料の削減、土地利用や農業の変化といった形で）という交渉であると、コストと利益の経済モデルはみなす。

私は、すべての人が恩恵を受けるために、誰が温室効果ガス排出削減のコストを負担すべきかをめぐって交渉が展開されるものと考えていた。最も恩恵を受けている国々がどのようにして最大の負担をすべきか、という議論も期待していた。そして実際に、これは交渉の大きな部分を占めていた。中国は開発途上の国々と連携して、これまで温室効果ガス排出により最も恩恵を受けてきたのは富裕国なのだから、彼らが大きなコストを負担すべきだと主張した。交渉のなかで、発展途上国が環境に優しい活動に従事できるように、そうした国々に資金提供する基金へと富裕国は払い込むべきだという意見が出された。

だが、これは交渉において比較的小さな部分であるように思われた。議論や編集の大部分は、手続きについてや、承認される権利を持つのは誰かについてだった。プロセスの結果よりも、プロセスの正当性を重視しているように感じられることもあった。

似たような話だが、他に印象に残ったのは、小規模で直接顔を合わせる会議がいかに重要かということだった。大きな会議場では千人規模の会議が開かれていたが、最も重要な対話は、ほんの数ヵ国とわずか一握りの人々の間で行われているように感じた。今生きている人と、これから生まれてくる人を含め、何十億もの人々に影響を与える政策に関するこの議論では、一対一の関係が重大な役割を担っているように思えた。

気候問題が乗り越えるべき三つのこと

気候問題が影響を及ぼす範囲は計り知れない。海面が上昇するということは、アムステルダムやニューオーリンズのように、一〇億ドルの堤防を設置して海水をせき止める都市が増えるということだ。スーパーストーム・サンディやハリケーン・カトリーナのような暴風雨が多発し一層大きな被害をもたらすようになる。天候の変動が大きくなれば、洪水や干ばつが増える。作物の収穫量が減少すれば食料価格が上昇する。食料不足の深刻化により、難民や国際紛争が増加し、熱帯病が増え、生態系がますます失われ、多くの種の絶滅を招くおそれがある。ウィリアム・ノードハウスは、二一〇〇年までに気候変動による損害は世界の国内総生産（GDP）の三％を超え、数兆ドルに相当するとし、その推定コストを定量化した功績で、最近ノーベル経済学賞を受賞した(70)。

気候変動は、本書で述べてきたコモンズ（共有地）の悲劇の究極の例である。地球の運命が危機にさらされているために、危険度が高まるだけではなく、求められる信頼の範囲もさらに拡大している。一人ひとりが、自分たちのコミュニティのみならず世界中の人々に影響を与える意思決定をしている。

それにとどまらず、まだ生まれてもいない者たちの命に関わる選択も行っているのだ。それどころか、私たちの選択は、生まれてくるかどうかわからない人々の人生にも影響を与える。コモンズの悲劇には、空間的な要素と時間的な要素の両方が存在する。

本書の前半で、前近代の小規模な部族で、各構成員が個人的に信頼できる人数（ダンバー数では約一五〇人）によって規模が制限されていたコミュニティにおいて、信頼関係がどのように構築されたのかについて説明した。今ここに至り、私たちは、世界に存在する何十億の人々を信頼することにとどまらず、これから生まれてくる数え切れないほどの人々も信頼することに関る問題を論じている。

第2章では、今後について楽観的な見通しを示した。小さな村による局地的環境問題への対処に関するエリノア・オストロムの研究から、人間は共有の自然資源を保護するためにルールや規範、制度を発展させられることがわかった。また、地域社会の人々に抱くような個人的信頼を得て、その信頼を大きな宗教的信頼へと発展させるために、信念体系がどのように構築されるかについて、宗教の発展から説明した。さらに、市場には信頼が必要とされること、商人たちが第三者である裁判官と法規定を信頼して契約執行に至ったことについて述べた。第3章と第4章では、この抽象的なルールに対する信頼が、法の支配に対する一般的な信頼へと発展したことを説明し、この抽象的な信頼が、貨幣や銀行、科学や医学など、現代経済の複雑で多面的な世界規模の制度に発展したことについて述べた。

気候変動の問題に取り組むために信頼が種や世代を超えるようにすることは、信頼の輪が広がり続ける歴史の長い流れを考えれば、それほど困難ではないように思われる。内集団の結束は、外集団の脅威によって長年強化されてきたが、気候変動はその外的脅威となりうるだろう。

もちろん、人類が進化の過程で信頼するようになった一五〇人という小さな集団と、気候変動のような地球規模の異時点間問題との間には大きな隔たりがある。ゲーム理論や行動経済学は、次に示す、乗り越えなければならない困難を説明するのに役立つ。

1. 未来の長い影
2. ソーシャルディスタンス（社会的距離）
3. 緩やかな変化への無関心

ゲーム理論は、繰り返しゲームで信頼が維持されうることを指摘するが、そのような信頼は「未来の長い影」によって強化される[71]。つまり、私が今あなたを信頼することができるのは、あなたが将来その好意に応えてくれることを期待しているからだ。これには忍耐が必要になる。自分の良い行動が将来他人に同じような行動を引き起こすことを期待して、今の自分の誘惑を抑えなくてはならないかもしれない。これは小さな規模でさえ難しく、我慢できない事例は枚挙に暇がない。実験では、被験者は今日五〇ドルを得るために、一週間後にもらえるはずの百ドルをあきらめる。デザートの誘惑に負けたり、ジムに行くのが億劫になったりする。老後の備えも十分ではない。気候変動に関しては、その時間の尺度が忍耐の問題を一層難しくしている。私たちの今日の行動がもたらす恩恵の大部分を、私たちは生きている間に見ることさえできないのだ。

気候変動の第二の問題は、ソーシャルディスタンス（社会的距離）である。実験研究によると、人間の利他性は社会的距離に依存することがわかった。距離の近い人に対しては比較的利他的になり、自分から遠い人に対してはそれほど利他的にはならない[72]。これは進化論的には理にかなっている。自分と遺伝子を多く共有する者の生存確率が高まるからだ。しかし、私たちの遺伝子は、人類の文明が数十億人にまで拡大したときのために進化したわけではない。だから、利他主義の度合いが近親者に対して最も高く、見知らぬ人に対して最も低くても、誰も不思議には思わないだろう。実験では、被験者に少額（たとえば二〇ドル）を渡し、誰かもう一人との間で分けるように伝える。すると、近親者と分ける場合が最も多く、友人と分ける人はそれよりも少なく、無作為の学生だとさらに少なくなる。また、相手が別の町や別の国の人であれば、その可能性はさらに低くなる。この影響は、地理的な違いだけではなく、年齢的な違いにも当てはまる。自分と似ていると思う相手ほど共有しやすくなる傾向がある。気候変動の犠牲者が赤道付近に集中すると見込まれること、そして最も危険にさらされる人たちは、問題に対処するリソースのある富裕国から遠く離れた、発展途上国の人々であることを考えると、これは問題である。

気候変動が理解されにくい第三の理由は、人間は変化に注意深くなるように進化してきたからだ。これは、さまざまな文脈に当てはまる。(73)私たちは、自分の富の絶対水準よりも、隣人よりもお金があるかどうかを気にかける。(74)私たちの幸福は、収入の絶対水準よりも、収入が増えるかどうかに左右される。犯罪の絶対数が減少していても、突然の犯罪の急増に脅える。現代の子どもたちはかつてないほど安全な環境に置かれているのに、子どもの誘拐の話を聞けば、子どもの身を案じる。気候はゆっくりと変化するものなので、私たちはその変化にすぐ適応する。

あるソーシャルメディア研究はいみじくも、異常な気象パターンが生じたときにユーザーはツイッターに投稿して注目されるが、一、二年経つとその異常な気象パターンはもうツイートするまでもなくなると指摘した。(75)私は研究で、外気とサーモスタットの調節について調査したところ、人々は外が暖かくなると、家の中の温度を高く設定して対応することがわかった。人は変化に慣れ、それから忘れることによって、変化に対応するのだ。気候は変化しているが、そのスピードはゆっくりなので、私たちは少なくとも日常生活では気候に順応し、やがてそれを忘れてしまう。カエルを茹でるには、水が冷たいうちにカエルを鍋に入れ、ゆっくりと温度を上げていくのが一番いい。

最近、環境保護主義者や活動家はこうした問題、すなわち気候問題には忍耐が必要なこと、気候問題は遠く離れた人々に影響を与えること、気候の変化がゆっくりすぎて気づきにくいことなどをよく理解している。このような問題に対抗するために、気候変動のイメージを変えようと一丸となって取り組んでいる。報道では、気候変動が現代の地域社会の人々に与える影響や、ハリケーンの被害などが大きく取り上げられるが、ゆっくりとした変化のほうが高くつくことになるだろう。環境保護主義者たちは気候変動のイメージを変えようと試みてきたが、マーケティングやイメージ操作によってできることは限られる。現在目にしている気候変動の影響をやたら強調し誇張しようとすれば、世間の人たちがその誇張に気づいたときに不信感を与えるおそれがある。

一般の認識を変える活動家たちの働きのおかげで、規範や姿勢は変化する。[76]だが最近では、信頼できる行動は法の支配によって保たれることが多い。多くの人が盗みを働かないのは行動規範を自発的に守っているからだが、おそらくはそれよりも、刑務所に入れられることを心配するからだろう。では、グローバルな問題に対しては、国際連合のような国際機関に法を執行してもらうわけにはいかないのだろうか?

国際条約への信頼

あらゆる国際条約は、究極的には信頼の行為である。政府が暴力の独占を維持することによって、合意や契約を強制することについては述べた。政府は法の執行を支配することで得られる権威を利用して、不履行に対し罰を与えるのである。この方法は、政府が国民の支持を得ている限りにおいて有効だが、政府が軍や法執行機関の支配を利用して反対意見を抑圧することができれば、国民の支持がなくとも機能しうる。国際協定を強制執行できる者はいないので、さらに昔ながらの方法に頼らざるをえない――本書の冒頭で述べた、狩猟採集民族が採用した方法である。

国連に加盟している一九三ヵ国を一九三人の個人と考えるならば、それはダンバー数とさほど違わない。ならば、小さな村が協力関係を維持するために使っていたものと同じような仕組みを用いて、各国が合意を守るようにすることができる。

各国が条約に合意するとき、それは本質的に契約であり、その契約を強制できる権威はない。各当事者にその条項を遵守するよう強制できる包括的な権力は存在しないのだ。だが、直接的な権限はないものの、中世のシャンパーニュで裁判官が信頼されたように、代理人の信頼を得られる国際裁判官が存在する。裁判官は違反に対して制裁を命じることができ、その制裁は一九三のその他すべての加盟国によって課され、執行されなければならない。一九三ヵ国のなかには、違反者を罰したくない国もあるかもしれない。違反した国と密接な貿易関係のある国にとっては、処罰を支持することには代償が伴うかもしれない。このようなシステムが機能するのは、短期的に見れば加盟国が代償を伴うことになっても、国際的な法の支配を維持するという考えに、全員が賛同している場合に限られる。

多くの国家がたびたび国際的な合意を守らないことから、この制度はかなり脆弱である。国際合意には素晴らしい事例がたくさんある。とりわけ、世界貿易機関（WTO）が関税を低く抑え、自由貿易の維持に果たす役割に経済学者は満足しているが、複数の国が繰り返し自由貿易のルールに違反し、罰則に従わないでいる。この制度が導入されて以来、アメリカはすべての政権でWTO違反による制裁措置を受けている。

この制度の不安定な側面は、そのルールと違反の性質に不確実性があることから生じている。ブロックチェーン技術が契約を自動化し、コンピュータのアルゴリズムを用いて争いを回避する可能性について本書で述べた。これは、契約の条件をコンピュータ・コードで指定できる場合に限り機能する。契約を判定する問題は、契約がどのように規定されるかに付いて回る曖昧さに生じる。これまで見てきたように、両当事者間に信頼関係を発展させられるので、契約にはある程度の不確実性があるほうが好ましいこともある。

このような不確実性は、信頼の育成を促す可能性がある一方で、信頼に値しない行動を顕在化させる機会も提供する。WTOのルールでは、自国の安全保障を守るためであれば、自由貿易のルールに違反してもかまわない。単に国内の利益を守るためだけに、国家の安全保障が不誠実に発動されるという批判があったが、WTOのこの例外を利用して、日本では米農家を、アメリカでは鉄鋼労働者を保護するために関税が引き上げられた。

あらゆる法律と規則には不確実性が伴う。たとえ裁定を下す裁判所があっても、中央の権威がなければ、その裁判所は信頼にのみ基づいて機能することになる。少なくとも自由貿易の場合は、WTOが監督する体制が依然として有効であり、関税はかなり低いままである。ご存じのように、第二次世界大戦後に、ＷＴＯの前身である関税及び貿易に関する一般協定（ＧＡＴＴ）が調印されて以来、世界は自由貿易協定に取り組んできたのだ。

気候に関する国際条約にも同様の歴史があり、それは一九九〇年代まで遡る。国際的水準で署名された最初の大きな気候変動協定は、一九九七年に署名された京都議定書だった。この協定は大きな希望を抱いて起草され注目を浴びたのだが、議定書は起草者が期待したような成功を収めるには至らなかった。この議定書は最終的に一六〇ヵ国が批准したが、排出量の制限が課されたのは、そのうちのわずか四分の一の国だけだった。中国やインドなど主要な環境汚染国は除外され、議定書の作成に大きな役割を果たしたアメリカは批准しなかった。米国上院は、九五対〇で議定書を否決した[77]。カナダ、日本、ニュージーランド、ロシア、オーストラリアなどの国々は議定書から離脱するか、義務を果たせなかった。削減目標を達成した国の多くは、ポスト共産主義経済の崩壊により国内の工業生産が大幅に減少し、排出量が減少したために達成したにすぎなかった[78]。

その後二〇一五年に、気候変動に関する会議がパリで開かれた。京都やコペンハーゲンと同じように、世界のリーダーたちが再び集まり、地球の未来について合意に達した。

完全に信頼に基づくという点で、パリ協定の考え方は斬新だった。すべての条約は信頼に基づくが、同協定はほとんどが黙示的なので、信頼は一層明示的である。署名国に課される法的拘束力のある排出量規制の目標達成義務はない。その代わり、協定には次の三つの要素がある[79]。

1．温室効果ガスの排出を抑制することにより、地球の気温上昇を摂氏二度（理想は摂氏一・五度）に抑えることが共通目標であるという認識。

2. 各国が自国の排出量を「野心的に」削減するという約束。
3. 各国が集まり、進捗状況を話し合い、合意した測定結果を報告する「グローバル・ストックテイク」に参加し、測定するという合意。この条約で唯一法的拘束力のある部分は、各国の評価が技術的専門家によって行われる必要があることだった。

このほとんど怠慢なアプローチは、実際に誰かが何かをすることを求めないため、骨抜きだと揶揄された。

この協定は、やはり大いに嘲笑を浴びた別の政策を私に思い出させた。「落ちこぼれゼロ運動止」（ＮＣＬＢ）である。これは、ジョージ・Ｗ・ブッシュ大統領と、テッド・ケネディ上院議員が率いる民主党議員との間で交わされた超党派の取り決めにより、二〇〇二年に制定された教育政策である。この政策は教育改革を目的としており、生徒が州のテストで能力を発揮し、学校が改善を見せ、テストの点数における人種格差に取り組んでいることを州が示すことを義務づけた。ＮＣＬＢの争点となったのは、各州が自由にテストを選択できるという点だった。パリ協定では各国が排出基準を自由に選択できるように、ＮＣＬＢは、各州が好きなように学力を定義することを認めたのだ。

評論家の多くはこれに懐疑的で、州は学校の改善という作業を避けるために、簡単なテストを考案するだろうと指摘した[80]。経済学者は、人間の最悪の部分を想定する傾向があり、多くがＮＣＬＢを嘲笑した。州に対して、どんなことをテストする必要があるか、合格するために何が必要かという要件を課すことなく、生徒にテストするように単に求めただけだったからだ。そのようなテストは時間の無駄であろう、と。

識者たちが理解していなかったのは、この法律は子どもたちが何を学ぶかを特定する必要はなく、州の政策立案者や保護者の学習についての考え方を変えるだけでいい、ということだった。この法律は、テストのデータの公表を学校に義務づけることによって、教育に対する見方を変えることを目的としていた――有権者や保護者に対し、彼らが学校に説明責任を課す力を持っていることを知らせるためだった。これは、学習と進歩を測定しようとする場合にのみ着手できることだ。もちろん、議員たちは、テストを簡単に通過できるようにすることで、言わばシステムを操作できるだろう。だが、その行動が明るみに出るようなことがあれば、国民の信頼や自分の評判を気にする議員たちは、テストの質をできるだけ良くしたいと思うはずだ。そのうえ、連邦政府は各州の子どもたちが何を学ぶべきかを適切に特定することなどできない。アメリカは驚くほど多様であり、全五〇州の子どもたちに適用する統一基準について意見がまとまることはないからだ。しかし、NCLBは各州の政策立案者の信頼性を頼みとして、各州の住民に最適なシステムを考案する制度を築くことができた。このシステムの成功の秘訣は、学校の成果を可視化することだった。

パリ協定も同じやり方に頼っている。気候変動に関する国際条約は、国によって優先事項が異なるため、一九九〇年代に発効されてから論争が続いている。富裕国には資源および汚染物質を長期間排出した過去があるのだから、富裕国がもっと事に当たるべきだと貧困国は考えていた。富裕国は、発展途上国がさらなる努力をするべきだと考えていた。製造業など汚染物質を大量に排出する産業から経済が移行するなかで、富裕国の排出量はピークに達しており、今後排出量の増加が見込まれるのは、ほとんどが発展途上国だと考えたからだ。さらに、カナダやロシアなど寒冷地帯の国々は、気温上昇によってむしろ生活が楽になる可能性があるため、気候変動をそれほど懸念していない。低地や赤道付近の国々がまともに打撃を受けることになるが、それに対処する国力がきわめて乏しい国が大半だ。

それぞれの国内で頻繁に生じる利害対立は言うまでもなく、このような批准国間の利害対立を鎮めようとする交渉は、年を追うごとに、解決できない袋小路を作り出した。パリ協定は交渉の条件を変えることにより、その行き詰まりの打開策を見出した。

各国が守るべきルールや満たすべき具体的な排出量の目標を設定するのではなく、パリ協定は各国に対し、排出量を自ら測定するように求めた。排出量測定方法の基準を設置し、第三者による排出量の監査を義務づけた。このときも、協定は骨抜きで的外れだとたちまち批判が噴出した。しかし、この協定には直接書き込まれていないものの、協定の成功に欠かせない重要なカギとなるもの、つまり信頼を、批判者たちは見逃していた。排出量を可視化することによって、各国の政策立案者と有権者の間に、そして各国と世界のその他国々との間に、説明責任が生まれることになる。この協定は、行動に対して拘束力を持たないが、罪悪感と評判を保ちたいという願望を頼りにしているのだ。この仕組みは、社会的・政治的圧力を利用して、各国が数値を向上させる政策を打ち出すように仕向けている。

とはいえ、この戦略は賭けである。社会的な圧力が世界のエネルギー体制を動かせるほど強力かどうかはまだわからない。もしかすると、各国はすぐにあきらめるかもしれない。WTOの例は、ある程度拘束力のある国際協定の策定が可能なことを、確かに示している。気候変動の解決を目指す国際的な計画を、完全に信頼に基づいて作り上げるという大胆さを、私はやはり称賛する。

共有の天然資源管理などの社会的問題を解決するために、近代以前の部族の少人数の人々の間で信頼がどのように発展したのか、本書を通して見てきた。こうした非公式なルールや社会的仕組みは、最初は宗教的拘束に、後年は正式な法的拘束へと、何世紀もかけて置き換わった。しかし、私たちの祖先が協力関係を築くようになった過程から学べることがあるかもしれない。公式なルールが設けられたことは称賛に値し、社会の発展と広大で複雑な社会をもたらしたが、もしかすると、昔の人々に、つまり人類文明の誕生をもたらした基本的な人間関係に立ち返ることに価値があるのかもしれない。そして、そのような単純なルールが、現代の最大の課題の解決に役立つかもしれない。

第5章　私たちは互いをどう信頼すべきか

本書の第1章から第4章にかけて、信頼の経済学について多角的に考察した。不確実性や潜在的悪行に直面したとき、シグナリング、暗黙の社会契約、評判などのメカニズムがどのように機能し、人々の間に協力関係をもたらすかについて見てきた。そして、こうした信頼のメカニズムが、狩猟採集民族の贈与の規範から、今日《こんにち》の経済を支配する近代的制度に進化した過程をたどった。さまざまな制度が信頼の輪を一五〇人を超える人々の集団へと——宗教、国民国家、グローバル市場へと拡大させる後押しをしたことについて述べた。私たちの信頼の対象は、個人的に知る人から、やがて価値観を共有する人たちへと広がり、最終的には人類全体を目指しているのかもしれない。

だが、その行く手には障害がある。第4章では、制度や専門家に対する信頼が低下するとどうなるかについて説明した。今の時代、情報がふんだんに入手できるようになったことで、専門家ではなく、自分自身の直観や主義主張を同じくする人たちを信頼する風潮が目立つようになってきた。

ここでは、信頼の理論とその歴史から得られる教訓が個人の生活にどう適用されるのかに目を向ける。そして、そうした教訓が、いかにして人々の結びつきがより強い未来へと至る道を示す一助となる。

るかについても。

まず、新たな信頼が始まるところについて、見知らぬ人に出会ったときの信頼の基準値について目を向けるところから始める。次に、信頼のルールが自分自身に対する信頼にどのように当てはまるかを調べる。信頼の構築には相当な努力が必要とされるが、それは未来への投資となる。進んで投資をするためには、自分自身を信頼することを学ぶ必要がある。それから、壊れた信頼関係を確かに修復するために考案された人間的な制度である、謝罪を取り上げる。経済学に貢献するために、私は謝罪の経済学の道を切り開くことに力を入れてきた。最後に、なぜ信頼の輪を広げることが重要なのか、また、経済学研究において人間の尊厳が果たす役割について述べて、本章を締めくくる。

見知らぬ人を信頼する

『タイム』誌のレフ・グロスマンは、『ウォッチメン』の作者であるアラン・ムーアをかつてこう評したことがある。一〇人の映画ファンに最も偉大な映画監督は誰かと尋ねれば、おそらく一〇人とも違う名前を挙げるだろう。一〇人のコミックファンに最も偉大なコミック作家は誰かと尋ねれば、そのうちの九人はアラン・ムーアと答えるだろう[1]。ムーアの作品のなかで最も重要な作品は、間違いなく『ウォッチメン』である。一九八六年、フランク・ミラーの『バットマン：ダークナイト・リターンズ』と同じ年に出版され、コミックに革命を起こした作品だ。この二作品は、スーパーヒーローというジャンルが真摯に受け止められている今日の状況に、ともに貢献している。

いずれにせよ、『ウォッチメン』では、スーパーヒーローの一人が世界を救うために、悪人をやっつけるのではなく、ニューヨーク市を破壊して何百万人もの住人を殺すという、意外なストーリーが展開する。そして、ハリウッドの特撮スタッフを使って、その攻撃がエイリアンの侵略によるものだと見せかけるのだ。世界中の国々や民族が争いをやめて協力し合うようになるには、エイリアンという〝他者〟を作り出すしかないと考えたのだ。

本書では、身近なところから、国家的、世界的なレベルへと信頼が進化する過程を紹介してきた。しかし、宗教に関する考察において顕著であったように、信頼を生み出す最も強力なメカニズムの一つは、他者の創造なのである。私たちは本能的に、自分と同じような人々を信頼し、自分と異なる人を排除しようとするものだ。

だが、法の支配の拡大や市場資本主義の世界的な広がりもあり、「自分と同じような人々」に分類される成員資格は、時代とともに拡大している。かつてイマヌエル・カントは、自由民主主義の拡大が永続的な「民主的平和」をもたらすと説いたが、それは二つの民主主義国家は互いに戦争することがないと考えたからだ。これに関連して、「マクドナルドの平和」という概念がある。マクドナルドの店舗がある国同士は、資本主義の規範を数多く共有し、グローバルな貿易関係でつながっているため、その国の間で戦争をすることはないというのだ。[2] 政治学者のフランシス・フクヤマはかつて、私たちは「歴史の終わり」にいると明言した。[*1] 私たちは自由民主主義の世界秩序の中におり、それは非常に緊密に統合されているので、紛争や世界大戦によって引き裂かれることは決してない、と彼は考えた。

だが、それほど楽観的ではない者もいる。政治学者のサミュエル・ハンティントンは、私たちの基本的価値観があまりにも違いすぎると主張し、文明の衝突は避けられないと予測した。[*2] ハンティントンによれば、文化的価値観に基づく大きな集団（たとえば、西洋社会、イスラム社会、中国社会、ヒンドゥー社会、アフリカ社会）は、それぞれ根本的に異なるので、必然的に衝突に向かうことになるという。近年世界各地で見られる、ナショナリズムを掲げる指導者の台頭は、ハンティントンの主張に反して、私たちには相違よりも類似するところが多い可能性を示唆する。また、一方ではフクヤマの主張に反して、内向きの願望を抱き、世界の人々よりも自分たちの部族を好むという点で、私たちは似ているのである。

信頼の輪を広げるには、見知らぬ人に賭けてみる必要がある。面識のない人と会うときは、相手の信頼のベースラインを確認することから始める。

信頼と不信

本書の最初のほうで、人間関係における信頼の発展を理解するためには、ゲーム理論というツールが最適だと紹介した。このアプローチは、（たとえば）社会学の信頼に関する研究とは異なる。社会学では調査回答者に対し、「一般的に言って、たいていの人は信頼できると思いますか、それともあなたは人との付き合いは用心するに越したことはないと思いますか？」というような質問を投げかけ、その答えを検討する場合が多い(3)。

経済学者はそれよりも、信頼者が被信頼者の信頼性に対してリスクをとる信頼ゲームで、一連のインセンティブに対する人々の反応に関心を抱いている。一般に、信頼ゲームのインセンティブは、二者間の特定の関係性で作用するが、信頼ゲームの実験を行う際は、関係する二人の間に匿名性を確保することが多い。それは、第2章で取り上げた狩猟採集部族に関するジーン・エンスミンガーとジョセフ・ヘンリックの実験で示された匿名性のことだ。孤立した部族が日常生活では信頼と二者間協力に大きく頼る一方で、そのような信頼行動は、実験で相手を匿名の人物に設定した場合には見られないことが、二人の実験からわかった。

こうした一般化された信頼の問題に関して、匿名の他人とペアを組んだときに、信頼ゲームの初期段階で相手にどれだけ投資するかという問題は興味深い。エンスミンガーとヘンリックの研究は、現代の市場経済へと移行するにしたがい、匿名の他者への信頼が高まったことを示している。また、その他の研究も同様に示唆に富む。「ソーシャルディスタンス（社会的距離）」が信頼ゲームのカギを握るとする研究がある。人は距離があると感じる相手よりも、自分と似ている（年齢、収入、居住地など）と感じる匿名の相手を信頼する傾向がある。

こうした発見は実験経済学の研究室で得られたものだが、これを今日のニュースをにぎわす出来事にも当てはめることができる。部族への信頼と人類全般への信頼の間に存在するこのような緊張は、局地的にも地政学的にも私たちの政治に反映されている。二〇一六年の米国大統領選挙は米国政治の深い分断を露呈して、多くの人を驚かせた。同年、イギリスが欧州連合（EU）からの離脱（ブレグジット）の是非を問うた国民投票でも、同様の亀裂が示された。その数年後の二〇一九年、欧州議会選挙では反EU政党が議席を伸ばした。多くの人々はこうした傾向を、コスモポリタン的グローバリズムから反動的なナショナリズムの復活への動きとみなし、一歩後退したと考えた。人々にとってこのような分裂は理解しがたく、相手側に悪意があるせいだとした。

心理学者のジョナサン・ハイトは、こうした緊張状態を理解するためのモデルを作った。私はそのモデルが気に入っている。ハイトの道徳基盤理論は、倫理的ジレンマに対する人々の反応を調査することで、人間の道徳性の構成要素を理解しようとするものだ。たとえば、いくら受け取ったら次のようなことをするかと尋ねた(4)。

・自分の手の平にピンを刺す。
・知らない子どもの手の平にピンを刺す（危害）。
・大画面テレビを友人からもらう。コンピュータのエラーにより、友人は代金を払わずにテレビを受け取っていた。
・大画面テレビを友人からもらう。友人は、裕福な家から盗んできた泥棒からそのテレビを受け取った（公正）。
・自国のラジオ番組で、自分の国の悪口（本当はそう思っていない）を言う。
・外国のラジオ番組で、自分の国の悪口（本当はそう思っていない）を言う（コミュニティ）。
・コントの一部として、友人の許可を得たうえで友人の顔を平手打ちする。
・コントの一部として、大臣の許可を得たうえで大臣の顔を平手打ちする（権威）。
・パフォーマンス・アート作品を鑑賞する。その作品では、役者たちが簡単な問題を間違えたり、ステージで倒れたりするなど、三〇分間バカのようにふるまう。
・パフォーマンス・アート作品を鑑賞する。その作品では、役者たちが裸で転げ回ったりステージで放尿したりするなど、三〇分間動物のようにふるまう（純粋性）。

ハイトは、このような質問に対する答えを統計的手法で分析し、道徳的直観は五つの道徳基盤に分けられるとした。この五つ（もしかすると六つ）は、共同体的価値と普遍的価値に細分化される。共同体的価値、すなわち拘束的基盤は、忠誠、権威、神聖性であり、普遍的価値、すなわち個別化の基盤は、温情、公正からなる。

道徳基盤の間には、その基盤同士が対立する道徳的ジレンマにおいて、一方と他方の重要性をどれだけ選ぶかといった、さまざまな緊張が存在する。アメリカではとくに、リベラル派は普遍的な基盤を優先し、保守派は五つの基盤すべてのバランスを図る傾向があるとハイドは指摘する(5)。自分のコミュニティに忠実であることや権威への忠誠心が評価すべき重要なものであることは、誰もが認める。問題は、自分のコミュニティへの忠誠心と他者への思いやりとのかね合いである。たとえば、国際難民の処遇問題で、国は自国民の非常に差し迫ったニーズと他国民の非常に差し迫ったニーズとのバランスをどうとるだろうか？

信頼の経済学もこのような分断の理解に役立つレンズを提供する。信頼を維持するために使う仕組みの副産物として、信頼できる人とそうでない人との間には明確な線が引かれてきた。これは、誰が信頼できて誰が信頼できないかを把握するための情報コストのせいでもあり、共通の価値観と信頼できない行動に対する共通の処罰に頼る必要があるせいでもあった。

信頼できる行動は、不品行な者に対して、破門、追放、忌避、またはその他社会的に排除する形で排除の可能性を提示して、脅すことによって保たれることが多い。誰を信頼したらいいのか判断するために、私たちは宗教や文化のような近道を使う。このような近道は、信頼できる人とそうでない人を区別する方法が提供される場合に限り有効である。差別化（つまり、内集団を定義するための外集団）が必要とされるので、すべての人を信頼することは不可能になる。ムーアが描いたように、星の彼方から来た外集団がいなければ、すべての人を信頼する世界を実現することは困難だろう。信頼はコミュニティの道徳基盤を中心に築かれる。権威への忠誠心や敬意といった属性は、信頼性と関連している。困難が生じるのは、コミュニティのニーズが普遍的な価値観と相反する場合である。信頼を構築する際に大きな役割を果たすのは、他者に対する不信感の共有であるからだ。

不信の原動力

前項では、信頼の拡大という大きな動向と、見知らぬ人への信頼の拡大とコミュニティ外の人への不信感を持ち続けることとの間に存在する、根本的な緊張関係について概略を述べた。ここでは、第4章で取り上げた、その緊張関係を悪化させた最近の三つの動向について述べる。

1. コミュニティが多様化し、コミュニティ内の不平等が増大することによる、部族主義的な性質の悪化。なぜかと言えば、信頼に関する制度の多くは他者への不信感に基づくからだ。
2. オンラインでつながることのできる相手の選択肢が増えることで、ソーシャルメディアがない場合と比べて、オンラインでの交流は同質的なものになる。
3. 情報へのアクセスが増えることで、自分自身の信念を一層過信するようになる。

第一の動向の発生源は何点かある。世界的に移民が増えているので、多くの国で移民の流入を経験している。たとえばアメリカでは、カリフォルニアなどの州ではどの人種・民族も明確に過半数を占めるに至っていない（非ヒスパニック系の白人は五〇％に満たない）。アメリカ全体でも、二〇一四年以降の学童を見ると同じような状況が当てはまる。[6] 同時に、グローバル化の進展とテクノロジーの自動化が相まって、世界の多くの国々で不平等が幅広く拡大している。豊かな国では、グローバルで高度に技術化された世界経済で成功するためのスキルと資本を持っている人たちと、そうでない人たちとの間に、この不平等が存在する。発展途上国でも同じパターンが見られる。グローバル化と急速な技術革新を最大に利用できた人たちは莫大な富を蓄積し、そうでない人たちは、以前よりは豊かになったもののそのスピードは遅い。

興味深いことに、世界全体で見ると不平等は減少している。これは、途上国（とくに世界人口の五分の一を占める中国をはじめ、インドやアフリカ諸国）が、ここ数十年で経済成長が著しく鈍化した先進国に追いつくほど、大きな前進を遂げたからである。だが、私たちは地球の反対側に住む人々と自分とをあまり比較したりしない。むしろ、国内の他の人々と比較する。過去数十年の間に、中国のような途上国でも、アメリカのような豊かな国でも、国内での不平等が拡大している。

このように移民が増え、格差が広がるということは、日常生活で自分とは異なる人たちと接する機会が増えるということだ。ジョーナ・バーガーやチップ・ハースとの共同研究では、ジョーナが実施した実験を用いて、私たちの行動がどれほどまで、他人と自分を区別するために選択されているかという数理モデルを作成した。ある実験では、キャンパスの大学院生がジャンクフードをたくさん食べているという記事を読んだ学部生は、スナックを勧められたときに健康的な選択をする可能性が高くなった。また別の実験では、学生にリブストロングの黄色いリストバンドを販売した。彼らの隣の寮に住む、いわゆるオタクと言われる学生たちにも同じリストバンドを売ったところ、最初に購入した学生たちは皆、それをつけるのをやめたという。私たちはこのような差別化を衣服など身につけるものという点から考えるものだが、同様の考え方は、話し方や、どんなものを読むか、どんな信条を抱いているか、そして誰を信頼するかについても適用できる。私たちが作成したモデルはその後、シミュレーションしたソーシャルネットワークでの行動を検討し、インフルエンサーの役割と立場、ファッショントレンドの広がり方のダイナミクス、トレンドを動かす非顕示的消費（inconspicuous consumption）の重要性を説明した。

「顕示的消費（conspicuous consumption）」とは、二〇世紀初頭に経済学者ソースティン・ヴェブレンが作った用語で、自分自身の楽しみのためではなく、他人からの評価を変えるために物を購入するという概念のことだ。たとえば、派手な車、ハイテク時計、高価なハンドバッグなどを考えてみてほしい。最近では、所得の増加や低価格の模倣品によって、以前なら金持ちだけが身につけていたような時計やハンドバッグを誰もが比較的簡単に購入できるようになった。そこで、私たちは代わりに言語や文化によって差異を提示するようになる。異国情緒を楽しむ休暇、政治的大義、特殊な専門用語などを使って、部族の一員であることを伝えるのだ。必ずしも相違に注意を引きたいわけではないので――そうするときもあるが――そのようなシグナルを目立たなくしなくてはならない場合もある（よって「非顕示的消費」という）。

このような事例のなかでジョーナが気に入っているのは、六〇〇ドルのブルージーンズの話だ。ウォルマートで買える二〇ドルのジーンズとよく似ているが、デニムに精通している人なら見分けがつくという。重要なのは、ジーンズの値段ではない。その違いを見分けるために必要な文化の専門知識なのだ。私たちが作ったモデルでは、自分とは異なるアイデンティティを持つ、関りを持ちたくない人々と接するようになると、自分のアイデンティティを示す製品を購入し選択する傾向が強まる、と予測する。[7] こうした選択は集団のアイデンティティの意識を高め、数千年にわたる進化の過程で育まれた私たちの本能は、誰を信頼すべきか判断する手段としてアイデンティティを利用することになる。[8]

一般的な不信感が経済的な不遇と結びついているのは、この効果と関連性がある。これは、国レベル――低所得国は高所得国よりも、信頼感を表す傾向が低い――でも、同一国の国民同士――低所得者は高所得者よりも信頼感を表す傾向が低い――でも見られる。一般に研究者はこれについて、不利な立場に置かれた人々は、多くの苦難と彼らにとって不利に見える制度に遭遇しがちであるためだと考えている。[9] 体系的な差別や無関心に直面した人が、他人をあまり信用しようとしないのは当然かもしれない。

当然のことながら、信頼感を表す傾向が低い国は、協力的（信頼できる）行動を示す傾向も低いことが多い。[10] その理由の一つは、非協力的な行動は伝染するからだ。誰も協力していないのに、なぜ自分が協力しなければならないのかと思うのだろう。シンユエ・ジョウとの共同研究では、信頼できる行動に遭遇するよりも、信頼できない行動と遭遇する場合のほうが、行動を変える効果が高いという結果が出ている。[11] 私たちは、研究室でコンピュータ端末を通じて匿名の学生同士に信頼ゲームを行わせた。比較的協力的で信頼できるグループが、比較的利己的で信頼できないグループとペアを組んだ場合、両グループは次第に利己的な行動を見せる傾向があった。この信頼ゲームは一〇ラウンドのセッションを複数回行った。利己的なグループと一緒にセッションを一回するだけで利己的な行動が広まったが、協力的行動が取り入れられるようになるまでには、協力的なグループとのセッションが三回必要だった。

だが、現実のコミュニティが多様化する一方で、インターネットやソーシャルメディアのテクノロジーの登場は、仮想的なコミュニティが同質化してきたことを意味する。第3章では、経済での信頼のあり方を変えた最近の技術革新、とくにブロックチェーンと、シェアリングエコノミーを可能にするプラットフォームについて説明した。これまであまり触れなかったが、フェイスブック（現メタ）は世界最大級の企業の一つである。このたった一社によって、私たちのつながり方や交流の仕方が大きく変わり、誰をどのように信頼するかについても明らかに影響を与えた。

少し前まで、社会的交流は地域社会の近隣住民との間で行われることがほとんどで、ニュースは、皆が購読する地方紙や全国放送する数局のテレビ局によるものがほとんどだった。今の時代は、世間の人々の関心を最も引きそうなニュースだけを表示するようにフィルタリングされ、キュレートされている。経済調査によると、報道機関は読者の偏向に合わせたニュースを伝えるという。そのほうがよく売れるからだ。フェイスブックやその他ソーシャルネットワークは、私たちが交流する友人を仲介するだけではなく、私たちが聞きたいことに応じてニュースをフィルタリングしている[12]。

電子メールに始まり、今ではフェイスブック、スナップチャット、インスタグラム、ツイッター、タンブラー、リンクトイン、スラック、ユーチューブ、ティックトックなどまで出現させたインターネット通信技術は、驚くほど人々をつないでいる。信頼を広める方法のなかでもごく初期に見られた、噂話のように単純なものが普及し拡大することによって、こうした制度は信頼の輪を地球規模にまで拡大する可能性がある。ところが、こうしたネットワークによって世界中の人々とつながることができるようになる一方で、私たちは「自分の部族」をより正確に定義して追い求めるようになり、異なる人々との社会的交流をさらに制限するようになった。

フェイスブックに関してかなり早い時期に行われた研究のなかに、人類学者ロビン・ダンバーが自身が提唱した一五〇というダンバー数をテーマとして行ったテストがある。彼は、当時ユーザーが定期的に交流していたフェイスブックの友だちの平均数が約一五〇人であることを発見し、フェイスブックでの人間関係への対処法は、歴史的に見て狩猟採集民族の人間関係への対処法を反映していると指摘した[13]。ただし、その一五〇人に関して、誰を自分のネットワークに残し、誰を追い出し、あるいは友だちから外すかについて、私たちは多くの選択肢を持てるようになった、という違いはある。

ロバート・パットナムは、人種の多様化が進んで見知らぬ人に対する信頼が総合的に低下しても、人種以外のイデオロギーに基づく新たなアイデンティティを構築すれば、信頼を回復できると主張している。ところが、アメリカでは（他国でも同様の傾向が見られる）、政治的イデオロギーへの帰属意識が一層強まっているように思われる。各党は以前にも増して同質の集団に分けられ、人々は自分が支持する側に強い愛着を抱くようになった。支持政党への愛着が強くなると同時に、異なる政治観を持つ人への不信感も強くなっている。

ソーシャルメディアのエコーチェンバーが私たちの忠誠心を変化させ、国の分裂をかつてないほど深めているという懸念も聞かれる。私の元クラスメートとその共同研究者による最近の研究は、党派心とイデオロギー的不信感を増大させる主な原因は、自分の意見の正しさ（と正義）を過信することだとしている[14]。おそらく、党派的なニュースに接する機会が増え、同じような考えを持つ友人とだけ政治的議論をすることが多くなったために、自分の意見を過信するようになったのだろう。とはいえ、ソーシャルメディアが見方を変えるとする研究結果にはいまだ曖昧なところがあり、政治的意見はネットで読んだものよりも、自身の経済的見通しによって形成されることを示す十分な証拠がある[15]。けれども、情報の消費や周囲の人々との関わり方の変化が、私たちを何らかの形で変えていないとは考えられない。

最近スタンフォード大学が発表したある研究によると、被験者にお金を払ってフェイスブックをやめてもらう実験をしたところ、彼らの幸福度は上がり、政治的偏向は減ることがわかった[16]。被験者を無作為に対照群と治療群に分け、治療群にはお金を支払い、一ヵ月間フェイスブックのアカウントの利用を一時的に休止するよう指示した。フェイスブックの利用を減らすと、友人と交流する時間が増え、時事問題についての知識が減り、幸福度が上がり、実験終了後もフェイスブックの利用が減ることを、研究者たちは発見した。

現在、研究者たちはこうしたネットワークの影響を研究し、また世界の一部地域で殺傷事件につながるほど激しい党派性をもたらす偽情報の拡散を最小限に抑えるために、どのようなネットワーク設計が可能かという問題に取り組んでいる。それはそれとして、第一線の研究によれば、ソーシャルメディアが投票行動に大きな影響を及ぼすという証拠は、ほとんど見つかっていない。これは、私たちが消費するメディアが、実際には私たちの政治的行動をほとんど変えないことを示す別の研究結果と一致する。ソーシャルメディアは、現代社会の分極化を引き起こしているのではなく、単にそれを反映しているだけなのだ[17]。とはいえ、ソーシャルメディアが社会をどのように変えているかについては、注意しなくてはならない。

信頼できる行動は伝染する。私が信頼できる行動をとりたいと思うのは、信頼できる人々の社会に住みたいと思うからでもある。対面の交流に対処するように進化した人間が、移り変わりの激しいオンラインの世界へと突然移行したときに、信頼はどうなるのだろうかという問いを、ソーシャルメディアの出現は私たちに投げかける。

自分を信頼する

TED講演でお気に入りの一つに、行動経済学者であるキース・チェンのプレゼンテーションがある。彼はまず、使う言語が世界の見方に影響を与えるという話をする。彼が選んだ例は、子どもの頃に私がよく頭を悩ませた言葉だった。中国語には「おばさん」と「おじさん」を指す言葉が十数種類ある。現代英語では「おばさん」という一語で、直接血縁関係のない年長の女性を表すこともあるが、中国語では、母親の姉妹か父親の姉妹か、母親の兄弟の妻か父親の兄弟の妻か、母親のおばなのか、父親のおばなのか、母親や父親より年上か年下か、長子か末子かなどによって、別々の言葉で呼ばれるのだ。その呼び方は全部違うし、発音も似ていない――「おばさん」に挨拶するたびに、頭の中で家系図を思い出す必要がある。言葉が思考を変えるかどうか（変えるとする説は、サピア・ウォーフの仮説としてよく知られている）について、まだ結論は出ていないが、言葉が私たちの注意を多様な物事へと向けるのは間違いない。

チェンはこの問題に対して、言語のまた別の特徴である「動詞の活用」に着目した。英語では、「go」は「went」「goes」「going」「gone」と変化する。英語を母国語とする人がフランス語やドイツ語などの言語を勉強すると、一つの動詞が何種類もの形をとることに戸惑うことが多い。中国語の話者はとくに苦労する。「おばさん」を指す言葉は一〇種類以上あるが、中国語では時制が変わっても動詞は一般に変化しない。中国人は過去と未来について話すとき、現在について話すときと同じ動詞を使うのだ。

チェンの仮説は、現在について話すときとは異なる言葉を用いて未来について話すと、自分自身について話しているときでさえ、未来が遠くに感じられ、自分以外の誰かが関わっているように感じられる、というものだ。すると、現在の自分は、未来の自分に対してあまり親切ではなくなる。少し奇妙に聞こえるが、これは行動経済学者などが考えている未来へのアプローチについての考え方である。

たとえば、テレビのコメンテーターなどがよく取り上げる問題に、多くのアメリカ人の老後の蓄えが少なすぎるという問題がある。考えてみれば、老後のために貯蓄をするということは、現在の自分に多くを要求しているということだ。今貯蓄するということは、現在の欲求や必要性に充てられるお金をしまい込んで、そのお金を、現在の自分とは違っているかもしれない未来の自分に渡すということなのだ。私たちは気づいていないかもしれないが、心理学者のダン・ギルバートは、私たちが人生に求めるものはわずか一〇年で随分変化すると指摘しており、将来のためにお金を貯めるということは、基本的に将来の自分が、現在の自分も認めるような形でそのお金を使ってくれると信頼しているということなのだ[18]。同様に、未来の自分は、現在の自分が未来の自分の福利のためにお金を貯めてくれるものと信頼していることになる。

物事を先延ばしする傾向は、行動経済学者や心理学者が近年明らかにした多くの心理的傾向の一つにすぎない。こうした傾向に影響を受けると、もう少し内省的であれば避けられたような過ちを犯してしまう。将来のための貯蓄についてだけではなく、何が自分を幸せにしてくれるかを認識したり、新しい情報に基づいて自分の信念を更新したり、他人の行動を解釈したりする際にも、誤った選択をしてしまうのだ[19]。

本書で取り上げた多くの考え方は意外な応用もできる。その一つは、二者間の信頼に用いるだけではなく認知バイアスの理解に用いることだ。つまり、自分自身を信頼すべきときと、信頼すべきではないときを見きわめるのに役立つのだ。だが、信頼を築くということは、自分の中の信頼を理解すること以上に、未来への投資にほかならない。私たちは、将来利益を受けられるような関係を構築するために、今リスクを負い、高い犠牲を払っているのだ。自分自身を理解し、将来への投資が不足する傾向をいかに克服するかを理解することが、社会での信頼を高めるために重要になる。

未来を信頼し、過去を信頼する

著者の私生活に最大の変化をもたらした数理モデルは、テッド・オドノヒューとマシュー・ラビンによる先延ばしのモデルである[20]。先延ばしをしなくなったわけではないが、自分がいつ、なぜ先延ばしをしているのかを自覚するのに役立った。すると、先延ばしに罪悪感を抱かなくなり、おそらくは、効果的に先延ばしをするようにさえなった。このモデルは、人は現在得られるものに対し、将来得られるものの二倍の価値を置く傾向があるという、実験的証拠に基づいている。今日ハンバーガーを一個もらうか、来週ハンバーガーを二個もらうかの選択を与えられたら、私は今日ハンバーガーを一個もらうほうを選ぶかもしれない。これと同じように、今日起こるつらいことは、将来起こると予想されるつらいことの二倍つらく感じるのだ。たとえば、来週あなたが皿洗いを二晩するなら、私は今晩皿洗いをすることに同意するかもしれない。

当然、過去の選択を後悔することもある。来週になってひどく空腹を感じたとき、私はハンバーガーを二個もらえるまで待てばよかったと思うかもしれないし、先週皿洗いをやっておけば、今週は二回もやらなくてよかったのにと思うかもしれない。

このように未来の価値を低く評価すると、長期的な行動パターンに関して、さらに不愉快な影響がもたらされることになる。たとえば、あなたはタバコをやめたいと思ったとする。今禁煙する場合に伴う苦痛は相当だが、肺癌（喫煙を続けたら起こりうる結果）はその倍以上の犠牲を払うことになると、多くの人は思うだろう。だから、喫煙者の六八％が禁煙したいと言っているのだ[21]。では、なぜ禁煙しないのだろうか？　先延ばしのモデルで説明できる。肺癌に伴う犠牲は非常に大きいが、来週禁煙する場合の苦痛は、今日禁煙する苦痛とほぼ同じである。しかし、今日やめる場合の苦痛は二倍つらく感じる。だから、ほとんどの人は今日やめるよりも来週やめたいと思うのだ。来週やめても肺癌になる確率はそれほど上がらないのだから、あと一週間、喫煙を楽しめばいいじゃないか。来週になると、当然ながら、かつて未来だったものが現在になり、あと一週間だけ先延ばしにすることが魅力的に映る。結局、未来は決してやって来ない。残念なことに、すべての選択は今行われているのである。

同じ理屈が、老後の蓄えやダイエットなど、いろいろなことに当てはまる。今日ケーキを食べて来週からダイエットを始めればいいという考えは、魅力的に聞こえる。同様に、老後資金を今日ではなく来週から蓄え始めるのも、無理のないプランに思える。問題は、その「来週」が来ないことだ。今日の自分が立てた計画を未来の自分が実行してくれると、人は無邪気にも考えてしまうことがあるが、結局のところ、未来の自分は信頼できないことがわかる。

リチャード・セイラー（行動経済学の分野を発展させた功績でノーベル賞を受賞）が提案し、彼とキャス・サンスティーンの共著『実践　行動経済学』（遠藤真美訳、日経BP、二〇〇九年）が広めた解決策の一つは、リスクを減らすために使われるルールと同様の制限を、将来の行動に課すことである。たとえば、退職後貯蓄プランを今すぐではなく来月から開始するという契約をしてはどうかと、セイラーは提案する。今すぐに貯蓄するという契約にサインするのは難しいかもしれないが、来月から貯蓄を始めることに同意するのは比較的簡単である。セイラーは同様に、今ではなく来月に禁煙できるようなシステムを提案した。タバコの購入許可証を義務づけ、喫煙可能な年齢に達している人なら誰でも無料で取得できるようにする。そして、許可証所持者はいつでもこの許可証の失効申請ができる――翌月から失効するように申請するのだ。一度失効すると、再発行まで一ヵ月待たねばならない。このようにして、喫煙者は未来の自分に禁煙を強制的に課すことができる。

未来の行動にルールを課すという解決策の代案は、自分自身を、自分の未来の信頼できる管理者にすることだ。言語による未来時制の有無に関するキース・チェンの考察に話を戻すと、先延ばしの問題は、未来の自分の福利を現在の自分の福利よりも低く評価するために起こる。即座に得られる満足を優先する心理的傾向を取り除くことができれば、問題は解決する。セイラーが未来の自分をコントロールすることを提唱したのに対し、チェンの研究は現在の自分でも未来の自分でも、すべての自分を一つの存在として見るようになれば、自分の未来を上手に管理できるようになると示唆する。

チェンは世界中の何十万人ものデータを調べ、彼らが話す言語のデータを収集した[22]。その結果、動詞活用がない言語（中国語など）を話す人は、動詞活用がある言語（英語など）を話す人よりも忍耐強いことがわかった。これは、文化や居住国を考慮に入れても同じだった。この発見は、老後の蓄えや教育などにも当てはまる。動詞活用がない言語を話す人は、老後の蓄えや将来への投資を多く行っているという。要するに、現在について話す場合と同じように将来について話すと、将来の自分をもっと大事に扱うことになるということだ。

オドナヒューとラビンが用いた先延ばしの数理モデルは、ゲーリー・ベッカーらが開発した利他主義の数理モデルと驚くほど似ている。どちらの場合も、人は自分自身を気にかける気持ちの何割かで、他人のことを気にかけると仮定されている。[23] 本書を執筆した動機の一つは、肉親や部族だけを大切にしていた時代から、国家や宗教、あるいは人類全体といった、さらに大きなコミュニティの他者も大切にするように、信頼が発達してきたと示すことであった。チェンの研究結果は、同じ考え方を私たちの未来にも適用することが可能であり、現在の自分や社会を大切にするのと同じように、未来の自分や未来の人類を大切にできるようになることを示唆している。

心の社会

オドノヒューとラビンは、現在の自分が未来や過去の自分と異なる選好を持つかもしれないという一つの側面について考えるだけで、多くを説明できることを示したが、この考えは、一九七〇年代のコンピュータ科学者マーヴィン・ミンスキーが「心の社会」と呼んだものへと拡大できる。[24] ミンスキーの考えは、人間の認知とは、心の中で相互作用する多種多様なエージェントによる創発物と考えられる、というものだった。この考えは、人間は合理的であるという伝統的な新古典派経済学の考え方に異を唱えるものだ。「合理性」は含みのある言葉だが、経済学者にとっては、人々が目標を持ち、その目標を達成するために行動を起こすという意味にすぎない。ミンスキーはむしろ、私たちの心は、それぞれが矛盾した目標を持つエージェントの社会だと考えられるとした。

現在では、人は生得的な目標を持つのではなく、目標（経済学では「選好」と呼ぶ）はその場で作られることがわかっている。巧みに行われた実験からは、人間の選好は恣意的な一貫性（あるいは一貫した恣意性）を示すことがわかる。[25] 表面的には一貫した目標に向かって行動しているように見えるが、研究者たちは、社会保障番号を尋ねるような無意味な介入を挟むことによって、実験対象者が望むものを操作できることを発見した。

　これについては、人の行動は自分では完全に理解できない衝動によって駆り立てられ、その衝動は、長期的には目標達成に向けて作用するが、短期的には実験者の介入により操作可能だからだ、という解釈もできる。多くのゲーム理論家がこの考えを取り入れて、自分自身と対戦するゲーム（つまり、心の一部分が別の部分に対して行うゲーム）のモデルを作った。私のお気に入りは、ロラン・ベナボーとジャン・ティロールが提示した、自分自身の高潔さについて確信が持てないというモデルだ。道徳的試練にさらされたときに私たちがどう反応するのか、私たちの意思決定を司る部位にはわからない。私たちは自分が善良であると信じたいが、そうでないことを恐れている。この単純な考え（とその数学的モデル）は、心理学文献の多数の研究結果を明確にする。[26]

　たとえば、集団内の信頼を維持する方法として、信頼できないと判明した人物を集団が排斥することについて、本書で紙幅を割いて説明した。ところが、好人物すぎる人や信頼性が高すぎる人が排斥されることもある。道徳的不確実性モデルによると、これは、私たちが自身の不道徳な行為を思い出したくないかららしい。道徳の鑑のような人たちに囲まれていると、自分自身を欺くことが難しくなる。これは、たとえば臓器や票や性の売買のようなある特定の話題が、議論でご法度とされる理由でもある。自分たちがいかに道徳心が薄いかを思い知らされたくないので、議論禁止という禁忌を作るのだ。

　このモデルで人間の行動の数々を説明できる。このモデルの核心は、私たちは他人の信頼性に不安があるように、自分自身の信頼性にも不安があるということだ。この不確実性が、自己イメージを守るための行動を引き起こし、その行動のいくつかは他者との関係に影響を与える。信頼できない人を疎外すると同時に、高潔すぎる人も疎外する。さらに、自意識が脅かされたとき、自分のアイデンティティを他者に示そうと躍起になる。

謝罪と非難の経済学

大学院時代のルームメイトは悩みを抱えていた。彼には日曜の朝に一緒にテニスをする友人がいたのだが、その友人はいつも遅刻してくるのだ。彼女は毎回しきりに謝罪するのだが、翌週にはまた遅刻して謝罪を繰り返す。ついにルームメイトはうんざりして、私に尋ねてきた——何でわざわざ謝ったりするのか、中身のない言葉にすぎないのではないか、と。[27] 私は信頼の研究を取り上げて、ルームメイトが投げかけた素朴な疑問に答えようとした。なぜ謝罪を受け入れるのだろうか？ 言葉が安直なものだとしたら、果たして謝罪に意味があるのだろうか？ この質問を気にかける理由は、謝罪は壊れた信頼を回復するからであり、本書で述べてきたように、信頼は経済の基礎だからである。

もちろん、信頼は経済の取引だけではなく日常的な交流でも重要であり、金融取引を支配する信頼のルールは、個人的な関係にも何らかの示唆を与えてくれる。たとえば、結婚は契約である（法的にはもちろんだが、暗黙的にもそうである）。結婚（と離婚）を規定する広範な法的枠組みがなくても、あらゆる人間関係に持ち込まれる社会的なルールと期待がある。

本項では、人々が高い犠牲を払うことによって成り立つ制度としての謝罪に目を向ける。高い犠牲を払うのは、それによって信頼を回復できるからだ。

なぜ謝罪するのか？

この問いに対して一言で答えるなら、謝罪は有効であり多額のお金を節約できるからだ、ということになる。

私はスタンフォード大学で室内実験を行い、この疑問に初めて取り組んだ。コンピュータのインターフェースをプログラミングし、学生同士が繰り返し信頼ゲームをできるようにした。一人の学生に投資家、もう一人の学生に起業家という役割を割り振った。投資家は毎回一〇クレジットを与えられ、安全なオプションに投資することもできるし、起業家と一緒に投資することもできる。起業家は自分の好きな分だけ資金を確保してもよいし、投資家とリターンを共有してもよい。しかし、毎回、起業家が成功するかどうかという、いくばくかの不安が残された。起業家が適切な行動をとり投資家とリターンを共有しようとしても、その努力は失敗に終わるかもしれない。一方投資家は、プロジェクトの成否だけを知り、起業家がどんな選択をしたのか知ることはできない。そのため、投資家が何も得られなかったとしたら、それは起業家が信用できないか、運が悪かったかのどちらかだろう。私は起業家に、成果が出なかった場合はそのゲームの終了後に謝る機会を与え、時間の経過とともに信頼にどんな変化が起こるのかを観察した。

その結果、端的に言うと、謝罪は効果的であることがわかった。投資家は、謝罪した人をより信頼するようになった。これは、信頼の置ける人ほど（ゲームプレイ中にどれだけ共有する傾向があるかで測定した）、謝罪する傾向が見られたからだ。理論的には、リスクが大きいとき（信頼の必要性が高いとき）、より多くの謝罪が見られるはずだとされ、実際にこの実験では、参加者が相手についてあまり知らない人間関係形成の初期に、多くの謝罪が見られた。

もちろん、これは室内で行われた実験にすぎない。実際に利害関係のある環境で謝罪が有効かどうかを確認できるほうがいいだろう。私は経済学者のエレイン・リウとともに、この問いに重点的に取り組んだ。謝罪がよく登場する政策に、医療過誤がある。謝罪を奨励する州法がアメリカで可決されたことで、医療過誤訴訟の和解にかかる時間が短縮され、和解金が減少したことを私たちは突き止めた[28]。さらに、最も減少した医療過誤訴訟の種類を調べると、謝罪が有効な場合とそうでない場合（およびその理由）について、さらに把握することができた。

たとえば、謝罪に関する法律は、軽傷に関連した訴訟で最大の削減効果を発揮した。また、産科と麻酔科の専門医の訴訟で大きな効果があった。患者層別では、乳幼児を対象とした訴訟できわめて効果的だった。また、ミスの種類は、医師の不適切な管理および診断ミスだった。

この研究から、次の実験の着想を得られた。次の実験では、どのような謝罪が効果的なのか、なぜ人は謝罪しないことが多いのかについて探ることにした。

なぜ謝らないことが多いのか？

医療過誤の事例から、謝罪を難しくしているものは何かという手がかりが得られる。謝罪は、大きな代償を伴うことが多いのだ。医療過誤の場合、その代償は訴訟に発展する可能性である。謝罪が安上がりなら、果たして謝罪に意味があるのかという、先ほどの疑問の答えは、安直な言葉にはあまり意味がない、ということになる。謝罪が高くつき代償を伴うものであればこそ、謝罪した人に再び信頼を寄せても大丈夫だとわかるのだ。

私の研究では謝罪を五つに分類する。それぞれが、「ごめんなさい」（I am sorry）という言葉に付随するさまざまな代償を表している。

・「お祖母さんのご病気はお気の毒です」――これは、誰かが感じている痛みを単に認識する謝罪だ。その痛みに対して責任を負うのではなく、単にそれを認めるものだ。これはよく**部分的謝罪**と呼ばれるが、自分が責任を取るべきだったことに対してこの謝罪を用いると、たいていは問題になる。たとえば「気分を害されたのなら、申し訳ありません」などのように。

・「申し訳ありません。私のせいではないです」――これは失敗の**言い訳**をする謝罪だ。これも、言い訳が本当のことである場合には、簡単で、代償の少ない謝罪として効果があるが、多くの場合は厄介なことになる。

・「申し訳ありません。お詫びにお花を」――これは、何らかの**具体的な代償**を伴う謝罪だ。花は驚くほど値段が高いことがある。NBA選手だったコービー・ブライアントが浮気をしたとき、謝罪として妻に何百万ドルもの指輪を贈ったのは有名な話だ。

・「申し訳ありません。もう二度としません」――これは、今後の改善を**約束**するものだ。この場合の代償は、相手は許してくれるかもしれないが、自分をより高い基準に置かなくてはいけないことだ。つまり、また失敗したら、最初から謝らないほうがよかったということになる。

・「申し訳ありません。私がばかでした」――これは、謝罪者がどことなく**へりくだる**ような謝罪だ。謝罪者は信頼が回復することを期待して、自分の印象を悪くしたり、無能に見せたりする。

謝罪が効果的である一因は、それが裏目に出る可能性もあるからだ。これは謝罪のハードルを上げる。謝罪が困難であるほど効果があるため、それは好ましいことである。ただし、その分、失敗したときの影響も大きくなる。

このような代償と影響が謝罪に意味を与えるために必要であることを、私は数学的に示した。その後、バジル・ハルペリン、イアン・ミューア、ジョン・リストといった共同研究者とともに、ウーバーの協力を得てさまざまな種類の謝罪について調査した。

ウーバーはタクシーや公共交通機関に代わる乗車サービスを提供している。同社は、目的地への到着が一度でも大幅に遅れると（他の利用者の同様の乗車と比べて九五％より遅くなると）、利用者は別の手段に切り替えるため、それ以降の彼らのウーバー利用費が五から一〇％減少するという問題を抱えていた。私たちはウーバーと協力して、謝罪がどのように、そしてどのような場合に役立つかを把握しようとした。

ウーバーの利用者を煩わせたくなかったので、部分的謝罪や言い訳といった安易な謝罪は用いなかった。到着が遅れた利用者に電子メールを送り、他の三種類の謝罪についてテストした。その際、次のような方法を試した。

1. 具体的な謝罪：次回から使える五ドルのクーポン券を提供する。
2. 約束に基づく謝罪：今後の改善点を約束する。
3. へりくだった謝罪：不快な経験をさせたことに対し、こちらの非を認める。

不愉快な思いをした一五〇万人の利用者にメールを送り、その後八四日間の彼らの支出を追跡調査した。その結果、この種の謝罪は概して効果的であることが判明した。五ドルのクーポン券の謝罪は、五ドル以上の支出を生み出していた。しかし、謝罪が逆効果になる可能性があることもわかった。これは、約束に基づく謝罪を受けた人たちにとくに当てはまった。へりくだった謝罪がとくに有益または有害であるという証拠は見つからなかったが、おそらくこの状況ではうまくいかなかったと思われる。このような対処法のアイデアは、謝罪に関する研究のなかでとくに感銘を受けた実験から生まれた。

ラリッサ・ティーデンスは、クリントン政権末期、モニカ・ルインスキー事件に対する弾劾審問の直後に実験を行った[29]。ティーデンスはビル・クリントンの宣誓証言をビデオに撮り、それを編集してクリントンが謝罪しているように見えるビデオと、クリントンが謝罪せずに怒っているように見えるビデオを作成した。彼女はそれぞれのビデオを、別々の学生のグループに見せた。謝罪するクリントンを見たグループは、何とクリントンに対する好感度が上がり、より善良な人間だと感じた。一方で、怒っているクリントンを見たグループは、好感度は下がったが、より有能な大統領だと感じた。注目すべきは、怒ったクリントンを見たグループはもう一度クリントンに投票したいと思う傾向が強かったことである。謝罪は効果的だったが、彼の大統領としての品格と能力がその代償となった。

和解と安易な謝罪の不可能性

私が謝罪に興味を持ったのは、本書のその他テーマと同様に、主に個人や組織の二者間の関係についてだったが、政府が国民とどのように関わるか、人々が互いにどのように関わるかという点でも、謝罪は重要な役割を担っている。このことは、奴隷制度から不当な戦争、大量虐殺に至るまで、社会全体が犯した大きな犯罪に対して、政府に謝罪を求める声や、人々に謝罪を求める声にも見て取れる。たとえば、シエラレオネ紛争後に組まれた真実と和解のプログラムによってコミュニティの信頼が高まったことが、最近の研究で明らかになった[30]。

シエラレオネのように、和解のためのプログラムが功を奏した事例も確かにあるが、大規模な謝罪が行われても、被害を受けた当事者が満足することはほとんどない。謝罪が効果を発揮するためには、謝罪が困難でなくてはならないからだ。これは、大々的な謝罪でも小さな日常的な謝罪でも同じだ。

謝罪について二〇年近く研究しているので、良い謝罪の仕方について助言を求められることがよくある。何と答えたらいいのか、実はよくわからない。

謝罪は信頼の行為である。先に述べたように、信頼に値する行為の効果は、そのコストに比例する。謝罪が関係修復に一層役立つものになるような助言は、同時にその謝罪を行うことを容易にする。それはその謝罪のコストを下げ、謝罪の効果が小さくなる。

私が調査から得た重要な教訓は、良い謝罪に近道はないということだ[31]。許しには時間がかかる。ドイツはホロコーストについて何十年もかけて謝罪してきた。米国共同ラジオ放送（NPR）の『ロスト・イン・トランスレーション』は、第二次世界大戦中に強制労働収容所に入れられたアメリカ人戦争捕虜に謝罪しようとする日本政府の努力を追った番組だ[32]。捕虜たちは適切な謝罪を受けていないとずっと感じていた。日本政府は彼らに何度も公式に謝罪をした。しかし、公式謝罪は毎回とってつけたように感じられ、謝罪者が個人的利益のためだけに謝罪しているかのような印象を与え、捕虜にとって十分な代償とは感じられなかったのだ。NPRの別番組『ディス・アメリカン・ライフ』では、彼らによれば「ほとんど起こらないこと――つまり勝ち取った謝罪」を記録していた[33]。番組では、ダン・ハーモン（テレビ番組『リック・アンド・モーティ』や『コミュニティ』などの原作者）が、元被雇用者に行ったセクハラの謝罪が紹介された。ハーモンは、自身のポッドキャストに七分半の謝罪文を録音した。この謝罪文は大変良かった。是非ともトランスクリプトを探して読んでみてほしい。しかし、この番組のレポーターが明らかにしたところによると、謝罪は「成功」したものの、セクハラを受けた女性はその後、ハーモンに対して直接ではなくメディアを通じて彼を許したと表明した。七分半の間に何か魔法のような言葉が発せられて許しに至ったわけではない。その七分間の録音は、これまで対面で、ステージで、ツイッターで、メールで、何年も続けて行われた謝罪の一部にすぎない。効果的な謝罪には時間がかかる。最後の謝罪でハーモンは罪を認め、訴訟を起こされても仕方ないと語った。高い犠牲を伴うこと、それが良い謝罪の秘訣なのである。

社会学者のニコラス・タヴチスは、「謝罪のパラドックス」について語っている。私たちは相手に謝罪してほしいと思っているが、いざ謝罪を受けると、真っ先にとる反応はたいてい、相手を罰したり排斥したりすることなのだ。謝罪した人が信頼の輪に再び受け入れられるためには、一定期間追放され、代償を払う必要がある[34]。

信頼の理論には、謝罪の仕方に関する実践的なアドバイスがある。その一つは、自分が何について謝っているのかを心得ておくことだ。謝罪とは信頼を築くことであり、信頼とは将来の相互作用がプラスの結果をもたらすと期待することである。したがって、意図的な結果よりも、意図しない結果についてのほうが謝罪しやすい。多くの実験において、意図的ではない結果に対する謝罪はうまくいき、意図的な行動に対する謝罪は不誠実とみなされ、逆効果になることも多い[35]。また、効果的な謝罪は常に代償を伴う――謝罪が不誠実とみなされた場合には、受ける社会的制裁はひどくなりがちである――ので、謝罪の**タイミング**に注意することが重要になる。通常は、信頼が最も必要とされるときに、謝罪はより効果的になる。信頼とは、不確実性にどう対処するかということだ。したがって、謝罪は人間関係の初期段階や、対処する相手の不確実性が高いときに最も有効だという結果が、私の実験では示されている。

アイデンティティ、尊厳、プライバシー

これまでの章で金融市場における信頼の役割について述べたとき、金利は経済学者が信頼を定量化するための最も純粋な尺度であると指摘した。住宅ローンなどで支払う金利は、借り手のローン返済能力に対して市場が信頼を表す数字である。貸し手は最も有利な金利を競って提供しようとするが、自分たちのコストをカバーできるほど高い金利を課す必要がある。貸し手が主に懸念するコストは、債務不履行のリスクだ。言い換えれば、あなたが信頼できないような行動を起こし、返済しない可能性を恐れているのだ。金利は、あなたの信用度を測る、信用《クレジット》スコアによって決まる。

アメリカでは、信用スコアは、支払い履歴、クレジット利用、クレジット利用年数、新規クレジット、クレジットミックスの五つの要素だけに基づいて決定される。この仕組みは当然のことだと思っている人がほとんどだろう。だが、少し考えてみると、二つの疑問がはっきり浮かび上がる。

1．なぜその五要素だけを使うのか？

2．なぜ信用スコアだけで金利を決めるのか？

この質問に対する答えは、私たちがどのように信頼するかを決める際に尊厳とプライバシーが果たす役割を示しており、参考になる。

中国が「人民と企業との間にさらに大きな信頼を確立する」ことを目的とする社会的信用スコアシステムを導入し始めたとき、私たちはこの二つの疑問について考えることを余儀なくされた[36]。中国は信用履歴だけを見るのではなく、信号無視から、罰金の滞納、ビデオゲームのプレイ時間まで、あらゆる種類の行動に基づいて社会的信用スコアを決定する。

また、通常の信用スコアは主にクレジットにアクセスするためにのみ使われるのに対し、社会的信用スコアは、電車への乗車や飛行機の搭乗許可、子供の学校への入学許可、アパート賃貸許可、インターネットのダウンロード速度、就職、出会い系サイトでのマッチング相手などを決めるために使われる[37]。このスコアはアプリで公開されており、社会的信用に応じて周囲の人たち——たとえばカフェで隣の席に座っている人——から違った扱いを受ける可能性もある。

中国の社会的信用スコアシステム（アメリカと同様に、公的および私的信用スコアの両方から算出される）の報道は、欧米の民主主義諸国に衝撃と困惑を引き起こしたが、中国では非常に人気があると伝えられている。急激に資本主義へと移行したため、中国は信用を付与するその他の制度を発展させる時間がなかった。当然ながら中国の消費者は、市場に出回る商品が信頼できるのかどうか懸念を抱いている。たとえば、偽造は日常茶飯事で、中国の街角では、偽のアイフォンを販売する偽のアップルストアから、乳児の死亡につながった偽の粉ミルクまで、あらゆるものが売られている。社会的信用スコアシステムは、このような信頼の欠如を是正するために必要だとみなされているのだ。

欧米の民主主義国家では一般に、消費者が市販製品や互いに信頼を置いており、このように詳細な信用スコアシステムの利点は少なく、プライバシーの観点から、その代償が大きすぎると思われる。しかし、このようなシステムが欧米ですぐに採用されることはないにしても、グーグルやフェイスブックなどの企業が個人のデータを収集し利用しており、そのやり方から見て、この問題がやはり重要であることを意味している。

尊厳、すなわちすべての人が平等に扱われるべきだとするより大きな考え方も、拡大する一方の信頼の輪の究極の目標である。

何を基準に信用するか？

二〇〇〇年、アマゾンは、把握する消費者情報に基づき請求価格を変えるという実験を行った。このような価格差別は、多くの産業で一般的に行われている。とくに航空会社では、不可解で大幅に変動する公式に従って価格設定が行われ、乗客は実質的に同じ座席に対してまったく異なる代金を支払っている。だが、時間帯によって価格を素早く変える「ダイナミック・プライシング」と、購入者のアイデンティティに基づいて価格を決める「パーソナライズド・プライシング」とは異なる。後者は一線を越えた感があり、アマゾンは顧客の反発を受けてすぐに撤回した（高等教育では、大学やカレッジが個別の学資援助パッケージに基づき異なる価格を設定しているが、これは、パーソナライズド・プライシングが最小限の反発ですむと思われる、数少ない分野の一つである）。

人々が過去の行動やアイデンティティに基づき企業から異なる扱いを受けるという考えは、西洋諸国の大半では受け入れられないだろう。プライバシーを保護し、アイデンティティに基づく差別を制限するために制定された欧米の法律の観点からも、そう言える。誰を信頼すべきか判断する際に考慮に入れることが許される要素を、政府がどのように規制しているかについて調べることは有益である。

アメリカでは、一九七四年に制定された「信用機会均等法」により、人種、肌の色、宗教、国籍、性別、婚姻状況、年齢に基づいて与信判断をすることは違法とされている。これは基本的に、お金を預けられると思う人を見分けるために、使うことが許される情報を規制しているのだ。たとえば、多くの場合、男性よりも女性のほうが借り手として信頼できるという研究結果がある。ムハマド・ユヌスは、グラミン銀行を設立した功績でノーベル平和賞を受賞した。この銀行は女性を対象に融資することで途上国の支援を目指したが、女性のほうが信頼できることもその一因である。シリやアレクサのようなAI音声アシスタントは、信頼感を高めるために、通常は女性（名前や声音など）として初期設定されている[38]。女性の信頼性が高いのだから、女性のほうが低リスクの借り手であるため、貸し手は女性に対し低金利を提示するはずである。だが、貸し手が判断の基準にできるのは、性別ではなく、賃金や過去の信用履歴のみである。そのため、現実には不合理な結果が生じる。つまり、女性は男性よりも賃金が低い傾向があるので、一般的に女性のほうが信頼できることがわかっていても、男性よりも平均して高い金利が課されるのだ[39]。

年齢や人種、性別、そして個人のアイデンティティを構成するその他重要な要素によって、企業が個人を差別的に扱うことは望ましくないと思う理由は、誰もが理解できるだろう。しかし一方で、他人が自分をどう扱うかに対して、過去の自分の行為が与える影響については、何らかの制限を設けたいと思うかもしれない。貸し手が私たちのクレジットカードの支払い遅延履歴を与信判断に用いることに抵抗はないが、交通規則を無視した道路横断歩行の傾向や出会い系アプリのプロフィール、オンラインショッピングの履歴などのデータにアクセスし、それを利用することには抵抗を感じる。

つまり、私たちにはプライバシーの権利があると信じているのだ。プライバシーの議論に欠けている重要な側面は、プライバシーの権利は物事を秘密にすることではなく、主に、自分に関する特定の情報が誰によってどのように使われるかということである。たとえば、出会い系アプリのプロフィールは秘密ではなく、かなり公開されている。誰かが自宅を訪問したときに、購入したのがオンラインでもそれ以外でも、その品物を隠したりしない。デートの相手やインテリアの好みに関する情報は、特定の文脈で一部の他者が入手できる。プライバシーの権利は、その情報がどのように、誰によって使用されるかに関わることなのだ。

プライバシーは比較的最近になってから懸念されるようになり、そのため、個人情報の共有と利用に関する規範は、まだ（道徳的にも法的にも）論争が続いている。欧州連合は最近、一般データ保護規則（GDPR）を制定した。これは、ウェブサイトによる個人情報の使用と収集を制限し、また、世間に記憶されたくない事柄をグーグルなどの検索エンジンに「忘れる」ように要求できる、「忘れられる権利」を規定している。たとえば、他人に見られては困る写真を元パートナーから勝手にネットに公開された人は（いわゆるリベンジポルノ）、検索エンジンやウェブサイトからその写真を削除してもらう権利がある。同じように、犯罪を犯した後に刑期を終えた人は、その犯罪に関するすべての情報をグーグルなどのサイトから削除し、検索エンジンに表示されないようにする裁判所命令を出してもらうことができる。

忘れられる権利は、過去の行為が原因で疎外されたり不信感を持たれたりしてはならないという考えに基づく。もちろん、この考えに異論がないわけではない。リベンジポルノ――仕返しに相手の裸の画像を勝手にネットで公開すること――による個人情報はインターネットから削除すべきだという点に関しては、幅広く合意が得られているが、過去の性犯罪者に同じ権利を与えることに関しては、あまり合意が得られていない。信用スコアに認められるものについて議論されているように、プライバシーの限界も議論されている。

いずれにしても、プライバシーは、通常は透明性に基づく信頼の構築と根本的に相容れない。先に述べたように、信頼とは交流している人々についての信念である。周囲の人々について多くの情報があるほど、あなたの信念は正確になる。しかし、そうした情報へのアクセスを増やせば、プライバシーが減っていくことになる。プライバシーと信頼の間に生じるこの緊張は、基本的な人間の尊厳に起因する。それは、人はそのアイデンティティに基づいて異なる扱いを受けてはいけないという考えに基づいている。この基本的な尊厳を守るためにプライバシーの権利は明文化されている。しかし、このプライバシーの権利は私たちが誰を信頼するかを判断する際に邪魔になる。

尊厳の重要性

しかしながら、人格としてみられた人間、すなわち道徳的＝実践理性の主体としてみられた人間は、すべての価格を超え出ている。（…）人間は尊厳（絶対的な内的価値）を有し、これにより人間は、この世界の他のあらゆる理性的存在者に自分への尊厳を強要し、そうした存在者と自分とを比較し、平等の立場から評価することができるのである。

カント『人倫の形而上学』（『カント全集』第一一巻。樽井正義・池尾恭一訳、岩波書店、二〇〇二年）

カントは、たとえ人が過去に犯罪や不道徳な行為をしていたとしても、すべての人間はその人が誰であるか、何をしたかにまったく左右されない扱いを受ける権利があると考えていた[40]。ともあれ、カントが思い描いた尊厳は、経済学にとってかなり新しい考え方である。この引用で表現されているように、彼は尊厳を、功績に依らず、人間であることのみを拠り所として尊重される権利だと考えている。功績に依らないということは、アイデンティティ（年齢や人種、性別など）に依らないということであり、過去の行動に依らないということでもある。もちろん、これが現実にどのような意味を持つのか突き止めるのは一筋縄では行かない。尊厳の平等とは、行動の違いにかかわらず、どの人も決して他の人と異なる扱いを受けてはいけない、という意味ではない。もう一つの問題は、誰かを尊重するとはどういうことなのかということだ。本章を書く動機となった事例は、信用スコアによってクレジットカードや銀行融資へのアクセスがどのように決まるかということだ。中国のシステムでは、学校の入学や電車のチケット購入などにも信用スコアが使われている。平等な扱いはすべての領域で必要なのか、それとも一部の領域だけに必要なのだろうか？　プライバシーをめぐる最近の議論は、このような対立をさらに明確にしている。

経済学者の効率性に対するこだわりが、本書を通して提示されている。信頼を支える制度が目指したことは主に、人々が生活や仕事をともにする人の信頼性について、できる限り正確な情報を得ること、そして人々が信頼に値する行動をとることを後押しすることだった。経済学者は一般に、情報が多いほど優れた意思決定ができるようになるので、多くの情報を得るのは望ましいことだと考える。

中国の社会的信用システム、あるいはグーグルやフェイスブックなどのハイテク企業が個人情報をすべて把握するビッグデータの世界に対する人々の怒りは、たとえ情報に制限を設けることが意思決定や経済全体の効率性を阻害するとしても、他人に知ってほしい情報には限界があることを示している。恐れの一部は、個人に関して収集された情報が不正確または不完全かもしれないということである。企業が保有する情報はどうしても不完全であり、自分の信用度が誤ったデータによって決定されては困るという気持ちも、反対意見を招いているはずだ。一生分の善行が、たった一度の判断の誤りで帳消しにされることもあるだろう——正直な話、私たちの誰もがその手の過ちを犯す可能性がある。ユーチューブやソーシャルメディアの時代に、そのような過ちは一生付いて回る可能性がある。

この個人情報の収集方法について説明責任がないことが、世間では懸念されている。もし、ある人に関する情報が誤解を招くような人物像を描いたものだったとしても、それを修正する適切なシステムがまだないのだ。インターネットのデータは不正確かもしれないという考え方は、経済学の文脈では理解しやすい。経済学者たちは、情報が多いほど良い意思決定につながるが、誤解を招くような情報は悪い意思決定につながると考えている。したがって、間違った情報は規制され抑制されるべきである。

だが、情報の正確性だけがプライバシーに気を配る理由ではないだろう。忘れられる権利の規定につながった多くの請願は、誰を遠ざけるべきか判断するという問題に関連している。信頼と宗教の議論で述べたように、信頼の歴史には、信頼と隔絶という相反する力のバランスの図り方も含まれている。信頼できない行動を罰する方法として、また内集団（自分たちが信頼する人たち）と外集団（自分たちが信頼しない人たち）を分ける方法として、隔絶を用いる。これまで見てきたように、私たちには排斥しようとする本能が生物学的・文化的にも深く根ざしている。このような法規は、人間の尊厳に対する基本的な権利を守るために、隔絶しようとする本能を抑える手助けが必要かもしれないという考えに基づいて、作られている。

プライバシーの権利は、カントが好んだもう一つの考え、つまり誰もが自律の権利を持つという考えと結びついている。隔絶は社会的コントロールのツールである。そのツールは、規則とメンバーの信頼性を強制するために宗教で使われる。中世時代のシャンパーニュの商人たちは、貿易協定を確実に遵守するためにそのツールを用いた。しかし、テクノロジーによって私生活がますます公共圏の判断にさらされるようになると、過去の行為によって隔絶されるという脅威が、私たちの行動様式にさらなる制約を加え、自律的に行動する能力を阻害するようになる。

アイデンティティの経済学

本書は、経済学の文献から得られた主要な知見を中心に構成しようと努めてきたが、尊厳とプライバシーに関する本項は、いくらか推測に基づいている。尊厳とプライバシーに関する経済学の文献は確かにあるのだが、いずれもわずかしかなく限られているからだ。プライバシーに関する文献は主に、プライバシーのためにどんな対価を払うかということに関心を寄せており、私たちのプライバシーに対する要求を、まるで消費できる物のように扱っている。[41] 私たちがプライバシーに根本的にこだわる理由についてはあまり触れられていない（ここにヒントがある。私は尊厳のためだと考える）。

尊厳に関する文献には二つの流れがある。一つはノーベル賞受賞者で哲学者のアマルティア・センが主導する道筋で、尊厳は社会の目標であると主張し、健全な社会の考え方を、高いあるいは成長する国内総生産（GDP）を達成した社会から、より多くの尺度で成功した社会へと拡大するようにと、経済学者に説得を試みている。[*3] 社会の人々にとっての効用という観点からその目標を達成できるのであれば、経済学者はGDPよりも広範な福利の見方に喜んで注目するだろうと思う。だがセンはさらに踏み込んで、最大化する必要があるのは人間の潜在能力（ケイパビリティ）であり、その能力は自由と自律という根本的な目標に由来すると指摘する（この考えを哲学者のマーサ・ヌスバウムが拡張し、人間のケイパビリティ・アプローチの目標は基本的に尊厳から導かれると主張している）。

尊厳に関する経済学の文献のもう一つの流れは、前者よりも新しく緊急性が高い。アン・ケースとノーベル賞受賞者のアンガス・ディートンは、GDPでは不十分であるというセンの主張と同様の考えを表明している。しかし、彼らの研究はより具体的な指標に重点を置いている。なかでも、二〇一五年から二〇一七年にかけてアメリカの平均寿命が数十年ぶりに低下したことを、とりわけ四五歳から五四歳の労働者階級の間で低下したことをケースとディートンは明らかにした。データを丹念に調べたところ、寿命が短くなった原因は自殺と薬物の過剰摂取が著しく増えたことにあった。自殺と薬物過剰摂取の原因は複雑でさまざまな要因があるが、ケースとディートンはこの二つを結びつけて、「絶望死」と呼んでいる。絶望の原因は不明だが、多くの評論家が絶望は尊厳の喪失に起因すると考えている。[(42)]

尊厳、自律、プライバシーの相互の関連性について、私はアイデンティティの経済学を通して考える。自分がどのように認識されるかを気にかけることについては、驚くほど見事で大量の経済学の文献がある。近代経済学の創始者であるアダム・スミスが、著書のなかで最も知られる『国富論』を執筆する前に別の本を書いていたことは、忘れられがちである。一七五九年、スミスは『道徳感情論』

（村井章子・北川知子訳、日経BP、二〇一四年）の中でこう書いている。

人々があくせく苦労するのは何のためなのだろうか。強欲、野心、金銭欲、権力欲、出世欲の究極の目的は何だろうか。必需品を手に入れるためだろうか。それならごくふつうの労働者の賃金でも十分に可能であり、現に彼らは自分と家族の衣食住を賄っている。しかもこの労働者の家計をくわしく調べてみたら、収入の大部分をなくてもよいような余計なものに使っていることがわかるだろうし、ときには見栄や体面のための出費をしていることがわかるだろう。（…）では、社会のどんな身分にも見受けられるあの競争心は、どこから生まれるのだろうか。また、「生活をもっとよくしたい」という人生の大目的を追求するのは、どんな利益のためだろうか。共感、好意、是認をもって他人から見られ、遇され、認められること――私たちがこの目的の追求から得ようとする利益は、これに尽きる。私たちを駆り立てるのは虚栄心であって安寧や快楽ではないのである。

スミス『道徳感情論』（村井章子・北川知子訳、日経BP、二〇一四年）

スミスは、人がお金を稼ぐことにこだわるのは多くの物を手に入れたいからではない、と指摘した。一八世紀でさえも、最貧の労働者は基本的な生活必需品を買えるほど十分なお金を持っていた。むしろ、衣服や住居といった生活の基本にかけられるお金が十二分にあるなら、さらに立派な衣服や住居にお金をかけるようになる、とスミスは主張した。私たちがおしなべて良い服や良質なものにこだわるのは、基本的に自分が他人からどう扱われるかを気にしているからなのだ。

その一〇〇年後、ソースティン・ヴェブレンは著書『有閑階級の理論』の中で、「顕示的消費」という考え方について述べている。この考えによれば、私たちが手入れの行き届いた青々とした芝生のある家で暮らし、良い車に乗るのは、主に金持ちに見せるためだという。この考えは多数の文献にまとめられ、たとえばトヨタのプリウスが成功した主な理由は「顕示的消費」であることや[43]、会社で高い業績を上げた人は給料が低く、低い業績の人は低い地位を補うために給料が高くなることなどが明らかにされた[44]。

私たちが物を買うのは「虚栄心」からであり、「同情や称賛」をもって扱われるためであるという考え方は古くからあり、議論の余地はないが、共同研究者たちとの研究では、この考え方を拡張し、何を購入するかという選択だけではなく、どんな行動をとるかという選択のすべてにどう当てはまるかについて検討した。私たちの人間行動モデルは、経済学者が意思決定のモデルとして用いている効用モデルを拡張したものである。私たちは、人がある行動（プリウスを買う、ローンを組むなど）を起こす動機を、その行動から得られる内発的（または道具的）効用と、外発的（または表現的）効用に分類している。内発的効用は、行動を起こすことで得られる直接的な利益から成る。たとえば、自動車の運転を楽しむことや、所有者を職場に運ぶ能力などだ。外発的効用とは、その決定が他者からの扱われ方にどのように影響するかということである[45]。

この定式化によって、人が選択する動機を内発的および外発的起源に分解することができる。内発的起源によって動機づけられやすい人もいれば、外発的起源によって動機づけられやすい人もいる。大衆文化では、本物であることが重んじられる傾向があり、内発的な動機だけで選択をしているように見える人は「本物」だとみなされる。音楽の好みが、自分のイメージに与える影響によって形作られ、他者からどのように扱われるかで決まる人は、「本物ではない」とみなされる。

ここ数十年、哲学者たちは個人の自律性を社会の重要な目標と位置づけている。彼らは個人の自律性を「しばしば特定の道徳的内容に関係なく、自分自身で決定し、自分の人生において行動方針を追求する能力」と定義する。[46] 本物を重んじるという一般的意味でも、自律性を重んじるという哲学的意味でも、プライバシーは外在的な制約からの解放に役立つことがわかる。自分の行動が誰からも監視されていなければ、私たちは真の内発的自己に従って生き、行動できる。

だが、自律性とプライバシーへのコミットメントは、社会における信頼を生み出すためのツールに制約を加えることになる。なかんずく、人間の尊厳を尊重するというコミットメントは、信頼と信頼性を生み出すために発達してきたメカニズムに、次の二つの制約を加える。

1. 信頼性を評価する方法（すなわち、誰を信頼するかの判断方法）は、交流する人々のアイデンティティに左右されるべきではない。
2. 信頼性を評価する方法は、無関係な過去の行動に左右されるべきではない。

このアプローチが信用市場にどのように適用されるかについては説明した。年齢や人種、性別を、与信判断に用いてはいけないと法律で定められている。また、過去のほとんどの行動を与信判断に影響させないようにする法律もある。信用スコアは、支払い履歴やクレジット利用状況などの要因に依存するが、仕事や居住地などの要因には依存しない。医療の場合も同様で、たとえ信頼関係が向上するとしても、人種に基づいて患者と医師を組み合わせるべきではない。

カール・マルクスは商品化について懸念を抱いていた。人間の体験がどんどん市場領域に吸収されていくことを懸念した。たとえば、かつては自然の一部として誰もが共有していた土地が、「不動産」として区分化され価格が付けられると、商品化される。経済学者は一般に商品化を賞賛する。イギリスの共有地の分割は、産業革命の引き金となり、世界を近代化させたと言われている。公害や魚の乱獲、芸術やイノベーションへの資金不足など、現代社会が抱える問題の多くはまさに、そうした要因が商品化されていない、つまり財産権や市価という市場システムの中に組み込まれていないときに発生していると経済学者は主張する。

デジタル経済がもたらした大きな変化は、個人情報とプライバシーが商品化されつつあることだ。かつては秘密だったもの、たとえば買い物習慣、自由時間の過ごし方、訪問先などが、今では公になり、取引されるようになった。アマゾンなどの企業は顧客の購入履歴を追跡し、電話会社はユーザーの行き先を追跡・共有し、テレビは視聴履歴を追跡し、ソーシャルメディアはユーザーの交友関係を追跡している。基本的な経済学によれば、こうした進展はすべて良い方向に向かうとされている。今まで商品化されなかった、価値を生まなかった情報が市場に投入され、これまでなかったサービスにお金が支払われている。経済学で「非対称情報」と呼ばれる秘密が公開されるようになり、誰に広告を出すかだけではなく、誰を信用すればいいかという、さらに有用な情報を得ることができるようになった。

これらは、どれも経済の効率化を促進する肯定的な特徴である。だが一方で、それは尊厳と自律性に影響を与えるため、多くの人を悩ませている。新しいテクノロジーがプライバシー、ひいては自律性と尊厳に、新たな恐しい影響を及ぼしていることを、一般市民も政策立案者も真剣に懸念するようになった。行動を起こすようにと呼びかける声が大きくなる一方で、一般の人たちは、アマゾンやフェイスブックなど、自分のデータを他人と共有するサービスを相変わらず楽しんで利用している。これに対して、世間の人々は何が危険なのか理解していないからだと考える人もいる。人々はプライバシーを気にするが、それが自分の自律性に影響を与える限りにおいてだと、私は考える。今のところ、ほとんどの人にとっては、オンラインでデータを共有することのリスクよりも、メリットのほうが大きいのだ。自分たちがどのように、いつ、なぜプライバシーを気にするのかをよく理解することが、賢明な規制を作り出し、消費者が自分自身とプライバシーを守れる方法を生み出すことにつながるはずだ。

第6章 信頼の行方

本書はまず、子どもが親を信頼する生物学的メカニズムや、先史時代の小さな部族で秩序を維持していた制度などの、小さいものに考察を加えることから着手した。そして最後に、私たちが地球全体とそこに住む人間および人間以外のすべての生物に影響を及ぼす問題に対処するなかで、その同じメカニズムが、現在も地球規模で機能していることを検討して締めくくる。

環境問題が地球全体に及ぼす影響や、政治的言説がますます党派的で険悪になっていることなど、世界が直面している問題を見て、悲観的になるのは容易いことだ。問題はかつてないほど大きくなる一方で、私たちの解決能力は低下しているように思える。しかし、広い視野で見るなら、二つの理由から希望が持てる。

第一に、私たちの言説は常に、変化に直面した際、悲観主義者に支配されてきた。マット・リドレーの著書『繁栄——明日を切り拓くための人類10万年史』によれば、ソクラテスの時代から、悲観主義者は、物事を真摯に考える重要な存在とみなされ、たとえ楽観主義者が正しいことが幾度となく証明されていても、楽観主義者は愚かで、おめでたいほど能天気な人と揶揄されてきた(1)。

古代ギリシャのソクラテスは、新技術である文字の読み書きと書物が広く普及することで、文明が崩壊するのではないかと懸念していた。彼は、物事を書き留めることによって、議論ではなく書物から知恵を求めるようになり、市民を結びつけているつながりが失われることを心配したのだ。現代の人々は、互いから得る知識を補うものとして、読書と読み書きを称賛している。それどころか、ソーシャルメディアの出現により、相互の交流から多くを学び、本からはあまり学ばなくなっているのではないかと心配している。

一八世紀にトマス・マルサスは、やがて人口が制御不能になり、飢餓が蔓延して文明が崩壊すると考えた（この考え方は今日でも聞かれる[2]）。しかし、科学技術が必ず人口増加に対応し、多くの国は人口過剰ではなく、むしろ人口が少なすぎることを心配している。今日、ご存じのように、評論家たちは文明の終わりを再び懸念している。ソーシャルメディアのような新しいテクノロジーが、制度に対する信頼を不安定にしている。人口の増加が環境問題を引き起こし、その規模は私たちの制度が対処できる限度を超えていると多くの人が懸念している。

しかし、人間の福祉はどんな指標で測っても、文明の黎明期から着実に上昇の一途をたどってきた。死亡率は低下傾向にあり、幸福度は上昇傾向にある。人種や性別による格差は減少している。性的指向に基づく差別も減少している。貧困層の割合は世界的に減少し、疾病による死亡者数も減少している。世界的に見て、不平等は減っている。女子の教育水準は向上し、乳幼児死亡率は低下し、医療も受けやすくなっている[3]。

ビル・ゲイツが『タイム』誌のゲスト編集者を務めていたとき、次のように指摘した。世界は悪化していない。データもそれを証明している。むしろ状況は良くなっている。悪いことに対する私たちの耐性が低下しているだけだ。たとえ事態が悪化していると感じても、この二点は良い傾向だと考えるべきだろう、と。[4]

信頼は、少なくとも近年ではより複雑な道筋をたどっている。本書が述べてきた人類の歴史の大きな流れは、宗教から市場、法の支配に至るまで、私たちが作り出した制度がどのようにして絶えず信頼の輪を広げ、人間という種の能力を拡大してきたかを示している。

メディアや政府といった専門家への信頼は、ここ数十年で下降（と上昇）している。だが、歴史の流れは明るい方向へ向かっていることを示している。人間関係に関する情報の流れを処理し、信頼できる行動への適切なインセンティブを生み出す制度が発達する一方で、相互信頼に伴うリスクを軽減する方法や、自分の信頼性を実証する方法も確立されてきた。

私たちは、テクノロジーと相互の結びつきによって、問題が地球規模になった時代に生きている。地質学者は現代を「人新世」（アントロポセン）と呼び始めている。地球の行方が主に人間の選択によって形成される時代のことだ。だが、何世紀にもわたり、人間社会の進化は適応能力を実証し、大きくなる一方の社会的ジレンマやコモンズの悲劇に対処するために、社会構造も変化させてきた。このような成長に問題が伴わなかったわけではない。信頼を生み出すために設計されたそのメカニズムが、差異に対する不信感を私たちに抱かせることも多い。それでもなお、私たちは各時代において内集団の定義を拡張し、「自分のような人」という概念を再定義する能力は、拡大する一方だった。この先、大きな難問が待ち受けているが、私たちの社会的進化のルーツは、成功に必要なツールをすでに与えてくれている。

人間はこの難局を乗り越えられると、私は心から信じている。あなたにもそう思っていただけたら幸いだ。

『信頼の経済学』解説

1．市場と信頼

アダム・スミスの『国富論』は、「分業について」と題された章から始まっており、そこでは分業の実例として、ピン製造工場の話が記述されている。これは有名かつ示唆に富んだ例なので、本書でもしばしばこれへの言及がなされている。

スミスが言うように、孤立した労働者がピン製造のすべての工程を一人で担うのならば、1日にせいぜい数本のピンを作るのが関の山かもしれない。しかし、作業工程を細かく分けて各労働者が1種類か2-3種類程度の作業だけに専念したならば、10人の労働者で1日に4万8000本ものピンを作ることができる。

このように分業は、飛躍的な生産性の向上をもたらすのだが、それは労働者たちが各自に割り当てられた役割に沿って、共通の成果を目指して協力して仕事を行うことの帰結なのである。すなわち、本書28頁で著者が指摘するように、経済活動のたいていの局面で、協力はプラスサムの成果をもたらす。そして分業による生産性の向上は、そういう協力の基盤の上で実現されるものなのである。

さて、現代の市場経済を特徴づける言葉を一つあげよと問われたら、多くの人は「競争」と答えるのではないだろうか。実際、『国富論』においても競争という言葉は多数散見される。しかし、その一方でこの大部な書物が、競争ではなく分業から始まっていることは注目に値する。上述のことからもわかるように、実は市場経済システムにとって分業とその基盤をなす「協力」は、ある意味「競争」以上に重要なのである。

ところで、分業は一つの組織内（工場内）にとどまらず、社会全体でも行われている。すなわち「社会的分業」である。家具屋は家具の製造に専念し、パン屋はパン作りに専念すれば、一つの会社で家具とパンの両方を製造するよりも、社会全体としてはずっとたくさんの生産が期待できる。このようにアダム・スミスの時代でも、今の時代でも、分業は社会の豊かさの有力な源泉なのである。

先ほど協力は分業の基盤をなすと述べたが、少なくとも組織内の分業においては、協力が良い成果（生産性の向上）をもたらすためには、協力する者同士が互いに仲間を信頼し合うことが不可欠である。「誰かが裏切ってひとりだけ抜け駆け的な利益を得ようとするかもしれない」あるいは「誰かがコッソリと仕事をサボってその尻拭いを自分がしなければならなくなるかもしれない」等々の自分の仲間の振る舞いに対する不信感があると、協力は成立しなくなるか、仮に成立したとしても互いに疑心暗鬼になってしまって、プラスサムの効果が得られなくなってしまう可能性が高いのである。

実は、同様なことが社会的分業についても言える。社会的分業の場においても、信頼はそれが有効性を発揮するために不可欠なのである。

例えば、家具屋が家具作りだけに専念しても餓死しなくて済むと確信できるのは、パン屋からパンを買うことができ、八百屋から野菜を買うことができることへの強い信頼感があるからである。もしそういう信頼感がなければ、家具屋は、家具を作る前にまずは生き延びるための食べ物を確保しなければならなくなってしまう。そうなると家具屋が家具作りだけに専念するのは難しくなってしまうだろう。

ところで、組織内の分業と社会的分業の間には類似点がある一方で、両者の間には大きな違いがある。それはオーガナイザーの有無である。

つまり、組織内分業の場合、分業を組織して労働者を各工程に配置するオーガナイザー（経営者や工場長など）がいる。それに対して、社会にはそのようなオーガナイザーは存在しない。共産主義的な指令経済を別にすれば、パン屋も家具屋も自分の自由な意思でパンや家具を作っているのであって、誰か偉い人に命令されたからそうしているわけではない。

たくさんの自立した人や企業が自由に活躍する私たちの社会において、誰も指示命令する人がいないにもかかわらず、人々が必要とする多種多様な財やサービスが日々生産され、お金を払えばそれらの生産されたものを手に入れることができると人々が信頼することができるのは、なぜなのだろう？

これは一種のミステリーである。

謎解きのカギは「市場」にある。著者が言うように「個人主義の自由市場経済においても、市場が分業を調整すれば魔法が生まれる」（本書101頁。ただし傍点は引用者）のである。そしてこの魔法を生み出す魔法使いの杖が競争である。「もっとお金が欲しい」、「もっと幸福に暮らしたい」等々の人々の利己的願望は競争を生み出すが、同時に競争は市場における人や企業の行動に節度を与える。(1)

例えば、粗悪な商品をあたかも素晴らしい品物であるかのように偽って消費者に販売した企業は、たとえ一時的には巨額の利益を獲得することができたとしても、いずれは化けの皮が剥がれてしまい、市場での信頼を失ってしまうだろう。その結果、この企業の評判は悪くなり、競争上の優位性を喪失してしまう可能性が高い。最悪の場合、この企業は市場から放逐されてしまうかもしれない。

このように競争は、信頼のおけないプレイヤーを時には市場から放逐する力さえも持っている。その意味で競争は人や企業の行動に節度を与え、市場の中で信頼の輪を広げることに貢献しているのである。

協力が分業を支え、協力は信頼なくしてあり得ないということ、そして競争の重要な意義も信頼を支える点にあることなどを考慮すると、市場経済システムの発展の中で信頼が果たしてきた役割の重要性が理解できる。

人と人との間に信頼やそれによる協力関係が醸成されるメカニズムについては、これまで心理学や進化生物学など、さまざまな学問分野で活発な研究が行われてきた[2]。近年、経済学の領域においても、これについての瞠目すべき研究成果が次々に生まれている。

本書は、信頼についての経済学的な議論の概説書であり、本書を通読することで読者は過去から最近に至るまでの「信頼の経済学」研究の全容を鳥瞰することができる。それと同時に、経済学的な立場に立って信頼について研究することの意義やさまざまな社会経済問題へのこの理論の応用可能性など、読者は各自の関心に応じてこの本から有益な学術上あるいは実務上の知見を引き出すことができるであろう。

2．社会における信頼の意義

前項ではアダム・スミスの分業についての議論を紹介しつつ、市場や組織の中で信頼の確立がなぜ重要なのかを簡単に説明した。現実の経済社会において信頼が重要な役割を果たす例は前項で述べたことに留まらず、多方面にわたっている。

例えば、ミクロネシア連邦ヤップ島の石貨(3)から現在の管理通過制の下で中央銀行が発行する通貨（米ドルや日本円など）に至るまで、たいていの通貨（貨幣）は信用をベースにしてその価値が社会に受け入れられている。

実際、管理通貨制のもとでは、中央銀行は自らが発行する通貨の量をコントロールすることで、通貨の価値の維持と国全体の経済活動の円滑化を図っている。すなわち、市場における需要量を上回って通貨を供給してしまえば、インフレが生じて通貨価値の下落が生じる恐れがある。それとは反対に、通貨の供給量が需要量を下回ってしまえば、経済活動のために必要な通貨が市場に行き渡らなくなってしまい、経済のパフォーマンスを低下させてしまう恐れがある。

いずれの事態も避けるべきなので、中央銀行は日々市場の状況をウォッチしながら、通貨供給量が需給をバランスさせる適正な水準となるようにコントロールしている。そうすることで通貨の信用と中央銀行への信頼を維持するよう努めているのである。

それに際して、中央銀行が独立を保つことは極めて重要である。つまり、中央銀行はタダ同然に貨幣を造ることができるのだから、例えば、政府にとっては打ち出の小槌のようなものである。したがって、もし中央銀行の運営に政治家や政府の官僚などの介入を許してしまえば、彼らは政府や自分たちの都合に合わせて野放図に通貨を発行すること（例えば、財源の不足を補うため、貨幣の増発によって中央銀行に大量の国債を引き受けさせるなど）を中央銀行に求める恐れがある。そういうことを許してしまうと、中央銀行が供給する貨幣への信頼は揺らぎ、場合によっては経済に大きな傷を与えてしまいかねない。

さらには政治家や官僚だけでなく、有権者や大企業など、中央銀行の運営を自分たちに都合の良い方向に捻じ曲げてしまいたいと言う動機を持つプレイヤーは少なくない。そういう「外圧」を排して、中央銀行が通貨価値の維持と円滑な経済活動の確保という本来の使命を果たすことができるために、中央銀行の意思決定における独立性は極めて重要なのである。

このように考えると、貨幣の価値の維持や中央銀行の独立性などの議論は、信頼の経済学の重要な論点であることがわかる。本書の第3章では具体例を交えながらこれについての議論が行われている。

これまでに分業や貨幣についての本書の議論の一部を紹介してきたが、本書の優れた特徴は、しっかりとした理論的な枠組みを第1章でまとめた上で、第2章以降では、現実社会での事例や理論の応用などが議論されている事にある。まず、第2章では信頼ということが歴史上どう捉えられ、どう機能してきたかということが議論されている。第3章から第5章にかけては、現代社会のさまざまな具体的な文脈でのこの理論の活用の仕方等が紹介されている。

つまり、第3章では、上述の貨幣や中央銀行の話の他に、投資と銀行業務、契約、仕事や企業などの組織構造、ブランドについての話題が取り上げられている。また、ブロックチェーンやシェアリングエコノミーなど、信頼のあり方に大きな影響を与える可能性がある先端技術についての議論も行われている。

次に第4章では、政治家、メディア、医療等々の分野で専門家への信頼が揺らいでいる理由が考察されている。こういった問題を考察するにあたって、SNSが果たす役割なども検討されている。

最後に第5章では、主に個人が他人と行うコミュニケーションのあり方などを意識しながら、「互いを信頼する」方法などについての議論が行われている。特に著者が大学院以来研究してきた信頼を高めるために「謝罪」が果たす役割などについても、興味深い論考が繰り広げられている。

3．信頼の経済学

近年信頼についての研究が、経済学における重要な研究課題の一つになっていることを指摘したが、本書第1章で適切にまとめられているように、理論面で考えると、これは近年のさまざまな経済学研究の成果を総合する形で成り立っている。ここでは、簡単に第1章で述べられている信頼に関する基本的な経済モデルの構造を紹介したい。

まず、著者は信頼についての経済現象を、プリンシパル（依頼人）・エージェント（代理人）問題のこの文脈への拡張という形でモデル化している。

本書のモデルを説明する前に、プリンシパル・エージェント関係について説明しておく。それは、一方（プリンシパル）の依頼のもとに、他方（エージェント）が代理人として、一方の利益ために活動する関係のことである。

一般にプリンシパルとエージェントの利害は必ずしも一致せず、さらにプリンシパルはエージェントの活動を余すところなく監視できないので、エージェントは自分の利益を優先させてプリンシパルの期待を裏切る行動をしてしまう恐れがある。そのような場合に、どのような報酬体系を構築することによって裏切りを防止できるかなどの研究が近年盛んに行われている。プリンシパル・エージェント関係の事例は、弁護士（エージェント）と依頼人（プリンシパル）の関係や、株主（プリンシパル）と経営者（エージェント）の関係など、多数ある。

本書では、プリンシパル・エージェントのモデルになぞらえて信頼形成のモデルを構築しているので、便宜上信頼する側のプレイヤーをプリンシパル、信頼を受ける側のプレイヤーをエージェントと呼んでいるが、言うまでもなく両者の関係は、上述の依頼人と弁護士のような「依頼＝代理」の関係ではない。本書のモデルは、以下の①から④までのステップで進行していく(4)。

①プリンシパルの協力を得て経済活動を行えば、エージェントは一人で行動した時よりもたくさんの利益を獲得できる（「協力の余剰」の存在）。そして、協力の余剰を適切に分け合うことによって、プリンシパルもエージェントも共に協力しないときよりも良くなることができる。しかし、プリンシパルはエージェントの行動を十分に監視できないので、エージェントには、例えば、共同の成果の一部を隠してしまいプリンシパルの受け取り分を少なくする、などの裏切りを行う動機が存在する。ただし、エージェントが裏切りの動機を持つのかどうかは、エージェントがどのような選好を持っているのかにも依存する(5)。

②プリンシパルがエージェントと協力するかどうかの判断を行う前提として、プリンシパルはエージェントの信頼性（つまり、エージェントがどのような選好を持っているのか）を評価する。このようなプリンシパルによるエージェントの評価は評判と呼ばれる。評判の形成に際して、エージェントの過去の行動に関する情報は重要な判断材料である。

③エージェントの信頼性への評価と協力の余剰の大きさなどを考慮して、プリンシパルはエージェントに協力するかどうかを決める。なお、この意思決定はリスクを伴っている。

④エージェントは良い評判を将来にわたって確立し、今後も協力を得られるようにするために、自分の信頼性の高さをプリンシパルにアピールする。ただし、そのようなアピールをプリンシパルが信

じるためには、コストを伴うのが普通である。[6] コストを伴わないアピールでは、プリンシパルの信頼を勝ち取ることは難しい。

本書が依拠しているモデルの骨格は以上の通りであるが、[7] 本書で紹介されている多彩な研究が近年精力的に行われるようになった背景には、この20-30年ほどの間に経済学研究の手法や研究の方向性に関して、劇的な革新があったことを見逃すことはできない。

それは、(i) 研究ツールの革新という点では、ゲーム理論と実験経済学の発展、そして (ii) 研究の方向性の革新という点では、行動経済学の誕生と発展をあげることができる。

(i) ゲーム理論と実験経済学について。ゲーム理論は、天才数学者のジョン・フォン＝ノイマンと経済学者のオスカー・モルゲンシュテルンが書いた『ゲームの理論と経済行動』が1944年に出版されてから始まった学問であるが、経済学の分析ツールとしては、戦略の形成やプレイヤー間の相互作用など、これまでの経済学では分析しきれなかったさまざまな経済現象を分析することを可能にし、経済学のあり方を革命的に変貌させた。[8]

実験経済学は、心理学等で伝統的に行われてきた実験研究やゲーム理論発展の初期段階から行われてきた実験研究などを、経済現象の解明にも応用したものである。そこにおいては、実験で観察された事実に基づいて理論モデルが構築され、その理論モデルの解析によって得られた帰結をさらに実験で確認する、といった手順での研究の進展がなされており、時にはこれまでの経済学の常識を打ち破るような理論が確立されるに至っている。

なお、近年の経済学のおける実験には、「実験室実験（室内実験）」と「フィールド実験」がある。

前者は教室等の限定的な実験空間に仮想的な市場や社会などを設定して、そこに被験者を集めて行われるものである。それに対して、後者のフィールド実験は、社会全体やその一部など、かなり広範な人々を被験者と考えて、その中から人々をランダムに選んでグループ化して、一つのグループの人々にはある措置を行い（例えば、一定額の助成金を給付するなど）、別のグループの人々にはそれを行わないことなどによって、当該措置の効果や影響などを調べるという形で行われる実験である（なお、近年はフィールド実験の変異形とも言える「自然実験」が、経済学研究で用いられることもある）。

本書のテーマである経済社会における信頼形成のメカニズムに関しても、実験室実験やフィールド実験などを通じて信頼形成についての新しい知見が蓄積されている。

（ii）行動経済学について。これは伝統的な経済学が前提としている「合理的経済人仮説」と呼ばれる行動仮説に対しての疑念を呈することが出発点となっている。現実の経済現象を観察すると、この行動仮説と排反する現象が多数存在している。行動経済学者たちはこのような合理性からの逸脱現象を「アノマリー」と呼んだ。

例えば、新型コロナウィルス（COVID19）の問題が生じた頃に、「トイレットペーパーがなくなる」という根拠のない噂が蔓延して、それを信じてパニックになった人々がドラッグストアやスーパーマーケットに買いに走るという出来事があった。これなどはアノマリーの例と言える。

近年の行動経済学では、単なるアノマリーの観察や発見にとどまらず、経済実験や数学的なモデルの構築などによって、合理性からの逸脱現象をより深く、よりアカデミックに解明するという方向で、多くの優秀な学者——その中には本書の著者も含まれる——による精力的な研究が行われている。

4．著者について

本書はBenjamin Ho, *Why Trust Matters: An Economist's Guide to the Ties That behind Us*を翻訳したものである。著者のベンジャミン・ホーは、米国ニューヨーク州にある名門大学であるヴァッサー大学の行動経済学の教授である。マサチューセッツ工科大学（ＭＩＴ）で経済学、数学、コンピュータ科学の学士号をとり、さらに同大学で電子工学とコンピュータ科学の工学修士号をとった。その後、スタンフォード大学大学院に進み、政治学と教育学の修士号を取得後、２００６年に経済学の博士号を取得した。

ホー教授はこのようにアカデミアにおいて強力な経歴を築いてきたが、その一方で、若い頃にモルガン・スタンレーのアナリストやホワイトハウスの経済諮問委員会のエコノミストを務めるなど、アカデミアの外での経験を積んでいる。本書でも、随所にその経験を活かしたと思われる議論が行われており、その点も本書の内容に多彩さを付け加える要素になっているように思える。

また本書を読んでいて私が非常に感心した点に、数式が一つもないことがある。現代の経済学の論文や書籍には数式がたくさん出現するのが普通であり、専門家でない読者の中には、数式が出てくるたびにもうたくさんという想いに囚われる方も少なくないのではないだろうか。

言うまでもなく、現代の経済学研究においては、数学を適切に使ってモデルを構築し、それを分析することが必須であるから、専門的な学術論文に数式がたくさん出現するのはむしろ当然のことと言える。しかし、その一方で、経済学の専門家以外の人も読者になる概説書においては、できるだけ数学の利用を少なくすることが望まれることは言うまでもない。

しかしながら、数学を使わずに高度な経済学研究の概要を人々に伝えるのは容易なことではない。

そのためには、数式を用いてモデルの形で抽象的に表現された経済社会の姿や経済の動きをきちんと読み解き、それを日常言語に翻訳していく必要がある。

そのようなことができる人は、生半可のことでは済まない数学についての深い学識や理解力と、経済学についての同様な学識・理解力を持つ必要がある。それに加えて、数学的に表現された内容を日常言語に置き換えるという意味での言語能力の高さも求められることになる。

こういう点で、数式を使わないで高度な経済学の内容を紹介することは、非常に優れた学者でない限りなかなかできることではない。逆に言えば、高度な経済学研究の成果を日常言語だけで、適切にかつわかりやすく表現できる人は、数学と経済学の双方において並々ならぬ学識の持ち主だと言うことができるだろう。そういう点でも、著者のベンジャミン・ホー教授は、極めて非凡な能力を持った優れた学者であると評することができる。

2023年3月

佐々木宏夫

注

(1)ロバート・L・ハイルブローナー(八木甫他訳)『入門経済思想史　世俗の思想家たち』(ちくま学芸文庫、2001年)第3章。

(2)例えば、私の共同研究者の一人である中丸麻由子氏(東京工業大学)は理論生物学の立場から、信用の形成や維持などについての研究を進めている。中丸麻由子『社会の仕組みを信用から理解する――協力進化の数理』(共立出版、2020年)、M. Nakamaru, *Trust and Credit in Organizations and Institutions: As Viewed from the Evolution of Cooperation*, Springer 2023など。

また、やや古い本ではあるが、日本の代表的な社会心理学者による信頼に関する優れた研究としては、山岸俊男『信頼の構造――こころと社会の進化ゲーム』(東京大学出版会、1998年)などがある。

(3)ヤップ島の石貨の成り立つとそれが現在のブロックチェーンや暗号通貨などのアイデアにどう結びつくか、などについては佐々木宏夫「石貨、暗号通貨そしてブロックチェーン――小さな社会で生まれた知恵を大きな社会に生かす」『日本保険・年金リスク学会誌』vol.13 No.1,2022を参照されたい。

(4)本書第1章では、②→①→③→④の順にモデルは進行していくと説明されている(図1・2と表1・1)が、①はプレイヤーが何らかの判断を行うフェーズではなく、エージェントの状態(信頼性に関する)を記述しているフェーズなので、わかりやすさのため、ここでは①と②の順序を入れ替えることにした。

(5)例えば、エージェントが利他的な選好の持ち主であれば、裏切りの可能性は低まるだろう。

(6)例えば、売り手(エージェント)が商品の良さを顧客(プリンシパル)に納得してもらおうとするときに、ただ「この商品は良いですよ」と言っても顧客は説得されないかもしれない。しかし高い費用を支払って、その商品の良さをテレビコマーシャルで宣伝すれば、プリンシパルは「もし売れなければ赤字になってしまうのに、これだけお金をかけて宣伝するということは、よほどこの商品に自信があるのだろう」と感じるかもしれない。

(7)本書の基本的モデルを数学的に定式化するに際しては、ベイズ的意思決定理論、プリンシパル・エージェント理論、シグナリング理論などの経済理論が用いられることになる。

（8）ゲーム理論は進化ゲーム理論として生物学とも結びつき、その研究も現在盛んである。特に本書との関連では、社会において協力が進化するプロセスの研究などで目覚ましい成果が生まれている。

42) Case, A., and A. Deaton (2020). *Deaths of Despair and the Future of Capitalism*. Princeton, NJ: Princeton University Press.〔『絶望死のアメリカ——資本主義がめざすべきもの』松本裕訳、みすず書房、2021年〕
43) Sexton, S. E., and A. L. Sexton (2014). Conspicuous Conservation: The Prius Halo and Willingness to Pay for Environmental Bona Fides. *Journal of Environmental Economics and Management*, 67 (3): 303–317.
44) Frank, R. H. (1984). Interdependent Preferences and the Competitive Wage Structure. *RAND Journal of Economics, 15* (4): 510–520.
45) Berger, J. A., B. Ho, and Y. V. Joshi (2011). *Identity Signaling with Social Capital: A Model of Symbolic Consumption*. SSRN 1828848で入手可能。
46) Buss, S., and A. Westlund (2018). Personal Autonomy. *Stanford Encyclopedia of Philosophy*, February 15. https://plato.stanford.edu/entries/personal-autonomy/#FourLessOverAccoPersAuto.
*1) フクヤマ、フランシス『歴史の終わり（新版）』（上・下）渡辺昇一訳、三笠書房、2020年。
*2) ハンティントン、サミュエル『文明の衝突』鈴木主税訳、集英社、1998年 p. 283.
*3) セン、アマルティア『福祉の経済学』鈴村興太郎訳、岩波書店、1988年（Sen, Amartya (1985). *Commodities and Capabilities*, Elsevier Science Publishhers B. V.）などを参照。

第6章 信頼の行方

1) Ridley, M. (2010). *The Rational Optimist: How Prosperity Evolves*. New York: Harper.〔『繁栄——明日を切り拓くための人類10万年史』（上・下）大田直子、鍛原多惠子、柴田裕之訳、早川書房、2010年〕
2) Ehrlich, P. R., D. R. Parnell, and A. Silbowitz (1971). *The Population Bomb*, Vol. 68. New York: Ballantine.〔『人口爆弾』宮川毅訳、河出書房新社、1974年〕
3) Rosling, H., O. Rosling, and A. Rosling Rönnlund (2018). *Factfulness: Ten Reasons We're Wrong About the World—and Why Things Are Better Than You Think*. New York: Flatiron Books.〔『ファクトフルネス——10の思い込みを乗り越え、データを基に世界を正しく見る習慣』上杉周作、関美和訳、日経BP社、2019年〕Pinker, S. (2012). *The Better Angels of Our Nature: Why Violence Has Declined*. New York: Penguin.〔『暴力の人類史』（上・下）幾島幸子、塩原通緒訳、青土社、2015年〕
4) Gates, B. (2018). Bill Gates: Why I Decided to Edit an Issue of TIME. *Time Magazine*, January 4. https://time.com/5086870/bill-gates-guest-editor-time/.

本書で、統計学は相関関係を示すだけであり、因果関係を示すことはできないと指摘したことを覚えていらっしゃるだろうか。この論文では、プラセボテスト、平行トレンドテスト、そして不法行為改革や政党のような別の要因を検証するなど、因果関係を示すために、差分の差分法を含む多くの計量経済学的手法を採用した。

29) Tiedens, L. Z. (2001). Anger and Advancement Versus Sadness and Subjugation: The Effect of Negative Emotion Expressions on Social Status Conferral. *Journal of Personality and Social Psychology* 80 (1): 86–94.

30) Cilliers, J., O. Dube, and B. Siddiqi (2018). Can the Wounds of War Be Healed? Experimental Evidence on Reconciliation in Sierra Leone. May. International Initiative for Impact Education.

31) Ho, B. (2012). Apologies as Signals: with Evidence from a Trust Game. *Management Science*, 58 (1), 141–158.

32) Warner, G. (2018). A Case Study in How to Apologize for a War Crime. NPR. https://www.npr.org/2018/06/13/619447126/a-case-study-in-how-to-apologize-for-a-war-crime.

33) Glass, I. (2019). Get a Spine! *This American Life*. https://www.thisamericanlife.org/674/transcript. アメリカのラジオ番組『ディス・アメリカン・ライフ』は長年にわたり、数々の謝罪を取り上げてかなり良い報道をしている。ぜひ調べてみてほしい。1990年代の放送開始以来、私は熱心に聴いている。

34) Tavuchis, N. (1991). *Mea Culpa: A Sociology of Apology and Reconciliation*. Stanford, CA: Stanford University Press, 1991.

35) たとえば、次を参照のこと。Fischbacher, U., and V. Utikal, V. (2013). On the Acceptance of Apologies. *Games and Economic Behavior*, 82: 592–608.

36) Minter, A. (2019). *Why Big Brother Doesn't Bother Most Chinese*. Bloomberg, January 24. https://www.bloomberg.com/opinion/articles/2019-01-24/why-china-s-social-credit-systems-are-surprisingly-popular.

37) *Social Credit System*. Wikipedia (https://en.wikipedia.org/wiki/Social_Credit_System), 2020年1月23日に検索。

38) 信頼ゲームの実験をしたことのある人なら、性別がデータに影響を及ぼすことをおそらくご存じだろう。私もそれについては承知している。次も参照されたい。Innocenti, A., and M. G. Pazienza (2006). Altruism and Gender in the Trust Game. Labsi Working Paper No. 5/2006. https://ssrn.com/abstract=884378 or http://dx.doi.org/10.2139/ssrn.884378.

39) Board of Governors of the Federal Reserve System (n.d.). https://www.federalreserve.gov/econres/notes/feds-notes/gender-related-differences-in-credit-use-and-credit-scores-20180622.html.

40) Darwall, S. (2008). Kant on Respect, Dignity, and the Duty of Respect.

41) Acquisti, A., C. Taylor, and L. Wagman (2016). The Economics of Privacy. *Journal of Economic Literature, 54* (2): 442–492.

14) Ortoleva, P., and E. Snowberg (2015). Overconfidence in Political Behavior. *American Economic Review*, 105 (2): 504–535.
15) Enns, P. (2014). *Presidential Campaigns Are Less Important Than Previously Thought in Influencing How People Vote*. LSE US Centre, May 15. https://blogs.lse.ac.uk/usappblog/2013/09/05/presidential-campaigns-fundamentals/.
16) Allcott, H., L. Braghieri, S. Eichmeyer, and M. Gentzkow (2019). *The Welfare Effects of Social Media*. No. w25514. National Bureau of Economic Research.
17) Boxell, L., M. Gentzkow, and J. M. Shapiro (2017). *Is the Internet Causing Political Polarization? Evidence from Demographics*. No. w23258. National Bureau of Economic Research.
18) Quoidbach, J., D. T. Gilbert, and T. D. Wilson (2013). The End of History Illusion. Science, 339 (6115): 96–98.
19) Manson, M. (n.d.). *Why You Can't Trust Yourself*. Pocket. https://getpocket.com/explore/item/why-you-can-t-trust-yourself?utm_source=pocket-newtab.
20) O'Donoghue, T., and M. Rabin (1999). Doing It Now or Later. *American Economic Review*, 89 (1): 103–124.
21) Centers for Disease Control and Prevention (CDC) (2020). *Smoking Cessation: Fast Facts*. May 21. Retrieved from https://www.cdc.gov/tobacco/data_statistics/fact_sheets/cessation/quitting/index.htm.
22) Chen, M. K. (2013). The Effect of Language on Economic Behavior: Evidence from Savings Rates, Health Behaviors, and Retirement Assets. *American Economic Review*, 103 (2): 690–731.
23) 数学的表記では、経済学者は利他主義を、自分自身の効用x_iに、他者の幸福のa倍を加えたものとし、x_{-i}と表現することが多い。行動経済学者は、今日の効用と明日の効用との間のトレードオフを、今日の自分の効用x_tに将来の効用x_{t+1}のβ倍を加えたものと表現してモデル化する。
24) Minsky, M. (1988). *Society of Mind*. New York: Simon and Schuster.〔『心の社会』安西祐一郎訳、産業図書、1990年〕
25) Ariely, D., G. Loewenstein, and D. Prelec (2003). Coherent Arbitrari- ness: Stable Demand Curves Without Stable Preferences. *Quarterly Journal of Economics*, 118 (1): 73–106.
26) Bénabou, R., and Tirole, J. (2011). Identity, Morals, and Taboos: Beliefs as Assets. *Quarterly Journal of Economics*, 126 (2): 805–855.
27) このエピソードは実話だが、プライバシー保護のために詳細は変えてある。
28) Ho, B., and Liu, E. (2011). Does Sorry Work? The Impact of Apology Laws on Medical Malpractice. Journal of Risk and Uncertainty, 43 (2), 141; Ho, B., and Liu, E. (2011). What's an Apology Worth? Decomposing the Effect of Apologies on Medical Malpractice Payments Using State Apology Laws. *Journal of Empirical Legal Studies*, 8, 179–199.

ed., Colwles Foundation for research in Economics at Yale University.)

第5章 私たちは互いをどう信頼すべきか

1) Grossman, L. (2009). A *Watchmen* Fan's Notes. Time, March 5. http://content.time.com/time/magazine/article/0,9171,1883361,00 .html.
2) Friedman, T. L. (1999). *The Lexus and the Olive Tree: Understanding Globalization.* New York: Farrar, Straus, and Giroux.〔『レクサスとオリーブの木』(上・下) 東江一紀、服部清美訳、草思社、2000年〕
3) Sturgis, P., and P. Smith (2010). Assessing the Validity of Generalized Trust Questions: What Kind of Trust Are We Measuring? *International Journal of Public Opinion Research*, 22 (1): 74–92.
4) Pinker, S. (2008). The Moral Instinct. *The New York Times*, January 13. https://www.nytimes.com/2008/01/13/magazine/13Psychology-t.html.
5) Graham, J., J. Haidt, and B. A. Nosek (2009). Liberals and Conservatives Rely on Different Sets of Moral Foundations. *Journal of Personality and Social Psychology*, 96 (5): 1029–1046; Haidt, J. (2012). *The Righteous Mind: Why Good People Are Divided By Politics and Religion.* New York: Pantheon Books.〔『社会はなぜ右と左にわかれるのか——対立を超えるための道徳心理学』高橋洋訳、紀伊國屋書店、2014年〕
6) Coughlan, S. (2014). *US Schools to have Non-white Majority*. BBC News, August 26. https://www.bbc.com/news/education-28937660.
7) Berger, J. A., C. Heath, and B. Ho (2005). Divergence in Cultural Practices:Tastes as Signals of Identity. https://repository.upenn.edu/marketing_papers/306.
8) Putnam, R. D. (2007). E pluribus unum: Diversity and community in the twenty-first century the 2006 Johan Skytte Prize Lecture, *Scandinavian Political Studies*, 30 (2), 137–174.
9) Abascal, M., and Balbassarri, D.(2015). Love the neigbor? Ethnoracial diversity and trust reexamed, *American Journal of Sociology*, 121 (3), 722–782.
10) Falk, A., A. Becker, T. Dohmen, B. Enke, D. Huffman, and U. Sunde (2018). Global Evidence on Economic Preferences. *Quarterly Journal of Economics*, 133 (4): 1645–1692.
11) Zhou, X., Y. Liu, and B. Ho (2015). The Cultural Transmission of Cooperative Norms. *Frontiers in Psychology, 6*, 1554.
12) Matsa, K. E., and E. Shearer (2018). News Use Across Social Media Platforms 2018. Pew Research Center, September 10. https://www.journalism.org/2018/09/10/news-use-across-social-media-platforms-2018/.
13) Dunbar, R. I., Arnaboldi, V., Conti, M., and Passarella, A. (2015). The structure of online social networks mirrors those in the offline world. *Social Networks*, 43, 39–47.

ス・ホフスタッターの著作で非常にわかりやすく論じられているので、そちらを参照のこと。Hofstadter, Douglas R., (1979). *Gödel, Escher, Bach: An Eternal Golden Braid.* New York: Basic Books.〔『ゲーデル、エッシャー、バッハ――あるいは不思議の環』野崎昭弘、はやしはじめ、柳瀬尚紀訳、白揚社、2005年〕
70) Nordhaus, W. D. (2007). *The Challenge of Global Warming: Economic Models and Environmental Policy*, Vol. 4. New Haven, CT: Yale University Press.
71) Bó, P. D. (2005). Cooperation Under the Shadow of the Future: Experimental Evidence from Infinitely Repeated Games. *American Economic Review*, 95 (5): 1591–1604.
72) Candelo, N., C. Eckel, and C. Johnson (2018). Social Distance Mat- ters in Dictator Games: Evidence from 11 Mexican Villages. *Games, 9* (4): 77.
73) Frank, R. H. (1985). *Choosing the Right Pond: Human Behavior and the Quest for Status.* New York: Oxford University Press.
74) Rayo, L., and G. S. Becker (2007). Habits, Peers, and Happiness: An Evolutionary Perspective. *American Economic Review*, 97 (2): 487–491.
75) Moore, F. C., N. Obradovich, F. Lehner, and P. Baylis (2019). Rapidly Declining Remarkability of Temperature Anomalies May Obscure Public Perception of Climate Change. *Proceedings of the National Academy of Sciences*, 116 (11): 4905–4910.
76) Finnemore, M., and K. Sikkink (1998). International Norm Dynamics and Political Change. *International Organization*, 52 (4): 887–917.
77) *Kyoto Protocol Fast Facts* (2018). CNN, March 21. https://www.cnn.com/2013/07/26/world/kyoto-protocol-fast-facts/index.html.
78) 厳密に言えば、この投票は議定書そのものではなく、議定書に言及することなく議定書を基本的に無効化した、バード＝ヘーゲル決議に対するものだった。
79) United Nations. (2020). *Paris Agreement.* https://unfccc.int/process-and-meetings/the-paris-agreement/the-paris-agreement/key-aspects-of-the-paris-agreement.
80) Improving No Child Left Behind (2011). *New York Times*, October 1. https://www.nytimes.com/2011/10/01/opinion/improving-no-child-left-behind.html.
*1) チューリング、アラン「計算可能数について、その決定問題への応用」『コンピュータ理論の起源［第1巻］』伊藤和行編、佐野勝彦、杉本舞訳、近代科学社、2014年所収（Turing, A. M. (1936). On Computable Numbers, with an Application to the Entscheidungsproblem. *Proceedings of the London Mathematical Society.* 2 42: 230–65. 1936–37.）
*2) アロー、ケネス『社会的選択と個人的評価（第3版）』長名寛明訳、勁草書房、2013年（Arrow, Kenneth (2012). *Social Choice and Individual Value*, 3rd,

in Pain Assessment and Treatment Recommendations, and False Beliefs about Biological Differences Between Blacks and Whites. *Proceedings of the National Academy of Sciences*, 113 (16): 4296–4301.

58) Alsan, M., O. Garrick, and G. Graziani (2019). Does Diversity Matter for Health? Experimental Evidence from Oakland. *American Economic Review*, 109 (12): 4071–4111.

59) Commonwealth Fund (2005). *Clinton and Obama Offer Bill to Encourage Disclosure of Medical Errors*. September 28. https://www.commonwealthfund.org/publications/newsletter-article/clinton-and-obama-offer-bill-encourage-disclosure-medical-errors.

60) https://med.stanford.edu/news/all-news/2012/09/little-evidence-of -health-benefits-from-organic-foods-study-finds.html; https://www.sciencemag.org/news/2016/05/once-again-us-expert-panel-says-genetically-engineered-crops-are-safe-eat; https://climate.nasa.gov/evidence/; https://www.cdc.gov/vaccinesafety/concerns/autism.html.

61) http://revisionisthistory.com/episodes/20-the-basement-tapes; https://www.hsph.harvard.edu/nutritionsource/what-should-you-eat/fats-and-cholesterol/cholesterol/.

62) https://www.mayoclinic.org/healthy-lifestyle/womens-health/in-depth/breast-implants/art-20045957.

63) https://www.healthline.com/nutrition/8-glasses-of-water-per-day.

64) Camerer, C. F., A. Dreber, E. Forsell, T. H. Ho, J. Huber, M. Johannesson, and E. Heikensten (2016). Evaluating Replicability of Laboratory Experiments in Economics. *Science*, 351 (6280): 1433–1436; Open Science Collaboration (2015). Estimating the reproducibility of Psychological Science, 349. Begley, C. G., and Ellis, L. M. (2012). Raise standards for preclinical cancer research, *Nature*, 483 (7391), 531–533.

65) たとえば、Benjamin et al. (2018) は統計的有意性の基準を厳しくすることを提案しており、Olken (2015) をはじめとする多くの研究者は、データを調べる前に研究計画を登録するように提案している。Benjamin, D. J., Berger, J. O., Johannesson, M., Nosek, B. A., Wagenmakers, E. J., Berk, R., . . . and Cesarini, D. (2018). Redefine Statistical Significance. *Nature Human Behaviour*, 2 (1), 6–10; Olken, B. A. (2015). Promises and Perils of Pre-analysis Plans. *Journal of Economic Perspectives*, 29 (3), 61–80.

66) Berger and Milkman, (2012). What Makes Online Content Viral?

67) 正式には、信頼区間の定義は、真値が区間内にある確率についてであり、それは偽陽性の割合と完全に同じではなく、したがって「多かれ少なかれ」であることは承知しているが、多かれ少なかれ、それは真実である。

68) Morris (2001). Political Correctness.

69) ゲーデルの数学については、たとえば、ピュリッツァー賞を受賞したダグラ

Institutional trust and misinformation in the response to the 2018–19 Ebola outbreak in North Kivu, DR Congo: a population-based survey, *The Lancet Infection Diseases*, 19 (5), 529–536.

44) Hussain, R. S., McGarvey, S. T., and Fruzzetti, L. M. (2015). Partition and poliomyelitis: An investigation of the polio disparity affecting Muslims during India's eradication program. *PloS* one, 10 (3), e0115628.

45) Mcneil, D. G. (2019). Polio Cases Surge in Pakistan and Afghanistan. *New York Times*, July 15. https://www.nytimes.com/2019/07/15/health/polio-pakistan-afghanistan.html.

46) Esposito, B. L., L. Rapaport, and D. Rauf (n.d.). *Fewer Disease Risk Factors, Yet More Fatal Heart Attacks*. EveryDay Health. https://www.everydayhealth.com/heart-health/1115/fewer-disease-risk-factors-yet-more-fatal-heart-attacks.aspx.

47) 新米のパパ・ママにとって、最も有意義なプラセボ効果の活用法は、「痛いの痛いの飛んでいけ」とばかりに、子どもにキスして痛みを和らげてあげることだろう。

48) Waber, R. L., B. Shiv, Z. Carmon, and D. Ariely (2008). Commercial Features of Placebo and Therapeutic. *JAMA*, 299 (9): 1016–1017.

49) Zhou, X., K. D. Vohs, and R. F. Baumeister (2009). The Symbolic Power of Money: Reminders of Money Alter Social Distress and Physical Pain. *Psychological Science*, 20 (6): 700–706.

50) Marchant, J. (2016). Placebos: Honest Fakery. *Nature*, 535 (7611): S14–S15.

51) Kaptchuk, T. J., E. Friedlander, J. M. Kelley, M. N. Sanchez, E. Kokkotou, J. P. Singer, . . . , and A. J. Lembo (2010). Placebos Without Deception: A Randomized Controlled Trial in Irritable Bowel Syndrome. *PloS ONE, 5*(12): e15591.

52) Jabr, F. (2019). The Truth About Dentistry. *The Atlantic*, April 17. https://www.theatlantic.com/magazine/archive/2019/05/the-trouble-with-dentistry/586039/.

53) Chandra, A., A. Finkelstein, A. Sacarny, and C. Syverson (2013). *Health-care Exceptionalism? Productivity and Allocation in the US Healthcare Sector*. No. w19200. National Bureau of Economic Research. https://www.nber.org/papers/w19200.

54) Gottschalk, F. C., W. Mimra, and C. Waibel (2018). *Health Services as Credence Goods: A Field Experiment*. Available at SSRN 3036573.

55) Schneider, H. S. (2012). Agency Problems and Reputation in Expert Services: Evidence from Auto Repair. *Journal of Industrial Economics*, 60 (3), 406–433.

56) Alsan, M., and M. Wanamaker (2018). Tuskegee and the Health of Black Men. *The Quarterly Journal of Economics*, 133 (1): 407–455.

57) Hoffman, K. M., S. Trawalter, J. R. Axt, and M. N. Oliver (2016). Racial Bias

31) Oremus, W. (2019). These Startups Want to Protect You from Fake News. Can You Trust Them? *Slate*, January 25. https://slate.com/technology/2019/01/newsguard-nuzzelrank-media-ratings-fake-news.html.
32) Eckles, D. R. F. Kizilcec, and E. Bakshy (2016). Peer Encouragement Designs. *Proceedings of the National Academy of Sciences*, 113 (27), 7316–7322.
33) Bikhchandani, S., Hirshleifer, D., and Welch, I. (1992). A Theory of Fads, Fashion, Custom, and Cultural Change as Informational Cascades. *Journal of Political Economy*, 100 (5), 992–1026; Banerjee, A. V. (1992). A Simple Model of Herd Behavior. *Quarterly Journal of Economics*, 107 (3), 797–817.
34) Enns, P. (2014). *Presidential Campaigns Are Less Important Than Previously Thought in Influencing How People Vote*. LSE US Centre, May 15. https://blogs.lse.ac.uk/usappblog/2013/09/05/presidential-campaigns-fundamentals/. Allcott, H., and M. Gentzkow (2017). Social Media and Fake News in the 2016 Election. *Journal of Economic Perspectives*, 31 (2): 211–236.
35) Schoenfeld, J. D., and Ioannidis, J. P. (2013). Is Everything We Eat Associated with Cancer? A Systematic Cookbook Review. *The American Journal of Clinical Nutrition*, 97 (1), 127–134.
36) Blendon, R. J., J. M. Benson, and J. O. Hero (2014). Public Trust in Physicians—US Medicine in International Perspective. *New England Journal of Medicine*, 371 (17): 1570–1572.
　この傾向は2010年代になっても続いていたが、2020年の新型コロナの大流行を受け、医療に対する国民の信頼が大きく上昇した。https://www.pewresearch.org/science/2020/05/21/trust-in-medical-scientists-has-grown-in-u-s-but-mainly-among-democrats/.
37) Iuga, A. O., and M. J. McGuire (2014). Adherence and Health Care Costs. *Risk Management and Healthcare Policy*, 7, 35–44.
38) Singer, N., and K. Thomas (2019). Drug Sites Upend Doctor-Patient Relations: "It's Restaurant-Menu Medicine." *New York Times*, April 2. https://www.nytimes.com/2019/04/02/technology/for-him-for-hers-get-roman.html.
39) Hall, A. J., J. E. Logan, R. L. Toblin, J. A. Kaplan, J. C. Kraner, D. Bixler, . . . , and L. J. Paulozzi (2008). Patterns of Abuse Among Unintentional Pharmaceutical Overdose Fatalities. *JAMA*, 300 (22): 2613–2620.
40) *Drug Overdose* (n.d.). Drug Policy Alliance. http://www.drugpolicy.org/issues/drug-overdose.
41) Okwo-Bele, J.-M. (2015). *Together We Can Close the Immunization Gap*. World Health Organization, April 22. https://www .who.int/mediacentre/commentaries/vaccine-preventable-diseases/en/.
42) O'Connor, C., and J. O. Weatherall (2019). *The Misinformation Age: How False Beliefs Spread*. New Haven, CT: Yale University Press.
43) Vinck, P., Pham, P. N., Bindu, K. K., Bedford, J., and Nilles, E. J. (2019).

17) Ho, B., and P. Liu (2015). Herd Journalism: Investment in Novelty and Popularity in Markets for News. *Information Economics and Policy*, 31: 33–46.

18) Hall, E. (2020). Here Are 20 Headlines Comparing Meghan Markle to Kate Middleton That Might Show Why She and Prince Harry Are Cutting off Royal Reporters. Buzzfeed, January 13. https://www.buzzfeednews.com/article/ellievhall/meghan-markle-kate-middleton-double-standards-royal.

19) Groseclose, T., and Milyo, J. (2005). A Measure of Media Bias. *The Quarterly Journal of Economics*, 120 (4), 1191–1237; Gentzkow, M., and Shapiro, J. M. (2010). What Drives Media Slant? Evidence from US Daily Newspapers. *Econometrica*, 78 (1), 35–71.

20) Gentzkow, M., and J. M. Shapiro (2006). Media Bias and Reputation. *Journal of Political Economy*, 114 (2): 280–316.

21) Ho, B., and P. Liu (2015). Herd Journalism.

22) 形式上、経済学者はベイズの法則を用いて情報取得をモデル化する傾向がある。新しい情報がシグナルとして入ってくると、私たちはベイズの法則を使って状況についての考えを調整する。私たちが情報を正しく処理している限り、より多くの情報が入ってくれば（そっと）真理に近づくしかない。

23) ただし、真実というものは存在するのか、存在するとしたら、それは果たして知り得るものなのかという、興味深い問題がある。

24) Berger, J., and K. L. Milkman (2012). What Makes Online Content Viral?. *Journal of Marketing Research*, 49 (2): 192–205.

25) Cheng, I. H., and A. Hsiaw (2019). *Distrust in Experts and the Origins of Disagreement*. Tuck School of Business Working Paper, 2864563. Sethi, R., and M. Yildiz (2016). Communication with Unknown Perspectives. *Econometrica*, 84 (6): 2029–2069.

26) Ortoleva, P., and Snowberg, E. (2015). Overconfidence in Political Behavior. *American Economic Review*, 105(2), 504–535; Stone, D. F. (2019). "Unmotivated Bias" and Partisan Hostility: Empirical Evidence. *Journal of Behavioral and Experimental Economics*, 79, 12–26; *Feelings About Partisans and the Parties* (2016). Pew Research Center, June 22. https://www.pewresearch.org/politics/2016/06/22/1-feelings-about-partisans-and-the-parties/.

27) Krehbiel, K. (1993). Where's the Party? *British Journal of Political Science*, 23 (2): 235–266.

28) Fiorina, M. P. (2016). The Political Parties Have Sorted. *A Hoover Institution Essay on Contemporary American Politics*, Series 3, 1–20.

29) Morris, S. (2001). Political Correctness. *Journal of Political Economy*, 109(2): 231–265.

30) Pew Research Center. (2018) Social media outpaces print newspapers in the U.S. as a news source. https://www.pewresearch .org/fact-tank/2018/12/10/social-media-outpaces-print-newspapers-in-the-u-s-as-a-news-source/

year-for-the-earth-to-go-around-the-sun/.
4) Bullock, J. G., Gerber, A. S., Hill, S. J., and Huber, G. A. (2015). Partisan Bias in Factual Beliefs about Politics. *Quarterly Journal of Political Science*, 10(4), 519–578.
5) Lustgarten, A. (2018). Palm Oil Was Supposed to Help Save the Planet. Instead It Unleashed a Catastrophe. *New York Times* magazine. https://www.nytimes.com/2018/11/20/magazine/palm-oil-borneo-climate-catastrophe.html.
6) Barbaro, M. (2019). How the Democratic Debates Narrow the Field. *New York Times* podcast, August 2. https://www.nytimes.com/2019/08/02/podcasts/the-daily/democratic-debates-2020-election.html.
7) Benjamin, D.J., and Shapiro, J.M. (2009). Thin-slice forecasts of guber natorial elections. *The Review of Economics and Statistics*, 91 (3), 523–536.
8) Bullock, J. G., A. S. Gerber, S. J. Hill, and G. A. Huber (2013). *Partisan Bias in Factual Beliefs About Politics*. No. w19080. National Bureau of Economic Research.
9) Cohen, G. L. (2003). Party over Policy: The Dominating Impact of Group Influence on Political Beliefs. *Journal of Personality and Social Psychology*, 85 (5): 808–822.
10) どんな政策問題でもそうだが、中絶政策も、生物学における微妙な違いから、倫理、中絶法の経済的影響、移動時間の影響まで、ひとたび踏み込めば非常に複雑になる。スティーヴン・レヴィットは、中絶の合法化が与える影響のなかで誰も予想しない効果として、数十年後に犯罪が減少すると指摘したことは、よく知られている。
11) Levitt, S. D. (1995). *Using Electoral Cycles in Police Hiring to Estimate the Effect of Police on Crime*. No. w4991. National Bureau of Economic Research.
12) Gawande, K., and U. Bandyopadhyay (2000). Is Protection for Sale? Evidence on the Grossman-Helpman Theory of Endogenous Protection. *Review of Economics and Statistics*, 82 (1): 139–152.
13) Maskin, E., and Tirole, J. (2004). The Politician and the Judge: Accountability in Government. *American Economic Review*, 94 (4), 1034–1054.
14) Smith, A. (1874). *An Inquiry into the Nature and Causes of the Wealth of Nations*. New edition, revised, corrected and improved. United Kingdom: A. Murray.
15) Silverman, C. (2016). *This Analysis Shows How Viral Fake Election News Stories Outperformed Real News on Facebook*. Buzzfeed, November 16. https://www.buzzfeednews.com/article/craigsilverman/viral-fake-election-news-outperformed-real-news-on-facebook.
16) Clark, D. J. (dir.) (2019). *Behind the Curve*. Retrieved from https://www.netflix.com/title/81015076.

November 19. https://www.statista.com/statistics/259782/third-party-seller-share-of-amazon-platform/.

60）この種の制度は昔から存在していたが、今日のニューエコノミーではとくに目立つようになり、テクノロジーのおかげでさらに活動範囲が広がっている。

61）2019年11月時点で、ウーバーは市場の69.7%を占めていた。

62）Irwin, N.（2017）. Tale of Two Janitors—Kodak vs. Apple—Dramatizes How Economy Has Changed. *Seattle Times*, September 9. https://www.seattletimes.com/business/economy/tale-of-two-janitors-kodak-vs-apple-dramatizes-how-economy-has-changed/.

63）Torpey, K.（2018）. Study Suggests 25 Percent of Bitcoin Users Are Associated with Illegal Activity. *Bitcoin Magazine*, January 22. https://bitcoinmagazine.com/articles/study-suggests-25-percent-bitcoin-users-are-associated-illegal-activity1.

64）United States Money Supply M0（n.d.）. Trading Economics. Retrieved from https://tradingeconomics.com/united-states/money-supply-m0.

65）Purkey, H.（2010）. The Art of Money Laundering. *Florida Journal of International Law*, 22: 111.

66）Bloomberg（2017）. Ethereum Bandits Stole $225 Million This Year. *Fortune*, August 28. https://fortune.com/2017/08/28/ethereum-cryptocurrency-stolen-bitcoin/.

*1）North, Douglass and Weingast, Barry R.（1989）. Constitution and Commitment: The evolution of institutions governing public choice in 17th century England, *Journal of Economic History*, 49（4）, 803–832.

*2）アカロフ、ジョージ「『レモン』（"lemons"）の市場：品質の不確実性と市場メカニズム」『ある理論経済学のお話の本』著）幸村千佳良・井上桃子訳、ハーベスト社、1995年所収（Akerlof, G（1970）, The market for lemons: quality uncertainty and the market mechanism, *Quarterly Journal of Economics* 84（3）: 488–500.）

第4章　専門家を信頼する

1）Pew Research Center（2019）. Confidence in Leaders of the Military Has Gone Up; Confidence in Some Other Institutions Is Declining. March 22. https://www.pewresearch.org/ft_19-03-21 _scienceconfidence_confidence-in-leaders-military-vs-others/.

2）Washington's Farewell Adress 1796, https://avalon.law .yale.edu/18th_century/washing.asp.

3）Lindgren, J.（2019）. Science Study: Republicans Struggle with Evo- lution, Democrats Struggle with the Earth Going Around the Sun. *Washington Post*, April 22. Retrieved from https://www.washingtonpost.com/news/volokh-conspiracy/wp/2014/02/25/most-democrats-dont-know-it-takes-a-

46) Lazear, E. P. (2000). Performance Pay and Productivity. *American Economic Review*, 90 (5): 1346–1361.
47) Fehr, E., S. Gächter, and G. Kirchsteiger (1997). Reciprocity as a Contract Enforcement Device: Experimental Evidence. *Econometrica: Journal of the Econometric* Society: 833–860.
48) 以下に記載されている、贈与の交換の労働モデルの概要を参照のこと。S. DellaVigna, J. A. List, U. Malmendier, and G. Rao (2016), *Estimating Social Preferences and Gift Exchange at Work*, Working Paper 22043, National Bureau of Economic Research, https://www.nber.org/papers/w22043.
49) McAlister, A. R., and T. B. Cornwell (2010). Children's Brand Symbolism Understanding: Links to Theory of Mind and Executive Functioning. *Psychology & Marketing*, 27 (3): 203–228.
50) Kreps, D. M. (1990). Corporate Culture and Economic Theory. *Perspectives on Positive Political Economy*, 90: 109–10.
51) Lewis, R. A., and D. H. Reiley (2014). Online Ads and Offline Sales: Measuring the Effect of Retail Advertising via a Controlled Experiment on Yahoo! *Quantitative Marketing and Economics*, 12 (3): 235–266.
52) Becker, G. S., and K. M. Murphy (1993). A Simple Theory of Advertising as a Good or Bad. *Quarterly Journal of Economics*, 108 (4): 941–964.
53) Wattenberg, L. (2015). *Was Freakonomics Right About Baby Names?* Baby-Name Wizard, July 30. https://www.babynamewizard.com/archives/2015/7/was-freakonomics-rightabout-baby-names.
54) Berger, J. A., Ho, B., and Joshi, Y. V. (2011). Identity Signaling with Social Capital: A Model of Symbolic Consumption. *Marketing Science Institute Working Paper Series*. https://www.msi.org/working-papers/identity-signaling-with-social-capital-a-model-of-symbolic-consumption/.
55) Bertrand, M., and F. Kamenica (2018). *Coming Apart? Cultural Distances in the United States over Time* (No. w24771). National Bureau of Economic Research. https://www.nber.org/papers/w24771.
56) Berger, J. (2013). *Contagious: Why Things Catch On* New York: Simon and Schuster.〔『なぜ「あれ」は流行るのか？——強力に「伝染」するクチコミはこう作る！』貫井佳子訳、日本経済新聞社、2013年〕Ho, B. (2017). How Hollywood Manipulates You by Using Your Childhood Memories. Quartz, October 24. Retrieved from https://qz.com/1108122/how-hollywood-manipulates-you-using-your-childhood-memories/.
57) Hsiaw, A. (2014). Learning Tastes Through Social Interaction. *Journal of Economic Behavior and Organization*, 107: 64–85.
58) Farrell, H. (2020). *Dark Leviathan. Aeon*, January 23. https://aeon.co/essays/why-the-hidden-internet-can-t-be-a-libertarian-paradise.
59) Sabanoglu, T. (2019). *Amazon: Third-Party Seller Share 2020*. Statista,

A Selective Review of Recent Research in the International Finance and Macroeconomics Program. https://www.nber.org/programs/ifm/ifm09.html.

30) Irvine, Sol (2012). What Is It That A Lawyer Does That Takes So Many Hours? *Forbes*, May 21. https://www.forbes.com/sites/quora/2012/05/21/what-is-it-that-a-lawyer-does-that-takes-so-many-hours/#5047d986205b.

31) この問題に関するさらに詳細な議論は、次を参照のこと。B. Ho, and D. Huffman (2018), Trust and the Law, in *Research Handbook on Behavioral Law and Economics* (Cheltenham, UK: Edward Elgar).

32) Falk, A., and M. Kosfeld (2006). The Hidden Costs of Control. *American Economic Review*, 96 (5): 1611–1630.

33) Halac, M. (2012). Relational Contracts and the Value of Relationships. *American Economic Review*, 102 (2): 750–779.

34) Aghion, P., and J. Tirole (1997). Formal and Real Authority in Organizations. *Journal of Political Economy*, 105 (1): 1–29.

35) Algan, Y., and P. Cahuc (2014). Trust, Growth, and Well-Being: New Evidence and Policy Implications. *Handbook of Economic Growth* (Vol. 2, 49–120). New York: Elsevierに収録されている。

36) Acemoglu, D., and J. A. Robinson (2005). *Economic Origins of Dictatorship and Democracy*. New York: Cambridge University Press.

37) Falk and Kosfeld, The Hidden Costs of Control.

38) Halac, Relational Contracts and the Value of Relationships.

39) Smith, A., (1963). *An Inquiry into the Nature and Causes of the Wealth of Nations*, Vol. 1. Homewood, IL: Irwin.〔『国富論』(上・下)、山岡洋一訳、日経BP 日本経済新聞出版、2023年〕

40) Coase. R. H. (1937). *The Nature of the Firm. Origins, Evolution, and Development*. (New York: Oxford University Press), 18–33.〔『企業・市場・法』宮澤健一、後藤晃、藤垣芳文訳、筑摩書房、2020年所収〕

41) Alchian, A. A., and H. Demsetz (1972). Production, Information Costs, and Economic Organization. *American Economic Review*, 62 (5): 777–795. Coase, R. H. (2000). The Acquisition of Fisher Body by General Motors. *Journal of Law and Economics*, 43 (1): 15–32.

42) Xie, W., B. Ho, S. Meier, and X. Zhou (2017). Rank Reversal Aversion Inhibits Redistribution Across Societies. *Nature Human Behaviour*, 1 (8): 1–5.

43) Chwe, M. S. Y. (1990). Why Were Workers Whipped? Pain in a Principal-Agent Model. *Economic Journal*, 100 (403): 1109–1121.

44) Aghion, P., and J. Tirole (1997). Formal and Real Authority in Organizations. *Journal of Political Economy*, 105 (1): 1–29.

45) Bao, J. (2020). (How) Do Risky Perks Benefit Firms? The Case of Unlimited Vacation. *Academy of Management Proceedings* (Vol. 2020, No. 1, p. 18308). Briarcliff Manor, NY: Academy of Managementに収録されている。

休暇や教育よりもさらに無形のもの、たとえば尊厳やアイデンティティかもしれない。しかし、それは現代経済学ではあまり重視されていないものだ。これについては第6章で再び取り上げる。尊厳や帰属意識の重要性、雇用の創出などについての考え方のほうが、おそらく多くの非経済学者が経済に求めているものと一致するかもしれない。このような話題にもいくつか触れるつもりだが、そのほとんどは本書でカバーできる範囲を超えている。

20) Malthus, T. R. (1986). *An Essay on the Principle of Population*. 1798. *The Works of Thomas Robert Malthus*, Vol. 1, 1–139, London: Pickering & Chatto Publishersに収録されている。〔『人口論』永井義雄訳、中央公論新社、2019年改版〕

21) 効率的な市場では、彼らに支払われる金額は彼らが生み出す価値と等しいはずだが、非効率的な市場では、独占者がより多くを得ることができる。

22) Greif, A. (2006). *Institutions and the Path to the Modern Economy: Lessons from Medieval Trade*. New York: Cambridge University Press. 〔『比較歴史制度分析』(上・下) 岡崎哲二、神取道宏監訳、筑摩書房、2021年〕

23) 面白いことに、労働者が資本家を搾取する可能性というのは、カール・マルクスを読んだ場合に懸念されるようなこととは正反対である。マルクス主義の考え方では、労働者を搾取するのは資本家である。彼は、資本の所有者がその資本を独占することができれば、資本と労働の関係において全権力を握ることになると不安を抱いた。資本家がその力を使って、自分たちの利益になるように政府の規制を変えることができれば、この問題はさらに深刻になる。本章の議論では、労働者と資本家の交渉開始時の立場が対等であることを前提としているが、どちらかが独占的な力を持った場合、両者間の力学が変化することは認識している。

24) Yiin, W. (2019). Former Banks of NYC Repurposed into Drug- stores, Ice Cream Parlors, and Pop-up Stores. *Untapped New York*, February 7. https://untappedcities.com/2013/08/02/former-banks-nyc-repurposed-into-drugstores-apartments-pop-up-stores/.

25) Chen, J. (2020). *Accredited Investor*. Investopedia, January 17. https://www.investopedia.com/terms/a/accreditedinvestor.asp.

26) Locke, M. (1989). Restaurant Issues Its Own "Deli Dollars." *LA Times*, November 19. https://www.latimes.com/archives/la-xpm-1989-11-19-mn-215-story.html.

27) Campbell, C. (2019). How China Is Using Big Data to Create a Social Credit Score.*Time*, August 14. https://time.com/collection/davos-2019/5502592/china-social-credit-score/.

28) Federal Reserve Bank of St. Louis (2020). 1-Month AA Financial Commercial Paper Rate. FRED Economic Data, January 17. https://fred.stlouisfed.org/series/DCPF1M.

29) National Bureau of Economic Research (n.d.). *The Global Financial Crisis:*

興味深い（そして皮肉な）おまけがある。ニュートンはその人生の大半を錬金術に費やし、化学を用いて卑金属を金《きん》に変えようとした。化学で金《きん》を作る方法は発見できなかったかもしれないが、彼は、中央銀行という金融政策によって、金《かね》を「作る」ことはできたのだ。

9）Episode 421: The Birth of the Dollar Bill (2012). NPR, December 7. https://www.npr.org/transcripts/166747693.

10）Fiat (n.d.). Dictionary.com. https://www.dictionary.com/browse/fiat?s=t.

11）Fontevecchia, A. (2012). How Many Olympic-Sized Swimming Pools Can We Fill with Billionaire Gold? Forbes, March 20. www.forbes.com/sites/afontevecchia/2010/11/19/how-many-olympic-sized-swimming-pools-can-we-fill-with-billionaire-gold/#37af2f2f69f1.

12）Neumann, M. J. (1992). Seigniorage in the United States: How Much Does the U.S. Government Make from Money Production? *Federal Reserve Bank of St. Louis Review*, 74 (March/April). https://files.stlouisfed .org/files/htdocs/publications/review/92/03/Seigniorage_Mar _Apr1992.pdf.

13）Bernanke, B. (2000). *Essays on the Great Depression*. Princeton, NJ: Princeton University Press.〔『大恐慌論』栗原潤、中村亨、三宅敦史訳、日本経済新聞社、2013年〕

14）Krugman, P. R. (1994). *Peddling prosperity: Economic sense and nonsense in the age of diminished expectations*. New York: Norton.〔『経済政策を売り歩く人々――エコノミストのセンスとナンセンス』伊藤隆敏監訳、北村行伸、妹尾美起訳、筑摩書房、2009年〕

15）Ramsden, D. (2004). *A Very Short History of Chinese Paper Money*. Financial Sense University. https://web.archive.org/web/20080609220821/http://www.financialsense.com/fsu/editorials/ramsden/2004/0617.html.

16）Everett (n.d.). *World War I Poster Showing Uncle Sam*. Fine Art America. https://fineartamerica.com/featured/world-war-i-poster-showing-uncle-sam-everett.html.

17）Roeder, O. (2014). *What the Next Generation of Economists Is Working On*. FiveThirtyEight, December 17. Retrieved from https://fivethirtyeight.com/features/what-the-next-generation-of-economists-are-working-on/.

18）Witko, C. (2019). How Wall Street Became a Big Chunk of the U.S. Economy—and When the Democrats Signed On. *Washington Post*, Monkey Cage, April 18. https://www.washingtonpost.com/news/monkey-cage/wp/2016/03/29/how-wall-street-became-a-big-chunk-of-the-u-s-economy-and-when-the-democrats-signed-on/.

19）「もの（stuff）」という言い方は、有用性という概念を説明するときに私が使っている言葉にすぎない。経済学者が、人々が有用性を最大化するのを助けたいと言うとき、それは、人々が望むものを彼らに与えるために役立ちたい、ということを意味している。私たちが経済に生み出してほしいと思うものは、

――権力・繁栄・貧困の起源』（上・下）鬼澤忍訳、早川書房、2013年〕。大きな影響力を与えた彼らの論文には次のようなものがある。Acemoglu, D., Johnson, S., & Robinson, J. A. (2002). Reversal of Fortune: Geography and Institutions in the Making of the Modern World Income Distribution. *The Quarterly Journal of Economics*, 117 (4), 1231–1294; Acemoglu, D., Johnson, S., and Robinson, J. (2005). The Rise of Europe: Atlantic Trade, Institutional Change, and Economic Growth. *American Economic Review*, 95 (3), 546–579; Acemoglu, D., Johnson, S., & Robinson, J. A. (2001). The Colonial Origins of Comparative Development: An Empirical Investigation. *American Economic Review*, 91 (5), 1369–1401.

69）Jensen, K. (2016). The Experiment: What Do Five Monkeys Have to Do with Negotiations? *Forbes*, October 31. https://www.forbes.com/sites/keldjensen/2016/10/31/the-experiment-what-do-five-monkeys-have-to-do-with-negotiations/#4c13280f498d.

70）Ginsburg, T., Z. Elkins, and J. Melton (2009). *The Endurance of National Constitutions.*

71）Xie, W., Ho, B., Meier, S., and Zhou, X. (2017). Rank Reversal Aversion Inhibits Redistribution Across Societies. *Nature Human Behaviour*, 1(8): 1–5.

第3章　経済システムにおける信頼

1）米財務省の「我々は神を信じる」の歴史（日付不明）（https://www.treasury.gov/about/education/Pages/in-god-we-trust.aspx）。2020年1月4日に検索。

2）"The Colour of Money." *99% Invisible*, January 1, 1970, 99percentinvisible.org/episode/episode-54-the-colour-of-money/.

3）次項で、通貨に対する信頼を金利で評価する方法を紹介する。その信頼の結果として、アメリカは世界で最も低い金利を享受する傾向にある。

4）Benjamin, A., and A. Shore (2017). *Change Is Good! A History of Money.* 大英博物館のブログ（https://blog.britishmuseum.org/change-is-good-a-history-of-money/）。

5）Goldstein, J., and D. Kestenbaum (2010). The Island of Stone Money. NPR, December 10. https://www.npr.org/sections/money/2011/02/15/131934618/the-island-of-stone-money.

6）Federal Reserve Bank of St. Louis (n.d.). Functions of Money—The Economic Lowdown Podcast Series. www.stlouisfed.org/education/economic-lowdown-podcast-series/episode-9-functions-of-money.

7）*GoldSilverCopper Standard* (n.d.). TVTropes. https://tvtropes.org/pmwiki/pmwiki.php/Main/GoldSilverCopperStandard.

8）Bryan's 'Cross of Gold' Speech: Mesmerizing the Masses (n.d.). *History Matters: The U.S. Survey Course on the Web.* historymatters .gmu.edu/d/5354/.

54) Dales, R. C. (1989). *Medieval Discussions of the Eternity of the World*. Vol. 18, Brill's Series in Intellectual History. https://brill.com/view/title/5655.

55) Cox, T. H., and S. Blake (1991). Managing Cultural Diversity: Impli-cations for Organizational Competitiveness. *Academy of Management Perspectives*, 5 (3): 45–56.

56) Page, S. E. (2010). *Diversity and Complexity*. Vol. 2. Princeton, NJ: Princeton University Press.

57) Weber, M. (1978). *Economy and Society: An Outline of Interpretive Sociology* (Vol. 1). Berkeley: University of California Press.

58) Milgrom, P. R., North, D. C., and Weingast, B. R. (1990). The Role of Institutions in the Revival of Trade: The Law Merchant, Private Judges, and the Champagne Fairs. *Economics & Politics*, 2 (1), 1–23.

59) Kranton, R. E. (1996). Reciprocal Exchange: A Self-Sustaining System. *American Economic Review*, 86 (4): 830–851.

60) Ogilvie, S. (2011). *Institutions and European Trade: Merchant Guilds*, 1000–1800. Cambridge: Cambridge University Press.

61) これはオグルビーによる説明である。

62) Hobbes, T. (1968). *Leviathan*. Baltimore, MD: Penguin.〔『リヴァイアサン』1–4巻、水田洋訳、岩波書店、1982–1992年〕

63) Pinker, S., and OverDrive Inc. (2011). *The Better Angels of Our Nature: Why Violence Has Declined*. New York: Penguin.〔『暴力の人類史』(上・下)、幾島幸子、塩原通緒訳、青土社、2015年〕

64) Hobbes, *Leviathan*.〔『リヴァイアサン』〕

65) もちろん、社会における政府の役割については他にも多くの理論があるので、一学期をかけて論じることもできるだろう。たとえば、政府が既存の階級構造を永続させるというマルクス主義的見解から、政府のような制度は自己を永続させるように設計されているという、より現代的な社会学的見解、さらには、主権者が集団行動をまとめ、その料金を徴収するというランドール・カルバートのようなゲーム理論的解釈までである。本章では、次の二つの政府観を中心とすることにする。(1) 政府は集団行動を促進する役目を果たす。(2) 政府は私たち全員が従うべき規則を施行する。

66) Ostrom, E. (1990). *Governing the Commons: The Evolution of Institutions for Collective Action*. New York: Cambridge University Press.〔『コモンズのガバナンス――人びとの協働と制度の進化』原田禎夫、齋藤暖生、嶋田大作訳、晃洋書房、2022年〕

67) Calvert, R. L., M. D. McCubbins, and B. R. Weingast (1989). A Theory of Political Control and Agency Discretion. *American Journal of Political Science*, 33 (3): 588–611.

68) Acemoglu, D., & Robinson, J. A. (2012). *Why Nations Fail: The Origins of Power, Prosperity, and Poverty*. Currency.〔『国家はなぜ衰退するのか

42) Calvert, R.(1992). Leadership and its basis in problems of social coordination. *International Political Science Review*, 13 (1), 7–24.

43) Barro, R. J., and R. M. McCleary (2003). Religion and Economic Growth Across Countries. *American Sociological Review*, 68 (5): 760–781. www.jstor.org/stable/1519761; 研究者たちは、コントロールできない要因が存在することを強調しつつも、逆の因果関係のような他の要因をコントロールするために最善を尽くした。

44) Lang, M., B. G. Purzycki, C. L. Apicella, Q. D. Atkinson, A. Bolyanatz, E. Cohen, and J. Henrich (2019). Moralizing Gods, Impartiality and Religious Parochialism Across 15 Societies. *Proceedings of the Royal Society B: Biological Sciences*, 286 (1898). https://royalsocietypublishing.org/doi/10.1098/rspb.2019.0202.

45) Weber, M. *The Protestant Ethic and the Spirit of Capitalism*. New York: Scribner, 1958.〔『プロテスタンティズムの倫理と資本主義の精神』大塚久雄訳、岩波書店、1989年〕

46) Putnam, Robert (1993). *Making Democracy Work: Civic Traditions in Modern Italy*. Princeton, NJ: Princeton University Press.〔『哲学する民主主義——伝統と改革の市民的構造』河田潤一訳、NTT出版、2001年〕; La Porta Rafael, Lopezde-Silanes Florencio, Shleifer Andrei, Vishny Robert W (1997). Trust in Large Organizations. *American Economic Review*, 87:333–338.

47) Benjamin, D. J., J. J. Choi, and G. Fisher (2010). *Religious Identity and Economic Behavior*. NBER Working Paper No. w15925, April. https://ssrn.com/abstract=1594559.

48) Duhaime, E. P. (2015). Is the call to prayer a call to cooperate? A field experiment on the impact of religious salience on prosocial behavior. *Judgment and Decision Making*, 10 (6), 593.

49) DeBono, A., Shariff, A. F., Poole, S., and Muraven, M. (2017). Forgive us our trespasses: Priming a forgiving (but not a punishing) god increases unethical behavior. *Psychology of Religion and Spirituality*, 9 (S1), S1.

50) Rigdon, M., K. Ishii, M. Watabe, and S. Kitayama (2009). Minimal Social Cues in the Dictator Game. *Journal of Economic Psychology*, 30 (3): 358–367. https://doi.org/10.1016/j.joep.2009.02.002.

51) 留意点として、この実験の観測数が非常に少なく、統計的有意性はわずかしかないことが挙げられる。もっとも、こうした問題はこの論文に限ったことではない。

52) Lesson, P. T. (2018). Witch Trials. *Economic Journal*, 128 (613): 2066–2105. https://doi.org/10.1111/ecoj.12498.

53) Tversky, A., and D. Kahneman (1989). Rational Choice and the Framing of Decisions. In *Multiple Criteria Decision Making and Risk Analysis Using Microcomputers*, 81–126. Berlin and Heidelberg: Springer.

民たちの事業と冒険の報告』増田義郎訳、講談社、2010年〕
29) Mariott, Mckim (1955) Little Communities in an Indigenous Civilization, in McKim Marriot (ed.), *Village India:Studies in the Little Community*, University of Chicago Press, pp. 198–202.
30) 経済学の予備知識のある人は、この「割引率」の定義が、時間選好とリスク選好をひとまとめにしていることに気づくかもしれない。これは、行動経済学においても完全に解決されていない、興味深い議論である。
31) Kandori, M. (1992). Social Norms and Community Enforcement. *Review of Economic Studies*, 59 (1): 63–80.
32) Hill, R. A., and R. I. Dunbar (2003). Social Network Size in Humans. *Human Nature*, 14 (1), 53–72.
33) Dunbar, R. I. (2016). Do Online Social Media Cut Through the Constraints That Limit the Size of Offline Social Networks? *Royal Society Open Science*, 3 (1): 150292. https://doi.org/10.1098/rsos.150292.
34) Pope, W. (1975). Durkheim as a Functionalist. *Sociological Quarterly*, 16(3): 361–379.
35) Greif, A. (2004). Impersonal Exchange Without Partial Law: The Community Responsibility System. *Chicago Journal of International Law*, 5 (1): 107–136.
36) Aronson, E., and J. Mills (1959). The Effect of Severity of Initiation on Liking for a Group. *Journal of Abnormal and Social Psychology*, 59 (2): 177–181.
37) Berger, J. A., C. Heath, and B. Ho (2005). Divergence in Cultural Practices: Tastes as Signals of Identity. *Scholarly Commons*, Penn Libraries, University of Pennsylvania. https://repository .upenn.edu/marketing_papers/306から取得。
38) National Research Council, Committee on the Human Dimensions of Global Change, E. Ostrom, T. Dietz, N. Dolšak, P. C. Stern, S. Stovich, and E. U. Weber (Eds.), Division of Behavioral and Social Sciences and Education (2002). *The Drama of the Commons.* Washington, DC: National Academy Press.〔『コモンズのドラマ――持続可能な資源管理論の15年』茂木愛一郎、三俣学、泉留維監訳、知泉書館、2012年〕
39) Kandori, Michihiro, G. J. Mailath, and R. Rob. (1993). Learning, Mutation, and Long Run Equilibria in Games. *Econometrica*, 61 (1): 29–56. www.jstor.org/stable/2951777.
40) Fehr, E., and S. Gächter. (1999). *Cooperation and Punishment in Public Goods Experiments.* Institute for Empirical Research in Economics Working Paper No. 10. CESifo Working Paper Series No. 183, June. https://ssrn.com/abstract=203194.
41) Goette, L., Huffman, D., and Meier, S. (2006). The impact of group membership on cooperation and norm enforcement: Evidence using random assignment to real social groups. *American Economic Review*, 96 (2), 212–216.

17) Kosfeld, M., M. Heinrichs, P. Zak, U. Fischbacher, and E. Fehr (2005). Oxytocin Increases Trust in Humans. *Nature* 435, 673-676. doi:10.1038 / nature03701.

18) ネイヴ、キャメラー、マカルーはこの文献を検討し、ザックの方法ではオキシトシンを正確に測定できない可能性があり、より規模の大きな研究ではオキシトシンの遺伝子マーカーと信頼の間に関連性は見られないと指摘した。だが、ザックやその他研究者による、オキシトシンと信頼の関係を証明するかなりの数の論文も存在する。Nave,G., Camerer, C., and McCullough, M. (2015). Does oxytocin increase trust in human? A critical review of research. *Perspectives on Psychological Science*, 10 (6), 772-789.

19) Fareri, D. S., Chang, L., and Delgado, M. R. (2012) Effects of direct social experience on trust decisions and neural reward circuitry. Frontiers in Neuroscience, 6, 148.

20) Cesarini,D.,C.T.Dawes,J.H.Fowler,M.Johannesson,P.Lichtenstein, and B. Wallace (2008). Heritability of Cooperative Behavior in the Trust Game. *Proceedings of the National Academy of Sciences*, 105 (10), 3721-3726.

21) Williams, L. E., and J. A. Bargh (2008). Experiencing Physical Warmth Promotes Interpersonal Warmth. *Science*, 322 (5901): 606-607. doi:10.1126/science.1162548.

22) Chapman, G. (2009). *The Five Love Languages: How to Express Heartfelt Commitment to Your Mate*. Chicago, IL: Moody.〔『愛を伝える5つの方法』ディフォーレスト千恵訳、いのちのことば社、2007年〕

23) Waldfogel, J. (2009). *Scroogenomics: Why You Shouldn't Buy Presents for the Holidays*. Princeton, NJ: Princeton University Press. www.jstor.org/stable/j.ctt7ssvs.〔『プレゼントの経済学――なぜ、あげた額よりもらう額は少なく感じるのか?』矢羽野薫訳、プレジデント社、2009年〕

24) Camerer, C. (1988). Gifts as Economic Signals and Social Symbols. *American Journal of Sociology* 94: S180-S214.

25) だが、市場はリソースの効率的な配分はうまくこなすが、公正な配分を確保することについてはそれほどうまくこなせない、とは言えるだろう。公正さの確保には政府が有益な役割を果たしている。

26) もっとも、マルコ・ポーロが中国に実際に貿易のために行ったかどうか疑問視する研究者もいる。Wood, F. (1996). Did Marco Polo Go to China? *Asian Affairs*, 27 (3), 296-304.

27) Fairbank and Teng. On the Ch'ing Tributary System. *Harvard Journal of Asiatic Studies*, 6 (2), 135-246.

28) Bronislaw, M. (1922). *Argonauts of the Western Pacific: An Account of Native Enterprise and Adventure in the Archipelagoes of Melanesian New Guinea*. London and New York: George Routledge & Sons and E. P. Dutton.〔『西太平洋の遠洋航海者――メラネシアのニュー・ギニア諸島における、住

18. doi:10.1038/246015a0.
4) *Stanford Encyclopedia of Philosophy*. s.v. Biological Altruism. https://plato.stanford.edu/entries/altruism-biological/.
5) Engel, C. (2011). Dictator games: A meta study. *Experimental Economics*, 14 (4), 583–610.
6) Fehr, E., and Fischbacher, U. (2002). Why social prefernces matter-the impact of non-selfish motives on competition and incentives. *The Economic Journal*, 112 (478), C1–C33.
7) Blair, J., D. R. Mitchell, and K. Blair (2005). *The Psychopath: Emotion and the Brain*. Malden, MA: Blackwell Publishing.〔『サイコパス——冷淡な脳』福井裕輝訳、星和書店、2009年〕
8) Orr, S. P., and J. T. Lanzetta (1980). Facial Expressions of Emotion as Conditioned Stimuli for Human Autonomic Responses. *Journal of Personality and Social Psychology*, 38 (2): 278–282.
9) J. P. W. Scharlemann, C. C. Eckel, A. Kacelnik, and R. K. Wilson (2001). The Value of a Smile: Game Theory with a Human Face. *Journal of Economic Psychology*, 22 (5): 617–640. https://doi.org/10.1016/S0167-4870(01)00059-9.
10) 興味深いことに、男性は、笑みを浮かべている男性よりも笑みを浮かべている女性のほうを信頼する傾向が見られたが、女性は、笑みを浮かべている男性に対してほど、笑みを浮かべている女性を信頼しない傾向があることが、同じ実験からわかった。執筆者たちは、私たちが笑顔に寄せる信頼が交接の機会に関係していると仮定し、笑顔と信頼の進化的関連性をここでも指摘している。
11) Provine, R. R. (1993). Laughter Punctuates Speech: Linguistic, Social and Gender Contexts of Laughter. *Ethology*, 95: 291–298. doi:10.1111/j.1439-0310.1993.tb00478.x.
12) Weems, S. (2014). *Ha! The Science of When We Laugh and Why*. New York: Basic Books.
13) Williams, J. H. G. (2019). Why Children Find 'Poo' so Hilarious—and How Adults Should Tackle It. *The Conversation*, March 26. http://theconversation.com/why-children-find-poo-so-hilarious-and-how-adults-should-tackle-it-72258.
14) Adams, M. (2016). *In Praise of Profanity*. New York: Oxford University Press.
15) Magon, N., and S. Kalra (2011). The Orgasmic History of Oxytocin: Love, Lust, and Labor. *Indian Journal of Endocrinology and Metabolism*, 15 (Suppl3): S156–S161.
16) Feldman, R., I. Gordon, and O. Zagoory-Sharon (2011). Maternal and Paternal Plasma, Salivary, and Urinary Oxytocin and Parent-Infant Synchrony: Considering Stress and Affiliation Components of Human Bonding. *Developmental Science*, 14: 752–761. doi:10.1111/j .1467-7687.2010.01021.x.

Nonconscious Self-Perpetuation of a Bias. *Journal of Experimental Social Psychology*, 26 (4), 350–371.
14) Raz, J. (2017). Intention and value. *Philosophical Explorations*, 20 (sup2), 109–126.
15) Tavuchis, N. (1991). *Mea Culpa: A Sociology of Apology and Reconciliation*. Stanford, CA: Stanford University Press.
16) Ho, B. (2012). Apologies as signals: with evidence from a trust game. *Management Science*, 58 (1), 141–158.
17) Card, D., and S. DellaVigna (2013). Nine Facts about Top Journals in Economics. *Journal of Economic Literature*, 51 (1), 144–161.
18) Angrist, J. D., and J-S. Pischke (2010). The Credibility Revolution in Empirical Economics: How Better Research Design Is Taking the Con out of Econometrics. *Journal of Economic Perspectives*, 24 (2): 3–30.
19) しかし、Bが真実である可能性を追求すると、時間や自由意志という興味深いウサギの穴に入り込んでしまうので、これは読者諸氏の考察に委ねたいと思う。
20) Zhou, X., Liu, Y., and Ho, B. (2015). The cultural transmission of cooperative norms. *Frontiers in psychology*, *6*, 1554; Ho, Apologies as signals.
21) Halperin, B., Ho, B., List, J. A., and Muir, I. (2019). *Toward an understanding of the economics of apologies: evidence from a large-scale natural field experiment* (No. w25676). National Bureau of Economic Research.
22) Slonim, R., and A. E. Roth (1998). Learning in High Stakes Ultimatum Games: An Experiment in the Slovak Republic. *Econometrica*, 66 (3), 569–596.
23) Dohmen, T., Falk, A., Huffman, D., and Sunde, U. (2008). Representative Trust and Reciprocity: Prevalence and Determinants. *Economic Inquiry*, 46 (1), 84–90.
*1) フクヤマ、フランシス『「信」無くば立たず――「歴史の終わり」後、何が繁栄の鍵を握るのか』加藤寛訳、三笠書房、1996年。
*2) Fincham, Frank D. (2000). The kiss of the porcupines: From attributing responsibility to forgiving, *Personal Relationships*, 7, 1–23.

第2章　信頼の人類史を分析する

1) Dawkins, R. (1989). *The Selfish Gene*. Oxford and New York: Oxford University Press.〔『利己的な遺伝子』日高敏隆、岸由二、羽田節子、垂水雄二訳、紀伊國屋書店、1992年〕
2) Foster, K., T. Wenseleers, and F. Ratnieks (2006). Kin Selection Is the Key to Altruism. *Trends in Ecology & Evolution*, 21: 57–60. 10.1016/j.tree.2005.11.020.
3) Smith, J., and G. Price (1973). The Logic of Animal Conflict. *Nature*, 246, 15–

原注

第1章　信頼の経済学

1）Sen, Amartya (1977). Rational Fools: A Critique of the Behavioral Foundations of Economic Theory. *Philosophy & Public Affairs*, 6 (4), 317-344.〔『合理的な愚か者』大庭健・川本隆史訳、勁草書房、1989年所収〕

2）同様に、物理学では、重力が空間における二つの物体（たとえば、惑星と恒星）の運動にどのように影響するかは、高校生でも計算ができ、子どもが理解できるように説明することもできるとされる。だが、空間における三つの物体の運動を予測すること（三体問題）は数学的に困難であることも、物理学からわかる。つまり、空間の三つの物体が互いに関連してどのように動くかという問題は、近似解しか得られず、完全に解くことはできない。

3）Page, S. E. (2007). *The Difference: How the Power of Diversity Creates Better Groups, Firms, Schools, and Societies*. Princeton, NJ: Princeton University Press.〔『「多様な意見」はなぜ正しいのか——衆愚が集合知に変わるとき』水谷淳訳、日経BP社、2009年〕

4）Arrow, K. J. (1969). The organization of economic activity: issues pertinent to the choice of market versus nonmarket allocation. *The analysis and evaluation of public expenditure: the PPB system*, 1, 59-73.

5）Arrow, K. J. (1974). *The Limits of Organization*. New York: Norton.〔『組織の限界』村上泰亮訳、岩波書店、1999年〕

6）Robbins, B. G. (2016). What is trust? A multidisciplinary review, critique, and synthesis. *Sociology compass*, 10 (10), 972-986.

7）McLeod, C., in Zalta, E. N. (2015). Trust. *The Stanford Encyclopedia of Philosophy*に掲載。

8）Fourcade, M., E. Ollion, and Y. Algan (2015). The Superiority of Economists. *Journal of Economic Perspectives*, 29 (1): 89-114.

9）Lazear, E. (2000). Economic Imperialism. *Quarterly Journal of Economics*, 115 (1), 99-146.

10）Card, D, and Pischke, J. (2010). The Credibility Revolution in Empirical Economics: How Better Research Design is Taking the Con out of Econometrics. *Journal of Economic Perspectives*, 24 (2), 3-30.

11）Deaton, A. (2010). Instruments, Randomization, and Learning About Development. *Journal of Economic Literature*, 48, 424-455.

12）Kuhn, T. S. (1962). *The Structure of Scientific Revolutions*. Chicago: University of Chicago Press.〔『科学革命の構造』中山茂訳、みすず書房、1980年〕

13）Hill, T., Lewicki, P., Czyzewska, M., and Schuller, G. (1990). The Role of Learned Inferential Encoding Rules in the Perception of Faces: Effects of

マ行

ヤ行

ラ行

ワ行

タ行

ナ行

ハ行

索引

ア行

カ行

サ行

[著者]

ベンジャミン・ホー（Benjamin Ho）

ヴァッサー大学行動経済学教授。マサチューセッツ工科大学（MIT）で経済学、数学、コンピュータ科学の学士号、同大学で電子工学とコンピュータ科学の工学修士号を取得。スタンフォード大学大学院で政治学と教育学の修士号を取得後、2006年に経済学の博士号を取得。またモルガン・スタンレーのアナリストやホワイトハウスの経済諮問委員会のエコノミストなどアカデミアの外での経験もある。

[訳者]

庭田よう子（にわた・ようこ）

翻訳家。慶應義塾大学文学部卒業。訳書に、ヤーデン・カッツ『AIと白人至上主義——人工知能をめぐるイデオロギー』（左右社）、ブルック・ハリントン『ウェルス・マネジャー　富裕層の金庫番——世界トップ1%の資産防衛』（みすず書房）、ヨラム・ハゾニー『ナショナリズムの美徳』（東洋経済新報社）などがある。

[解説]

佐々木宏夫（ささき・ひろお）

早稲田大学名誉教授。一橋大学大学院経済学研究科を経て、ロチェスター大学大学院博士課程修了　Ph.D（経済学）取得。専門は理論経済学およびゲーム理論。著書に『入門　ゲーム理論——戦略的思考の科学』（日本評論社）などがある。

信頼の経済学
——人類の繁栄を支えるメカニズム

2023年6月15日　初版第1刷発行

著　者————ベンジャミン・ホー
訳　者————庭田よう子
発行者————大野友寛
発行所————慶應義塾大学出版会株式会社
〒108-8346　東京都港区三田2-19-30
TEL〔編集部〕03-3451-0931
〔営業部〕03-3451-3584〈ご注文〉
〔　〃　〕03-3451-6926
FAX〔営業部〕03-3451-3122
振替　00190-8-155497
https://www.keio-up.co.jp/
装　丁————松田行正
ＤＴＰ————アイランド・コレクション
印刷・製本——中央精版印刷株式会社
カバー印刷——株式会社太平印刷社

Printed in Japan ISBN 978-4-7664-2882-7